# 现代社交礼仪

主 编 刘凤云 黄绮冰

南京大学出版社

## 内 容 简 介

本书适应我国各级各类高等教育和公众的需要编写。人是社会的人，人们有社交并在社交中获得他人尊重的需要。礼仪是人际交往的规则、规范，有助于人们在社会立足和发展。本书基于现代社会人们工作和生活的需要，从个体形象的塑造，到社交沟通艺术（语言、文书、体态礼仪等）、社交活动（拜访、接待、赠礼、宴请等）的程序和礼仪规范、职场礼仪、商务活动礼仪及国际商务礼俗等，通俗、系统地介绍了现代社交礼仪的规范和技巧，具有系统性、全面性、规范性和实用性的特点。对提高学生（读者）的社交能力和提升学生（读者）的礼仪修养、情商与综合素质大有帮助，使其在激烈的社会竞争中，赢得"好人缘"，获得广泛的支持和帮助。

本书可作为公共基础课程教材或公众兴趣读物，提升学生（读者）的礼仪修养、情商和综合素质。也可作为市场营销、工商管理、国际贸易等相关专业基础课，满足其专业教学和专业实践的需要。

图书在版编目（CIP）数据

现代社交礼仪 / 刘凤云，黄绮冰主编. -- 南京：南京大学出版社，2012.11（2021.9重印）
ISBN 978-7-305-10513-5

Ⅰ. ①现… Ⅱ. ①刘… ②黄… Ⅲ. ①心理交往—礼仪 Ⅳ. ①C912.1

中国版本图书馆 CIP 数据核字(2012)第 201847 号

| | |
|---|---|
| 出版发行 | 南京大学出版社 |
| 社　　址 | 南京市汉口路 22 号　　邮　编　210093 |
| 网　　址 | http://www.NjupCo.com |
| 出 版 人 | 金鑫荣 |
| 书　　名 | 现代社交礼仪 |
| 主　编 | 刘凤云　黄绮冰 |
| 策划编辑 | 胡伟卷 |
| 责任编辑 | 文幼章　唐甜甜　　编辑热线　010-62010948 |
| 审读编辑 | 裴维维 |
| 照　　排 | 北京圣鑫旺文化发展中心 |
| 印　　刷 | 南京京新印刷厂 |
| 开　　本 | 787×1092　1/16　印张 13　字数 324 千字 |
| 版　　次 | 2012 年 11 月第 1 版　2021 年 9 月第 2 次印刷 |
| ISBN | 978-7-305-10513-5 |
| 定　　价 | 32.50 元 |

发行热线　025-83594756　83686452
电子邮箱　Press@NjupCo.com
　　　　　Sales@NjupCo.com (市场部)

\* 版权所有，侵权必究
\* 凡购买南大版图书，如有印装质量问题，请与所购图书销售部门联系调换

# 前言

孔子曰："不学礼，无以立。"礼仪作为人类社会交往的基本规则、规范，对国家的稳定、社会秩序的维护和一个人在社会的立足与发展至关重要，之所谓：有"礼"走遍天下，无"礼"寸步难行。

本书基于现代社会人们工作和生活的现实需要，结合学生（读者）的认知规律和特点，从个体形象的塑造，到社交沟通艺术（语言、文书、体态礼仪等）、社交活动（拜访、接待、赠礼、宴请等）的程序和礼仪规范、职场礼仪、商务活动礼仪及国际商务礼俗等，通俗、系统地介绍了现代社交礼仪的规范和技巧，具有系统性、全面性、规范性和实用性的特点。对提高学生（读者）的社交能力和提升学生（读者）的礼仪修养、情商与综合素质大有帮助，使其在激烈的社会竞争中，赢得"好人缘"，获得广泛的支持和帮助。

本书的编写以"学以致用"为原则，以理论知识学习为基础，以实践技能训练为重点，以综合素质提高为目标，使学生在理论上掌握社会交往的各种礼仪规范，实践中培养和形成良好的行为规范与礼仪习惯，在未来的工作中掌握各种活动如会面、介绍、拜访、迎来送往、赠礼、交谈、宴请等的礼宾要求，切实提高学生（读者）的礼仪修养和社会交往能力。

本书结构合理、内容精练、形式生动，各章开始先明确"学习目标"，再由"导课案例"导入，各章中还插入"知识拓展"、"想想议议"、"相关链接"和"礼仪佳话"等内容，各章后附有"本章小结"、"案例分析"和"角色扮演"，以帮助学生（读者）加深对各章内容的理解，并通过实践练习掌握相关社交活动的规范和技巧。

本书由江苏经贸职业技术学院刘凤云、黄绮冰教授合作编写，刘凤云统稿。在编写过程中，参阅并引用了许多专家、同仁的观点与见解，在此表示诚挚的谢意。由于编者水平有限，书中难免存在错误和疏漏，恳请各位专家与广大读者朋友批评指正。

编　者

# 目　录

第1章　社交礼仪概述／1
　1.1　礼仪的概念与特征／2
　1.2　礼仪的原则与作用／5
　本章小结／11
　案例分析／12
　角色扮演／13

第2章　个人形象礼仪／14
　2.1　修养与素质／15
　2.2　气质与风度／21
　2.3　仪容／23
　2.4　仪表／31
　2.5　仪态／36
　本章小结／44
　案例分析／45
　角色扮演／47

第3章　口头语言礼仪／48
　3.1　称呼礼仪／48
　3.2　介绍礼仪／51
　3.3　交谈礼仪／53
　3.4　电话礼仪／59
　本章小结／66
　案例分析／66
　角色扮演／67

第4章　交往礼仪／68
　4.1　会面礼仪／68
　4.2　拜访礼仪／75
　4.3　接待礼仪／84
　4.4　馈赠礼仪／90
　4.5　聚会、舞会礼仪／96
　本章小结／104
　案例分析／105
　角色扮演／106

第5章　宴请礼仪／107
　5.1　宴会种类与组织／107
　5.2　赴宴礼仪／113
　5.3　西餐礼仪／115
　本章小结／120
　案例分析／120
　角色扮演／121

第6章　职场礼仪／122
　6.1　求职礼仪／122
　6.2　办公室礼仪／134
　本章小结／138
　案例分析／138
　角色扮演／140

第7章　会议仪式和民俗礼仪／141
　7.1　会议礼仪／142
　7.2　商务仪式和活动礼仪／149
　7.3　宗教礼仪和商务礼俗／158
　本章小结／173
　案例分析／174
　角色扮演／175

第8章　涉外礼仪／176
　8.1　涉外礼仪的特征与原则／176
　8.2　礼宾次序与国旗悬挂礼仪／181
　8.3　涉外礼仪禁忌／184
　本章小结／188
　案例分析／188
　角色扮演／190

附录一　我国主要传统节日／191
附录二　西方国家主要节日／195
参考文献／201

# 第1章 社交礼仪概述

## 学习目标

**知识目标**：了解礼仪的特征，明确礼仪的作用，掌握礼仪的概念，重点掌握礼仪的原则。

**能力目标**：初步确立正确的礼仪观，具备应用礼仪基本原则的能力，有目的地营造良好的"人和"环境。

**素质目标**：树立正确的礼仪意识，能够反思当前礼仪存在的问题，并自我修正，从而提高礼仪素质。

## 导课案例

### 敬礼

2008年5月12日，我国四川省汶川县等地的8.0级大地震，震惊了全世界。在这场自然灾害面前，一幕幕抢险救灾画面感动着全国人民。

灾难发生的第二天，参加救援的部队官兵在北川县的废墟中营救出一名只有3岁的儿童，他叫郎铮。被亲人解放军救出时，小郎铮的左手已经受伤，但他还是坚强地举起了稚嫩的右手，认真地向救他的解放军叔叔敬了一个礼。

**评析**：小郎铮的敬礼震撼人心，永远地刻在了人们的脑海里。小郎铮的敬礼是灾区人民对子弟兵最高的奖赏，是大灾面前的从容镇定，是感恩！从礼仪的角度看，小郎铮的敬礼是中华民族五千年礼仪的最高见证。礼仪支配人的行为，是自尊和敬人，是关怀、体谅和帮助。小郎铮的敬礼诠释了"礼仪"这一抽象的概念。

古语说："世治则礼详，世乱则礼简。"(《三国志·魏书·袁涣传》)中国是四大文明古国之一，有着完善的礼仪体系，自古就以"礼仪之邦"著称于世。我国历史上第一位礼仪专家孔子就认为："不学礼，无以立。"说明一个人只有学习礼仪，才可形成高尚的道德品质，才能在社会上立足。讲究礼仪是社会文明的象征，也是一个国家、一个民族进步与兴旺的标志。

礼仪是人们在长期的生活中约定俗成的行为规范，它伴随着人类文明的产生而产生，随着人类文明的发展而发展。礼仪是人类文明和进步的重要标志，它体现了时代风格与道德文化，有着极其丰富的内涵。

# 第1章 社交礼仪概述

## 1.1 礼仪的概念与特征

### 1.1.1 礼仪的概念

"礼"的繁体字"禮"的左边是"示",意为祭祀神灵,右上方"曲"为祭物,右下方"豆"是礼器。即"禮"就是把盛满祭物的祭具摆放在祭台上,献给神灵,以示敬意。"礼"原是宗教祭祀仪式上的一种仪态,《说文解字》就说:"礼,履也,所以事福致福也。""礼"在《辞海》中的解释为:①本谓敬神,引申为表示敬意的通称;②为表敬意或表隆重而举行的仪式;③中国古代的等级制度,以及与之相适应的道德规范和社会规范。

梁实秋先生在其《秋实杂文·谈礼》中指出:"礼是一套法则,可能有官方制定的成分在内,亦可能有世代沿袭的成分在内,在基本精神上还是约定俗成的,行之既之,便成为大家公认的一套规则。"

《现代汉语词典》对"礼仪"一词的解释为"礼节和仪式"。说明"礼"和"仪"有不同含义。"礼"指礼节,"仪"指仪式。

在西方,"礼仪"一词最早见于法语的"étiquette",原意是"法庭上的通行证"。古代法国为了保证法庭中活动秩序,将印有法庭纪律的通告证发给进入法庭的每个人,作为遵守的规矩和行为准则。后来"étiquette"一词进入英文,演变为"礼仪"的含义,意即"人际交往的通行证",成为人际交往中应遵循的规矩和准则。

西方的文明史,在很大程度上表现着人类对礼仪的追求及其演进的历史。人类为了维持与发展血缘亲情以外的各种人际关系,避免"格斗"或"战争",逐步形成了各种与"格斗"、"战争"有关的动态礼仪。例如,为了表示自己手里没有武器,让对方感觉到自己没有恶意而创造了举手礼,后来演进为握手;为了表示自己的友好与尊重,愿在对方面前"丢盔卸甲",于是创造了脱帽礼等。

礼仪是人们在各种社会交往中,在传统习俗、宗教信仰、文化潮流等因素影响下所形成的,用以美化自身、敬重他人的行为规范的总和。现代社交礼仪即指人们在社会交往活动过程中形成的应共同遵守的行为规范和准则。

为了更完整、更准确地理解"礼仪"这一概念,我们可以从不同角度对"礼仪"作不同的表述。

**1. 从修养的角度看**

礼仪是一个人的内在修养的外在表现,是个人素质的体现,是个人对礼仪的认知和应用。

**2. 从道德的角度看**

礼仪是为人处世的行为规范或标准做法、行为准则。

### 3. 从交际的角度看

礼仪是人际交往中适度的交际方式或交际方法，也可以说是一种交往艺术。

### 4. 从民俗的角度看

礼仪既是人际交往中应该遵守的律己敬人的习惯形式，也是人际交往中约定俗成的对人尊重、友好的习惯做法。简而言之，礼仪是待人接物的一种惯例。

### 5. 从传播的角度看

礼仪是人际交往中相互沟通的技巧。

### 6. 从审美的角度看

礼仪是一种形式美，是人心灵美的必然外化。

礼仪具体表现为礼貌、礼节、仪表、仪式等。礼貌是指人们在相互交往过程中表示敬重和友好的规范言行。礼貌是人的道德品质修养最简单、最直接的体现，反映了时代的风格与道德水准；礼节是指人们在交往过程中相互表示敬意、问候、祝愿的惯用形式。礼节是礼貌的具体表现方式，它与礼貌之间相互联系，没有礼节，就无所谓礼貌；有了礼貌，就必然伴有具体的礼节。仪表是指人的外表，包括容貌、姿态、风度、服饰和个人卫生等，是礼仪的重要组成部分；仪式是礼的秩序形式，即为表示敬意或隆重在一定场合举行具有专门程序的规范化的活动，如成人仪式、奠基仪式、结婚仪式、签字仪式、安葬仪式等。

总之，礼貌、礼节、仪表、仪式等都是礼仪的具体表现形式。礼貌是礼仪的行为规范，礼节是礼仪的惯用形式，仪表是礼仪的重要组成部分，仪式是礼仪的较隆重的秩序形式，它们是互相联系的。遵守礼仪就必须在思想上有正确的认识，在外表上注意仪容仪态，对待他人有敬重之意。在各种不同的场合遵循礼仪规范，才能更好、更全面地表达对他人的敬重和友好，才能在人际交往和商务活动中取得成功。在现代社会，礼仪可以有效地展现施礼者和还礼者的教养、风度和魅力，体现着一个人对他人和社会的认知水平、尊敬程度。

## 礼仪佳话

### 孔融让梨

孔融，鲁国人（今山东曲阜），是东汉末年著名的文学家，建安七子之一。据史书记载，孔融幼时不但非常聪明，而且注重兄弟之礼，互助友爱。孔融有五个哥哥，一个小弟弟，兄弟七人相处得十分融洽。有一天，父亲的朋友带了一盘梨，父亲叫孔融他们七兄弟从最小的小弟开始自己挑，小弟首先挑走了一个最大的。孔融看了看盘子中的梨，发现梨子有大有小。他不挑好的，不拣大的，只拿了一只最小的梨子，津津有味地吃了起来。父亲看见孔融的行为，心里很高兴，心想：别看这孩子刚刚四岁，却懂得应该把好的东西留给别人的道理呢。于是他故意问孔融："盘子里这么多的梨，让你先拿，你为什么不拿大的，只拿一个最小的呢？"孔融回答说："我年纪小，应该拿个最小的，大的应该留给哥哥吃。"父亲接着问道："你弟弟不是比你还要小吗？照你这么说，他应该拿最小的一个才对呀？"孔融说："我比弟弟大，我是哥哥,我应该把大的给小弟弟吃。"

### 1.1.2 礼仪的特征

**1. 规范性**

礼仪的规范性是人们在社会交往实践中所形成的礼仪认识和要求的概括反映。换言之,礼仪是人们在交往中所遵守的行为规范,是人们在长期反复的生活实践中形成的,并通过某种风俗、习惯和传统固定下来,约束和控制人们的交往行为。这种规范性不仅约束着人们在一切交际场合的言谈举止,使之合乎礼仪,而且也是人们在交际场合必须采用的衡量自己、判断他人是否自律、敬人的一种尺度。任何人要想在社交活动中表现得体,赢得称赞,都必须对礼仪规范无条件地遵守。规范性是礼仪最基本的特征。

**2. 普遍性**

礼仪的普遍性是指礼仪遍及各个领域、无处不在,渗透各种关系、无时不有。礼仪与每个人都密切相关,涉及生活、学习和工作领域。古今中外,从个人到国家,凡是有人类生活的地方,就存在着各种各样的礼仪规范。现代社交礼仪的内容已渗透到社会的方方面面,从政治、经济、文化领域到人们的日常生活,礼仪活动普遍存在。大到一个国家的国庆庆典,小到一个企业的开张致喜,人们日常生活中的接待、见面谈话、宴请等,均需要讲究礼仪规范,遵守一定的礼仪行为准则。礼仪在人们的相互交往中起着广泛、普遍而又微妙的作用。

**3. 传承性**

礼仪的传承性是指礼仪是人们的长期交往习惯不断形成、完善,以特定形式固定并世代沿袭的产物。礼仪是一个国家和民族传统文化的重要组成部分,任何国家的礼仪都具有自己鲜明的民族特色,任何国家的当代礼仪都是在本国既往礼仪的基础上继承、发展起来的。离开了对本国、本民族既往礼仪成果的传承、扬弃,就不可能形成当代礼仪。礼仪随着社会进步而更新,随着时代要求而变革,在传承中发展。礼仪的传承不仅反映了礼仪发展的一脉相承,更突出了人类对文明进步的向往和追求。

**4. 综合性**

礼仪的综合性是指礼仪是一门研究交际行为规范性的,与民俗学、传播学、美学、伦理学、心理学、社会学、公共关系学等多门学科关系密切、相互交叉和渗透的综合学科。通观古今中外礼仪,不难理解,礼仪与社会制度、社会体制、社会物质文明和精神文明程度等都有着密切关系。文化越发达、文明程度越高的社会,礼仪的文明程度也就越高,人们也就越重视礼仪、讲究礼仪。

**5. 差异性**

礼仪的差异性是指不同性别、不同年龄、不同民族、不同身份、不同时空、不同文化背景的礼仪规范有所不同。人们常说"百里不同风,千里不同俗",不同的社会背景产生不同的礼仪文化,不同的地域文化决定着礼仪的内容和形式。例如,中国的迎亲礼仪有用花轿、车或船接新娘,背新娘,抱新娘等不同方式。关于位次礼仪,中国传统以"左"为尊,而国际惯例以"右"为尊。

#### 6. 操作性

礼仪的操作性是指礼仪既然是行为规范,就必须是具体的、实用的、可操作的。过于繁杂的程序与现代社会的快节奏不相适应,就将被逐步扬弃或简化。应该说礼仪是人们言行最简单、最普及、最易于实行的标准,必须具备简单易行、便于操作、实用性强的特点,才能得到更多人的认可。

现代社交礼仪除了具有礼仪的一般特征之外,还具有民族性与国际性并存的特征。

### 知识拓展

龙的传说

中西方文化差异很大,西方人对龙的联想和看法与中国人完全不同。龙在西方是贬义词,是邪恶的象征。在西方神话中,龙是使人恐惧的妖魔。在圣经故事中,龙是罪恶的化身,人们把与上帝作对的恶魔撒旦称为大龙,基督圣徒还把杀死龙作为荣耀,引以为豪。英美人看到中国成语"望子成龙",十分奇怪,中国人怎么希望自己的小孩变成魔鬼、怪兽呀?

在我国古代传说中,龙是褒义词。龙是传说中能降雨、惩治妖魔鬼怪的吉祥、神奇的动物。在封建社会,龙是皇帝的象征,如"真龙天子"、"龙袍"、"龙床"等。"龙"的汉语成语很多,如"龙飞凤舞"、"龙凤呈祥"、"藏龙卧虎"、"画龙点睛"、"生龙活虎"、"攀龙附凤"等。炎黄子孙还骄傲地自称为"龙的传人"。"他在哪儿都是一条龙"的意思是:他在哪儿都是好样的,是好汉。

东方的龙多是高贵、神圣和吉祥的象征,而西方的龙则大多邪恶,在西方的英雄史诗,如希腊神话、日耳曼神话、北欧神话中都有英雄屠龙的故事。

因此,圣诞节忌讳给西方人送"龙卡",但可以送给中国人。

## 1.2 礼仪的原则与作用

### 1.2.1 礼仪的原则

现代礼仪涉及社会生活的方方面面,内容丰富,形式多样,但不论什么礼仪都体现一定的原则。要正确地运用礼仪,首先要明确礼仪的原则。礼仪的原则主要有以下8条。

#### 1. 平等原则

平等交往是现代礼仪的首要原则。平等原则要求对待任何交往对象都必须一视同仁,给予同等程度的礼遇,不能因交往对象在年龄、性别、种族、文化、职业、身份、地位、财富以及与自己的关系等方面有所不同而区别对待,给予不同的礼遇。在交往中平等,表现为不骄

# 第1章 社交礼仪概述

狂、不自以为是、不厚此薄彼,更不傲视一切、目中无人。

## 礼仪佳话

### 毛泽东为人处事二三事

毛泽东为人处世的魅力和感染力,主要体现在3个方面——朴素亲切、真挚诚恳、重情惜谊。1936年,西安事变后,毛泽东和党中央进入延安城。各地的名流学者纷纷慕名前往拜访。凡是来访者,毛泽东都亲自接见,并与他们亲切交谈。一次,一位老教授去见毛泽东。毛泽东拿出纸烟来招待。不巧烟吸完了,只剩下一支,老教授请毛泽东自己吸。谁知,毛泽东把烟分成两半,给教授半截,自己吸半截。1949年9月7日,毛泽东去火车站迎接起义的原国民党湖南省主席程潜。有人问他为何以这样高的规格来迎接程潜。毛泽东说:"我们是老乡,他还是我的私人朋友。难道你们的朋友来了你们叫别人去接吗?"当程潜走下火车后,毛泽东快步迎上去,握住程潜的双手。程潜感动得泪流满面。1952年,毛泽东又邀请程潜到家里做客。吃过饭后,毛泽东陪程潜出去散步,不知不觉到了中南海。毛泽东提议划船。上船后,程潜说:"我给主席划船。"毛泽东说:"岂有此理?你是客人,还是我来划。"于是,毛泽东荡起了双桨。以上可以看出主席与人的交往礼貌,不摆架子、随和、真诚、平等。

### 2. 宽容原则

宽容是一种美德,是对交往对象的人生观、价值观及个性差异等给予充分的理解和尊重。宋代宰相吕端说:"水至清则无鱼,人至察则无徒。"法国有一句谚语:"了解一切,就会宽容一切。"在人际交往中,人与人的思想感情可以沟通,但是由于个人经历、文化、修养等因素而产生的差异不可能消除,这就需要求同存异、相互包容。宽容原则要求人们在交际活动中运用礼仪时,既要严于律己,更要宽以待人。要多容忍他人、体谅他人、理解他人,千万不要求全责备、斤斤计较、咄咄逼人。

### 3. 遵守原则

礼仪是人们在社会交往中的行为规范和准则。因此,人们必须自觉、自愿地遵守礼仪,以礼仪规范指导和约束自己的言谈举止。任何人,不论年龄长幼、身份高低、职位大小,都有自觉遵守和应用礼仪的义务,否则,就会遭到公众的指责和疏远,交际就难以成功。"遵守"是在教育和社会舆论影响下形成的理念和价值观使然,"遵守"是牢固的礼仪意识和优秀礼仪品质的表现。听说过最有礼貌的鱼吗?海洋中的沙丁鱼最有礼貌,也最守纪律,当它们游到狭窄地带时,便自觉排成整齐的队伍,并遵守规矩。年长者在水的下层,年幼者在上层。要是鱼群中发现有别的鱼群时,年长的沙丁鱼还能客气地把下层让给"客人",自己则在上层列队前进。

### 4. 自律原则

礼仪往来强调了礼仪的互动性,礼仪规范也体现了对交往双方的要求。所以,在生活中每个人都必须自觉自愿遵守礼仪。礼仪的自律性原则重点强调了交往个体要自我约束、自我控制、自我对照、自我反省、自我检点。在人际交往中,行动上不要出格,仪态上不要失态,言语上不要失礼。正如《论语·颜渊》中所强调的自我约束,"非礼勿视,非礼勿听,非礼勿言,非礼勿动",否则,就会受到别人的指责、批评。

### 5. 真诚原则

在现代社会广泛的交往中,要赢得对方信任,就必须真诚。礼仪讲究"诚于中,形于外"(《礼记·大学》),心中有"礼",然后言行才有"礼"。人际交往的品德因素中,真诚是最基本、最重要的一项。英国社会学家卡斯利博士认为大多数人选择朋友是以双方是否出于真诚而决定的。真诚原则要求运用礼仪时,务必以诚相待、言行一致、表里如一。只有如此,在运用礼仪时所表达的对交往对象的尊敬与友好,才会更好地被对方所理解和接受。口是心非、言行不一、弄虚作假,只能蒙混一时,不利于良好人际关系的营造和个人形象及组织形象的塑造,轻则到处碰壁,重则身败名裂。

### 6. 敬人原则

孔子云:"礼者,敬人也。"敬人是礼仪原则中尊敬他人这一核心思想的体现。运用礼仪是对他人友好、尊敬的体现,同时也为自己赢得交际开具了通行证。"敬人者人恒敬之,爱人者人恒爱之"、"人敬我一尺,我敬人一丈",礼仪借助这些哲理而得以生生不息。敬人是对待他人的一种态度,敬人要求承认、重视他人的人格、感情、爱好、职业、习惯、社会价值以及应享有的权利。敬人原则要求人们在交际活动中,与交往对象既要互谦互让、互尊互敬、友好相待、和睦共处,更要把对交往对象的重视、恭敬、友好放在第一位。当然,礼待他人也是一种自重,不应以伪善取悦于人。尊敬人还要做到入乡随俗,尊重他人的喜好与禁忌。只有敬人才能换来人敬。

## 礼仪佳话

尊重上级是天职,尊重同事是本分,尊重下级是美德,尊重客人是常识,尊重对手是风度,尊重所有人是教养!

### 7. 从俗原则

从俗即入乡随俗。礼源于俗,礼与俗有密不可分的关系。《礼记·曲礼上》指出"入境而问禁,入国而问俗,入门而问讳",这是古代人们交往时应遵循的一个原则,同样适用于现代社会。不同国家、不同民族文化背景,礼仪习俗也不同,同一种礼仪行为也有不同的评价标准。这就要求人们了解并遵守这些习俗,做到入境问俗、入乡随俗,切不可自以为是、唯我独尊,贸然采取自以为是的礼仪方式,尤其是在国际交往中,必须主动了解并适应礼仪的差异,为国际交流和合作奠定基础。

### 8. 适度原则

在人际交往中,沟通和理解是建立良好人际关系的重要条件,但如果不善于把握感情尺度,缺乏适度的距离感,就会适得其反。适度原则要求运用礼仪时,为保证交际的成功,必须掌握技巧,把握好分寸,做到适度、得体。例如,在一般交往时,既要彬彬有礼,又不能低三下四;既要热情大方,又不能轻浮谄谀;要自尊不要自负,要坦诚不要粗鲁;要信人但不能轻信,要活泼但不能轻浮。在接待服务时,既要热情友好、谦虚谨慎、尊重客人、殷勤接待,又要自尊自爱、端庄稳重、平等公正、不卑不亢。当然,运用礼仪要真正做到恰到好处、恰如其分,需要勤学多练、积极实践。

## 礼仪佳话

### 张良进履

据说,有一天,张良在圯上(即桥上)漫步,适遇一年迈老人。只见老人故意把鞋摔下桥底,慢慢地对张良说:"小伙子,下去给我拾鞋!"张良感到太突然,想上前教训老人,但碍于老人的年纪,不忍下手,只好下桥取鞋。取鞋后,老人又令张良给他穿上,张良膝跪于前,小心帮老人穿鞋。事毕,老人非但不谢,反而大笑而去。片刻老人又返回,对张良说:"孺子可教也,5日后的黎明,与我会于此。"二次会面,皆因张良迟到而散,第三次张良夜半赴约,先老人一步,老人才授给张良一本书,对他说:"读此书则为王者师。后10年天下会大乱。13年后你会见我于济北谷城(今山东平阴西南),山下的黄石就是我。"说完就很快走了。张良很奇怪,次日天明一看书,方知书名为《太公兵法》(太公,即姜太公,周武王的军师)。张良就日夜诵读此书,终于成为一个深明韬略、足智多谋、文武兼备的"智囊"。10年后果然陈胜起义爆发,张良成为刘邦打天下的左膀右臂。13年后张良去谷城,山下确有黄石一尊,老人的预言神奇般地得到应验。张良取下石头珍藏,奉时祭祀,死后将这块石头放在自己的棺材中一同埋葬,嘱咐后人,扫墓祭祀时,一定要供奉黄石,如同自己生前。

试分析张良的礼仪观念对你自身的礼仪修养有何影响。

## 知识拓展

### 人际交往的3A法则

美国学者布吉林教授(曾是国际公关协会主席,美国总统顾问)曾提出一个3A法则,意即在人际交往中要成为受欢迎的人,就必须善于向交往对象表达我们的尊重、友善之意。向别人表达尊重和友善的技巧有三,这三个词的第一个英文字母都是A,所以叫3A法则。

第一个A(Accept),接受对方。接受交往对象的习俗和交际礼仪。接受有三个要点:其一,接受交往对象。例如,老师不能拒绝学生;商家不能拒绝顾客。其二,接受交往对象的风俗习惯。习俗是长期的文化习惯,很难说谁对谁错,要学会接受。其三,接受交往对象的交际礼仪。例如,牧区的人问候的时候总爱说:"牲口好吗?"其实它同"生意好吗?""收成好吗?"是一个意思。

第二个A(Appreciate),重视对方。即要让对方感觉自己受到重视,得到别人的欣赏。

第三个A(Admire),赞美对方。不仅要善于欣赏对方,而且要把对方的优点予以正面地肯定。

3A 法则将使我们在人际交往中更好地被交往对象接受,成为社交场合更受欢迎的人。

### 1.2.2 礼仪的作用

礼仪是人们共同遵守的一种准则和规范。讲究礼仪是一个国家和民族文明程度的重要标志。礼仪是普通人修身养性、持家立业的基础,是一个领导者治理好国家、管理好企业的基础。正如孔子所言,礼仪"修身、养性、持家、立业、治国、平天下"。"人无礼则不生,事无礼则不成,国无礼则不守。"作为指导人们言行举止规范的礼仪,既对个人也对社会有着非常重要的作用,已逐渐受到社会各界的普遍重视,甚至可以说已经到了有"礼"走遍天下、无"礼"寸步难行的程度。因此,要学礼用礼,以礼待人。礼仪的作用主要表现在以下 4 个方面。

#### 1. 有利于提高人们的自身修养

礼仪对人们自身修养的提高具有重要作用。在人际交往中,礼仪是规范、约束人们行为的准则,是衡量一个人文明程度的准绳。它不仅潜移默化地净化人们的心灵,还从行为美学方面指导人们不断完善自我;不仅反映一个人的交际能力,而且反映一个人的气质风度、道德修养和精神风貌。因此,在这个意义上,礼仪可以说就是教养。通过一个人对礼仪运用的程度,可以了解一个人教养的好坏、文明程度和道德水平的高低。因此,学习和运用礼仪,有利于从仪表仪容、举止谈吐等方面更好地塑造个人形象,充分展示各自的风采,帮助人们创造一个全新的自我,从而提高个人的修养。

#### 2. 有利于改善人们的人际关系

人际关系的融洽离不开一定的情感因素,而一定的情感表达必然要通过一定的礼仪形式。在日常生活和工作中,礼仪能够调节人际关系。从一定意义上说,礼仪是人际关系和谐发展的调节器。热情的问候、亲切的微笑、友善的目光、高雅的谈吐、得体的举止等,可以激发人们沟通的兴趣,建立双方的好感与信任,拉近距离,营造和谐的人际关系。在现代生活中,人们之间的相互关系比较复杂,礼仪有利于使冲突各方保持冷静,缓和和避免不必要的矛盾与冲突。人们在交往时按礼仪规范去做,有利于加强人们之间互相尊重,建立友好合作的关系。

古人云:"世事洞明皆学问,人情练达即文章。"这句话其实就是讲人际交往的重要性。运用礼仪,除了可以使个人在交际活动中充满自信、胸有成竹外,还能够帮助人们规范彼此的交际行为,更好地向他人表达自己的尊重、友好与敬意,增进大家彼此之间的了解与信任。如果人们都能够自觉、主动地遵守礼仪规范,按照礼仪规范约束自己,就能建立互相尊重、彼此信任的关系,更好地取得交际的成功,形成和谐、完美的人际关系,促进交往的成功和范围的扩大。因此礼仪是人际交往的润滑剂。

**相关链接**

社交是现代生活中人人不可缺少的活动,但是,许多性格内向的人,尤其是年轻女性,会在人际交往中感到惶恐不安,并出现脸红、出汗、心跳加快、说话结巴和手足无措等现象,这一现象被称为"社交恐惧症"。如何才能消除这一心理疾病呢?以下5条措施非常有效,不妨一试。

1．做一些克服羞怯的运动。例如,将两脚平稳地站立,然后轻轻地把脚跟提起,坚持几秒钟后放下,每次反复做30下。每天这样做二三次,可以消除心神不定的感觉。

2．害羞使人呼吸急促,因此,要强迫自己做数次深长而有节奏的呼吸,这可以使紧张心情得以缓解,为建立自信打下基础。

3．与别人在一起时,不论是正式或非正式的聚会,开始时不妨手里握住一样东西,如一本书、一块手帕或其他小东西。握住这些东西,对于害羞的人来说,会感到舒服而且有一种安全感。

4．学会毫无畏惧地看着别人,并且是专心的。试想,你如果老是回避别人的视线,老盯着一件家具或远处的墙角,不是显得很幼稚吗?难道你和对方不是处在一个同等的地位吗?为什么不拿出点勇气来,大胆而自信地看着别人呢?

5．有时羞怯不完全是由于过分紧张,而是由于知识领域过于狭窄,或对当前发生的事情知道得太少。假如能经常读些课外书籍、报刊杂志,开拓自己的视野,丰富自己的阅历,就会发现,在社交场合你可以毫无困难地表达自己的意见。这将会有力地帮助你树立自信、克服羞怯。

### 3. 有利于提高组织的整体形象

塑造个人形象和组织形象是礼仪的重要功能。人是社会中的个体,个人的教养反映其素质,而素质又体现于生活中的每一个细节。一个人、一个集体、一个国家的礼仪水准如何,往往反映着这个人、这个集体、这个国家的文明程度和整体素质。礼仪有助于塑造良好的形象。人具有社会性,都会归属某个组织、部门。个人形象的好坏直接影响到企业形象。现代企业管理理论认为,个人在企业中不仅只代表个体,还在很大程度上代表企业形象。随着社会的发展,尤其是我国加入WTO以后,行业竞争日趋激烈,企业能否在激烈的竞争中保持优势地位,不断地发展壮大,最重要的因素是如何树立和保持良好的企业形象。其中员工的素质是影响企业形象的主要因素,他们的精神面貌、言谈举止、工作态度、仪表服饰都是企业形象人格化最为直接的表现。通过礼仪学习,提高个体的形象,从而提高组织的整体形象。

### 4. 有利于提升社会的文明程度

人的社会化是通过社会教化和个人内化实现的,是贯穿一生的过程。人的社会化过程中要学习的东西很多,而礼仪教育则是这个过程中接触最早、最多的内容。例如,婴儿学语时,父母亲朋就会教其做恰当的称呼;有人告别时,婴儿会模仿成人说"再见";儿童入学时,老师会教其懂得友爱、尊重、谦让等。因此,礼仪教育是培养高尚道德品质和情操的起点,是把人从一个较低的道德境界逐步提升到一个较高的道德境界的过程。

一个人随时随地注意、重视礼仪,表明他对有益于集体或他人的"小事"有很高的道德自觉性和很强的自我约束力。只有这样的人才可能在关键的时刻按照个人礼仪服从社会礼仪的原则进行行为选择,表现出舍己为人的高尚品质。所以,现代礼仪建设是社会主义道德建设的基础,也是社会主义精神文明建设的组成部分。现代礼仪是在继承和发扬优良的传统礼仪与吸收世界先进、文明礼仪的基础上,逐步形成和发展起来的。它反映了社会主义的道德风尚和时代风貌,是社会主义精神文明建设的重要内容之一。

礼仪水平的高低是一个国家、一个民族文明程度的重要标志,也是衡量社会成员道德水平高低的尺度。如果每一个社会成员都能在礼仪方面加强自我修炼和自我约束,全社会的文明程度会大大提高,社会也会更加和谐地向前发展。

## 想想议议

### 礼貌是第一课

耶鲁大学有一批应届毕业生,实习时被导师带到华盛顿的白宫某实验室参观。全体学生坐在会议室里等待着实验室主任胡里奥的到来。这时有秘书给大家倒水,同学们毫无表情地看着她忙活,其中一个还问了一句:"有咖啡吗?"

秘书抱歉地告诉他刚用完。当秘书给一个名叫比尔的学生倒水时,他轻声说:"谢谢,大热天的,辛苦了。"

不一会儿,胡里奥主任来了,他向大家问好,可是没有一个人回应。主任在讲解的时候发现大家都没带笔记本,就让秘书去拿一些送给他们。所有人都是单手接过主任双手送来的笔记本。胡里奥主任的脸色越来越难看,他已经快没有耐心了。就在这时,比尔礼貌地站起来,双手接过本子,恭敬地说了声:"谢谢您。"

两个月后,比尔被该实验室录取了。有几位同学感到不满找到了导师:"比尔的学习中等,为什么选他不选我们?"导师对他们笑了笑,意味深长地说:"你们要学的东西还有很多,礼貌就是你们要学的第一课。"

**想想**:你从中明白了什么?

**议议**:礼貌对一个人来说非常重要,没有礼貌的人是不受欢迎的,不管你的学习成绩有多棒。一个真正学会礼貌对待他人的人,人生一定是成功的。

## 想想议议

有一天,白居易拜访禅师:"佛教最重要的道理是什么?"禅师回答:"诸恶莫作,众善奉行。"白居易听了很失望,便说:"这是三岁小孩也知道的道理。"禅师道:"三岁小孩也懂得,八十老翁却不一定做得到! 要知道真理并未离我们很远,其实就在我们日常生活中,不要轻视这两句平凡的话,你如果能够好好地在日常生活中把这两句话的道理实行起来,那你的前途将是光明灿烂的!"白居易听了禅师的话,完全改变了他那自高自大的傲慢态度。

**想想**:你从中明白了什么?

**议议**:实际上礼仪就在我们每个人心中,只不过有时会忘却;它就在我们身边发生,可能有人看不见。它确实是人的立足之本、生存之道。

### 本章小结

礼仪是指人们在各种社会交往中,在传统习俗、宗教信仰、文化潮流等因素影响下所形成的,用以美化自身、敬重他人的行为规范的总和。礼仪具有规范性、普遍性、传承性、综合性、差异性、操作性等特征。

现代礼仪必须坚持平等原则、宽容原则、遵守原则、自律原则、真诚原则、敬人原则、从俗原则、适度原则。

礼仪的作用主要表现在4个方面:有利于提高人们的自身修养;有利于改善人们的人际关系;有利于提高组织的整体形象;有利于提升社会的文明程度。

## 案例分析

**案例一：**

### 大学生怎么啦

一家网络公司的十几个招聘席前挤满了应聘的大学生。公司老总看着乱哄哄的场面,一个劲地喊:"请排队！不排队的,我们不要!"这是某省非师范类毕业生供需见面会上记者目睹的一幕。

这家公司的老总在接受记者采访时说,人多就应该排队,这是起码的社会公德。虽然现在不排队的现象在国内仍然普遍存在,但我想受过高等教育的人应该带个好头,而且我们也要求员工这么做。我们认为,从是否排队可以看出一个求职者的基本素质。记者环绕会场一周,人山人海,但都没有人主动排队,整个招聘现场活像个农贸交易市场。

在另一家企业的招聘现场,记者看到一个男生挤到招聘席前,高举着简历,大声叫嚷:"喂,收一下我的应聘材料!"但招聘人员盯了他一眼,继续和其他应聘者交谈。事后,招聘人员告诉记者:"像这样没礼貌的人,谁也不敢要！否则,哪天公司形象受损都不知道。"

令人气愤的是,招聘现场遍地垃圾,纸片、矿泉水瓶、塑料饭盒等随处可见。记者注意到,一些大学生把从招聘单位拿来的介绍材料翻了翻后,就随手扔到地上;有的人把报纸铺在地上,席地休息,但站起来后,也不顺手拿走。福建省体育中心招聘会场的一位工作人员说,每年的大学生招聘会后,他们都得花半天时间清理现场,清扫出来的垃圾比一场球赛后观众留下的垃圾还多。

多次和应聘大学生打交道的一家高科技公司人力总监告诉记者,有的应聘者不注意自己的言谈举止、穿着打扮,一开始就给人留下不好的印象,使招聘人员在没有看他的应聘材料之前,就已经把他排除在外了。

**案例二：**

### 文明无价

大连渔业集团花了三百多万元修建草坪,美化环境。总经理提前20分钟对员工上班进行观察,发现35位员工领着孩子踏草坪而过,只有两人带着孩子绕草坪而过。为了培养员工的社会公德意识和环境意识,这位经理当即决定,给两位没有踏草坪的员工每人2万元的奖励。

这么大的投入和这样的奖励值吗?

一位在中国生活过的日本商人想在中国上一个废铝再生产项目,他儿子首选的城市是大连。可是这位商人直摇头,说:"大连我去过,那个城市太土气!"可是父子俩来到大连实地考察后,大连的变化使老商人瞪圆了眼睛,一遍遍地问儿子"这是大连吗?"老商人当即拍板,在大连投资上千万元人民币搞项目。一位韩国客商本来准备向某一城市捐赠15万元人民币的人行道树坑保护罩,通过这一公益事业对自己的企业进行宣传。可是,当这位客商途经大连,目睹了一尘不染的街道和彬彬有礼的市民时,连呼"发现了新大陆"。他当即决定将这笔钱投到大连。最新统计资料表明,1996年大连外商投资比上年同期合同额增长67.7%,协议外资额增长47.1%。

看了这些,你还能说文明建设不值吗?文明无价。谁不愿自己的城市变得如花园般美丽、宁静和温馨呢?而这美丽、宁静和温馨的环境,又反过来陶冶我们的情操,促使我们变成一群高素质的现代文明人。人改变环境,环境改变人,文明的环境住着一群文明人。这是一种精神变物质、物质变精神的良性循环。

案例三:
### 不礼貌的惩罚

一日,电话响,接起电话,听筒传来一个女孩的声音"喂,给我找下小丽。"D想都是《野蛮女友》惹的祸,现在的女孩说话贼冲,就回话"啊!我家包括宠物在内,没有你找的这个名字。""找小丽。"对方显然有些不耐烦。"对不起,我想你是打错了。"对方是女同志,D保持风度,脾气很好。"不可能,你这不是某某号吗?我没打错呀。"D刚要挂电话,听筒的声音又提高数分贝,D气血上涌,心想"你没打错难道是我接错了?"D环顾一周,确定这是自己家里。"哦,没错,刚才我没听出来,对不起啊。"D用了最善良的语气。"真是的,我就说我不会打错嘛。"她还来劲了。D想:好,就让你错个够。"你是哪位?""我是叶子。""啊,叶子呀。"D做恍然大悟状。"小丽出国了。""啊?两个月没见她怎么出国了?""是一个月前的事。她昨天还来电话,说给一个叫叶子的朋友买了一个笔记本电脑,不知地址,没法寄""是吗?我就是叶子,我怎么联系她。"D隐约听见电话那头流口水的声音。"你记一下……"D迅速地翻起《世界知名企业联系名录》,在里面随便挑了一个南半球的电话给她。

## 角色扮演

小周是某校志愿者协会的会员,长期坚持在图书馆义务管理阅览室。一天早上8时,她准时来值班,看见一位同学走进来,一声不吭,这儿瞧瞧,那儿看看,一看就知道是新生。如果你是小周,接下来会怎么做?

# 第2章
# 个人形象礼仪

**学习目标**

　　**知识目标**：了解良好的性格、气质和风度的基本内容，掌握修养、性格、气质、风度的基本概念。

　　**能力目标**：能够运用品德、性格、气质、风度的有关知识指导、修正自身和他人，形成优雅的气质和风度。

　　**素质目标**：领会道德修养在个人形象礼仪中的核心地位，能运用正确的方法培养良好的个人修养。

## 导课案例

塑造总统的专家

　　著名的公关专家罗杰·艾尔斯，美国人称他为"利用媒介塑造形象的奇才"。

　　1968年，尼克松同约翰逊竞争"白宫宝座"时，在一次电视竞选演讲中艾尔斯精心指导尼克松克服自卑心理，结果取得了意想不到的效果。

　　1984年，里根参加总统竞选。起初公众对他的印象不佳，觉他年龄大，又当过演员，有轻浮、年迈无力之感。但在艾尔斯的协助下，他在竞选演讲时，注意配合适当的服饰、发型与姿势，表现得庄重、沉稳、健康，结果取得了成功。

　　1988年的总统竞选，在8月份以前，美国民主党总统候选人杜卡斯基猛烈攻击布什是里根的影子，嘲笑他没有独立的政见与主张。当时布什形象灰溜溜的，在民意测验中，布什落后杜卡斯基十多个百分点。艾尔斯指出了布什的两个毛病：演讲不能引人入胜，比较呆板；姿态动作不美，风格不佳，缺乏独立和新颖的魅力。艾尔斯帮助布什着重纠正尖细的声音、生硬的手势和不够灵活的手臂摆动动作，并让布什讲话时要果断、自信，体现出强烈的自我表现意识。在1988年8月举行的共和党新奥尔良全国代表大会上，布什做了生动的、有吸引力的接受提名演讲，这次演讲成了布什同杜卡斯基较量的转折点。经过以后一系列的争夺，布什获得了胜利。

　　个人形象的好坏取决于两方面：内在的修养与素质和外显的气质与风度。

## 2.1 修养与素质

个人形象的好坏取决于2个方面:内在的修养与素质和外显的气质与风度。

### 2.1.1 礼仪修养的含义与内容

#### 1. 礼仪修养的含义

修养是指人的行为和涵养,是一个人在思想道德、文化艺术、审美情操等方面所达到的水平,即人的综合素质的表现。礼仪作为一种修养,属于道德体系中社会公德的内容,如文明举止、谦恭友爱、礼貌待人、尊师敬长、遵守公共秩序等,既是礼仪规范的要求,又是中华民族的传统美德。礼仪不仅显示出人的道德情操和知识教养,也能帮助人们修身养性、完善自我。

礼仪修养是指人们有意识地按照角色特定的礼仪规范,节制自身的不足,自我完善而达到的行为涵养的水平。

为什么这里强调角色特定的礼仪规范呢?因为社会对不同的社交角色提出了不同的行为规范和行为模式。而且在不同社会,具有不同社会经验的人或组织,对于社交角色的评价可能完全不同。一个人在社会交往中扮演的角色不是一成不变的,交往对象不同,角色也不同。例如,她在学生面前是教授,在领导面前是下属,在下属面前是领导,在丈夫面前是妻子,在孩子面前是母亲,在公婆面前是媳妇,在父母面前是女儿,在客人面前是主人……社交角色不同,所应遵循的礼仪要求也不同。正式场合和非正式场合的礼仪要求也有所差别。如果一个人把工作岗位上的角色带到家里,家人肯定难以接受;反之,也是如此。在人与人之间的交往活动中,社交成功的重要标志是个人使自己的行为与他人和社会的期望相符合。

**想想议议**

**女王敲门**

女王伊丽莎白有一天很晚回家,发现卧室的门紧关。女王敲门,丈夫问:"是谁?"女王回答:"是女王。"丈夫没有开门。她又敲门,丈夫又问,女王回答:"是伊丽莎白。"丈夫还是没有开门。直到她说:"亲爱的,我是你的妻子啊!"丈夫才打开门说:"你还知道这是家呀!"

**想想**:你明白了什么?

**议议**:礼仪个体扮演的角色不同,礼仪规范要求也不同,不能把工作岗位的角色带到家里。

#### 2. 礼仪修养的内容

礼仪修养主要包括道德修养、文化修养、心理修养、习惯修养和美学修养。

(1)道德修养

道德是人类社会用来判断人们行为正当与否的准则与规范。道德往往代表社会的正面价值取向,由一定的社会经济基础所决定,并为一定的社会经济基础服务。道德是礼仪的基础,礼仪是道德的表现形式。要提高礼仪水平,就要加强个人的道德修养,最主要的是道德意识修养和道德行为修养。道德意识修养主要是通过学习道德知识,形成正确的道德观念,同时加强职业道德、社会公德和家庭伦理道德的修养。道德行为修养主要是通过实践培养良好道德行为的自觉性和习惯性。道德行为修养要从小事做起、从点滴做起,谨记"勿以善小而不为,勿以恶小而为之"。

### 想想议议

**德与容孰重**

我国古代最丑的女人据说是钟无盐(无盐是个地名,她真名是钟离春)。据史书记载,她长得前额凸且宽、眼深凹且高鼻梁,还有一个大喉结、驼背、皮肤漆黑、手指粗且长、头发又黄又乱,但齐宣王却娶了她,并且封她为无盐君,理由就是她能直言,劝齐宣王不要听信妄言,要尊孔孟,以礼仪和王道强国。

**想想**:你明白了什么?

**议议**:为人者(尤其为君者)用人应以德为先,以德为本。在古代一直有红颜祸水之例证,当然辩证来看,此言有偏颇,但至少给我们提示:品德更重要。

(2) 文化修养

文化是人文文化与科技文化的总和。文化修养就是对人文、科技文化知识进行学习、研究、剖析、提炼、升华,并形成自己的世界观、价值观的一种能力。文化修养对一个人品格的塑造、行为的规范及生活方式的改变都有很大的影响。"穿衣戴帽,各有所好",不仅表现个体的志趣,更是一种文化的体现。个体长期生活在某一种文化氛围中,受其影响、熏陶,则个体心理、性格、行为必然带有这种文化的特色,如法国人的浪漫、德国人的哲思、日本人的集体意识、美国人的个性等。不同国家、不同民族之间的社交礼仪存在差异,文化修养能使人的社交言行更加符合特定的风俗和习惯,明确可为与不可为、怎么为,以及如何为。倘若不学习、研究社交知识,或许会带来很多麻烦。例如,宴请外国朋友,必须先了解其饮食禁忌。俄国人吃牛肉而不吃蛇,犹太人吃鱼而不吃猪肉,印度人吃猪肉而不吃牛肉,美国人吃牡蛎而不吃蜗牛……如果主人事先没有了解有关常识,就会犯忌失礼。

(3) 心理修养

心理修养即个体接受外界各种信息,经过自我调节,产生与之相应的反应的心理活动过程。个体心理修养越高,与人、与社会、与自然环境之间的关系就越协调;反之,如果个体不能顺利地进行自我调节,就会使认识、感知、情感、思维、行为和意志活动出现不同程度的偏差,使自己的内心活动不协调而且与周围环境不相适应。因此,必须学会自我诊断,保持心理活动与外界环境的协调性、与情感和行为的一致性。从礼仪角度看,应加强训练,克服与人交往的自卑、狂妄、害羞、胆怯等不良心理,做到修养有素,任何时候、任何场合的交往都能保持沉着、冷静、坦然自若的良好状态,以便主动采用得体的礼仪方式。

(4) 习惯修养

习惯修养即个体有意识地用良好的习惯矫正不良的习惯。一个人做到一时一事有礼并不难,难的是时时事事都有礼有节,这有赖于习惯的力量。既然习惯主宰着人生,人们就应当努力培养好的习惯。在礼仪修养方面,有着良好礼仪习惯的人往往知"礼"行"礼"。习惯一旦养成,便具有相对的稳定性。

(5) 美学修养

美学修养即个体对美学的基本概念、基本规律和基本原理,以及美学对个人和社会的影响有基本了解,从而达到一定的审美水平。礼仪在客观上具有能引发审美愉悦等情感反应的特点。因而,礼仪也是一种美,具有美的价值。礼仪一方面具有鲜明的形象性,另一方面又具有社会功利性。礼仪能使人感受到美,使交往对象获得审美愉悦,促进交往的发展,有利于交往的成功。倘若缺乏礼仪,就会让人感到粗俗和丑陋,产生厌烦和远离的情绪,导致交往的消极态度和行为。礼仪之美千姿百态,有仪表美、言行美、精神美、环境美等,我们在礼仪修养过程中应该加以重视。

## 想想议议

原一平(日本最著名的保险推销员)有一天去某烟酒店拜访。由于该店已成为客户,这是第二次拜访,原一平就比较随便,把头上的帽子都戴歪了。

原一平一边说晚安,一边拉开玻璃门,应声而出的是烟酒店的老板。老板一见原一平,就生气地大叫起来:"喂,你这是什么态度,你懂不懂得礼貌,歪戴着帽了跟我讲话,你这个大混蛋。我是信任明治保险,也信任你,所以才投了保。谁知我所信赖的公司的员工,竟然这么随便、无礼!"

听完这句话,原一平双腿一屈,立刻跪在地上,"唉! 我实在惭愧,因为你已经投保,把你当成了自己人,所以太任性随便了,请你原谅我。"原一平继续磕头道歉,"我的态度实在太鲁莽了,不过我是带着向亲人请教的心情来拜访你的,绝对没有轻视你的意思,所以请你原谅我,好吗? 千错万错都是我的错,请你息怒跟我握手,好吗?"

老板突然转怒为笑:"喂,不要老跪在地上,站起来吧,其实我大声责骂你也太过分了。"他握住原一平的双手,说:"惭愧! 惭愧! 我太鲁莽、无礼了。"

两人越谈越投机。老板说:"我向你大发脾气,实在太过分了。我看这样吧,上次我不是投保了5 000元吗,现在我增加到3万元好啦!"

**想想**:你明白了什么?

**议议**:"人非圣贤,孰能无过?"问题是犯错误之后,应随机应变,争取谅解,消除不快。

### 2.1.2 素质与提升

**1. 素质**

素质是以人的先天禀赋为基础,在后天环境和教育的影响下逐步形成和发展起来的比较稳固的身心特征,即一个人的品德、阅历、智慧、风度、气质、性格、知识、技能等的综合表现。素质既包括有待开发的人的身心潜能,又包括社会发展的物质文明与精神文明成果在人的身心结构中的内化与凝聚。礼仪个体同社会各界公众打交道,担负着形象塑造、协调沟通等职能,更重要的是活动的成败得失在很大程度上取决于礼仪个体的基本素质。因此,重视礼仪个体素质的提高对组织的发展至关重要。礼仪个体的基本素质包括思想素质、心理素质、文化素质和生理素质4个方面。

(1) 思想素质

礼仪个体的思想素质主要包括优秀的道德品质和强烈的职业意识,具体表现在勤奋敬业、忠诚可信、团结协作、廉洁奉公和遵纪守法等方面。

① 勤奋敬业。古罗马有两座圣殿:一座是勤奋圣殿,一座是荣誉圣殿。在安排路线时,必须先经过前者,才能到达后者。勤奋是通往荣誉的必经之路,那些试图绕过勤奋寻找荣誉的人,总是被排斥在荣誉殿堂之外。美国有这样一个故事:公司有一名老职员,一贯勤奋工作,很受老板赏识。当他将要退休的时候,老板交给他最后一项任务——为公司再建一座小楼。老职员接受任务后,心想反正要退休了,便不像过去那样认真,结果那座小楼的建筑质量较差。竣工之日,他把新楼的钥匙交给老板,不料老板却把钥匙授给了他,说:"你一生为公司做出了很多贡献,现在把这座楼赠送给你,作为奖励。"老职员听了后悔莫及。在现代社会中,竞争激烈,一个企业的兴亡往往取决于员工的勤奋、敬业程度。勤奋、敬业就是重视自己的职业,把工作当成自己的事,为此付出全身心的努力,并能够克服各种困难,做到善始善终。中华民族历来有"敬业乐群"的传统,敬业是中华民族的传统美德。

② 忠诚可信。诚信是个人和组织必须遵守的道德规范。在社会活动中,大到国家,小到个人,都不可避免地产生交往,也必然发生交往一方对另一方的各种承诺。而人们则根据对承诺的兑现程度,去判断一个人或一个组织的诚信程度。在现代社会中,更应该讲诚信、守法规、重质量,公正、公平地对待交往合作者。

③ 团结协作。团结协作即互相支持、互相配合,顾全大局,明确共同目标。一个组织要顺利、健康地发展,需要全体成员树立团队精神,通力合作,风雨同舟,处理事情以组织利益为重,形成和谐互助的良好氛围,增强组织的凝聚力。"三个和尚没水喝"就是互相推诿、不讲协作的结果;"三只蚂蚁来搬米,轻轻抬着进洞里"正是团结协作的结果。团结协作是一切事业成功的基础,个人和集体只有依靠团结的力量,才能把个人的愿望和团队的目标结合起来,超越个体的局限,发挥集体的协作作用,产生"1+1>2"的效果。"同心山成玉,协力土变金。"成功,需要克难攻坚的精神,更需要团结协作的合力。

④ 廉洁奉公。廉就是不贪,洁就是清白,廉洁就是清正廉明、品行端正、有气节;奉,比喻恭敬地用手捧着,有尊重、遵守之意;公是指大公无私。廉洁奉公,就是品行端正、为人贞洁、清廉守正。只有保证廉洁,才能做到奉公。吴隐之到广州做官,路过"贪泉",蹲下捧着泉水畅饮。随从见状赶紧上前阻拦:"这是贪泉,千万不能喝啊!"吴隐之哈哈大笑,说:"什么贪泉不贪泉的,我就不信这个邪。贪婪的人不喝也会贪,清廉的人就算喝了也能保持廉洁。"随后还赋诗一首以表达自己廉政的决心:"古人云此水,一歃怀千金。试使夷齐饮,终当不易心。"这首诗的意思是:传说,人们喝了"贪泉"的水便会贪得无厌、欲壑难填。但我认为,如果让品德高洁的伯夷、叔齐喝了它,一定不会改变其廉洁之心。吴隐之笑酌"贪泉"明廉志,洁身自好,"出淤泥而不染",表现出清正廉洁的高尚品质。礼仪个体在代表组织进行社会交往、协调关系和商务活动的过程中,也应该学习古人廉洁奉公、不谋私利。

⑤ 遵纪守法。遵纪守法要求个人在开展活动时,一方面要遵守所在组织的规章制度,对工作尽心尽责,不搞特殊化,不玩忽职守;另一方面要遵守国家的法律法规、方针政策。在

进行涉外活动时,也要遵守他国的法律法规和国际惯例。

(2) 心理素质

心理素质是以生理素质为基础,在后天环境、教育、实践活动等因素的影响下逐步发生、发展并内化而形成的先天和后天的"合金"。心理素质包括人的认识能力、情绪和情感品质、意志品质、气质和性格等个性品质诸方面。良好的心理素质应包括以下几个方面。

① 追求卓越、渴望成功的心理。这要求个体具有追求较高目标、完成困难任务、竞争并超过别人的成就动机。现代组织都渴望在激烈的竞争中获得成功,这也要求它的个体具有追求卓越、渴望成功的成就动机。管理心理学认为具有成就动机的人有如下特征:经常思考如何把事情做得更好,超过别人;经常想做一些与众不同的事情;经常渴望达到或超过某个高标准;喜欢挑战性的工作,敢于担当一定的风险又不草率行事;树立的工作目标比较实际,但具有一定的难度;喜欢能发挥独立解决问题能力的工作环境;做事积极、主动,并力求创新。追求卓越、渴望成功的心理是个体卓有成效地开展工作的动力。

② 自信的心理与坚强的意志。自信是取得事业成功的基石。俗话说:"自知者明,自信者强。"充满自信的人,敢于承担风险、参与竞争、面对各种挑战、超越自我、超越他人、追求卓越的目标,使自己临危不惧、处变不惊、遇挫不馁,以极大的勇气、坚强的意志、稳健的姿态、非凡的耐心,努力实现工作目标。建立自信的重要前提是清晰地认识自我,愉悦地接纳自己,理性地认识自身的角色位置及价值,用肯定、积极、上进的语言激励自己。爱默生说:"这世界只为两种人开辟大路:一种是有坚定意志的人,另一种是不畏惧阻碍的人。"意志是克服困难,实现预定目标的一种心理素质,它与人的自信心相辅相成。坚强的意志是行动的强大推动力,是克服困难、获得成功的必要条件。意志坚强表现为坚持不懈、处世果断、不怕困难、善于自制。个体意志坚强与否不仅与环境和教育有关,更与自身的不懈努力分不开。

③ 热情的心态与开朗的性格。热情对于优秀个体来说就如同生命一样重要。如果失去热情,就永远也不可能在职场中立足和成长。凭借热情,可以释放出潜在的巨大能量;凭借热情,可以把枯燥乏味的工作变得生动有趣;凭借热情,可以感染周围的同事,让他们理解你、支持你,拥有良好的人际关系;凭借热情,可以获得老板的提拔和重用,赢得宝贵的成长和发展机会。礼仪交往是开放性的工作,需要与社会各界公众打交道,不仅要求个体拥有工作热情,主动与交往对象进行沟通,也要求个体具有开朗的性格,乐于与人交往,善于表达自己,倾听他人意见,乐于接受来自不同方面的建议与批评,能与各种类型的人建立正常的沟通渠道。

④ 广泛的兴趣与宽广的胸怀。兴趣是人们力求认识某种事物或爱好某种活动的倾向。礼仪个体需同各行各业的各种公众、各色人物打交道,接触的公众性格各异、爱好不同、层次不同,这就要求礼仪个体要有广泛的兴趣爱好,面对各种公众时都能找到"共同语言",从而产生认同感和亲近感,更好地团结不同特点的公众,为组织营造一个祥和、愉快的工作环境。宽广的胸怀是对礼仪个体品格的基本要求。具有宽广胸怀的人,能承认差别、尊重个性、求同存异,能够站在他人的立场思考问题,面对情绪激动、性格暴躁的公众能心平气和地听取其意见和建议,包容他人的弱点与不足,不斤斤计较,在工作中善于控制自己的情绪,以豁达乐观的态度对待工作中的困难和挫折。

(3) 文化素质

较高的文化素质是一个人综合素质的核心,更是礼仪修养的基础,包括丰富的社会经验

## 第 2 章　个人形象礼仪

和广博的知识。

① 丰富的社会经验。礼仪个体需要处理各种纷繁复杂的问题,必须具有丰富的社会经验,特别是应具有人际交往、沟通协调、新闻传播、经营管理、策划设计、市场推广、广告宣传,以及应对突发事件、处理棘手问题的经验。

② 广博的知识。礼仪个体理想的知识结构分为3个层次:基础知识,即了解管理学、心理学、社会学、伦理学、经济政策、计算机、外语、演讲等基础学科的基础知识;专业基础知识,即掌握交际学、管理心理学、交际心理学、市场学、经济法、企业管理等专业学科的基本知识和方法;专业知识,即掌握公关与礼仪、广告学、推销学、商务谈判、国际贸易等专业知识和相关能力。

(4) 生理素质

生理素质是指人们在先天遗传和后天获得的基础上发展起来的人体形态结构和生理功能上相对稳定的特征,包括生理解剖特点(性别、年龄、体型、体质、体格、神经系统、脑、感觉器官等)和生理机能特点(反应速度、运动能力、应激水平、负荷限度、对环境的适应能力、对疾病的抵抗能力等)。礼仪个体经常代表组织开展对外交往,接待各方面的公众,在某种意义上代表着组织的外在形象。因此,礼仪个体应具有适中的体型、端庄的仪表、潇洒的风度和健壮的体魄,此外,还应具有旺盛的精力、清醒的头脑、敏捷的思维、较强的应变能力,能够及时、准确地捕捉信息,正确地估计事物发展态势,适时采取措施,做出反应。

### 相关链接

狼是群动之族,攻击目标既定,群狼起而攻之。头狼号令之前,群狼各就其位,各施其职,嚎声起伏而互为呼应,默契配合,有序而不乱。头狼昂首一呼,则主攻者奋勇向前,伴攻者避实就虚而起动,后备者厉声而嚎以壮其威……独狼并不强大,但当狼以集体力量出现在攻击目标面前时,却表现出强大的攻击力。在狼群成功捕猎的众多因素中,严密有序的集体组织和高效的团队协作是其中最明显和最重要的因素。

**2. 礼仪修养的提升**

礼仪个体要提高自己的礼仪修养,必须掌握提高的方法和途径,具体可以从以下3个方面努力。

(1) 参加交际实践

"纸上得来终觉浅,绝知此事要躬行。"要通过反复实践提高礼仪运用的熟练程度,把握好礼仪运用的规范性,摸索礼仪运用的技巧,真正成为一个知礼、守礼、行礼的人。人们只有在相互交往所形成的礼仪关系中,才能改造自己的礼仪品质。换句话说,一个人的礼仪行为是否正确要以他人为鉴。一切礼仪修养必须结合人与人之间的交往活动来进行,这样才能认识到自己的礼仪修养是否符合礼仪规范。同时,通过交往实践,还可以学到许多书本上学不到的东西,开阔视野,拓宽知识面。

(2) 学会模仿、借鉴

在社会交往中,不论是各种仪式的主持人,还是场上的嘉宾,都有可能成为礼仪个体模仿、借鉴的对象。古人云："三人行,必有我师焉。"礼仪个体应该善于从他人的言谈举止中发现、挖掘他人的优势与长处。"以人为镜",在比较、鉴别的基础上取长补短,完善自我。通过模仿、学习、借鉴,提高自己的实际操作能力,进而养成良好的礼仪习惯,对以后的社交礼仪活动大有裨益。

(3) 经常自觉自省

"吾日三省吾身",学习礼仪也要注重自我反省、自我监督,不断发现自身缺点,找出不足,积极改正和提高,将学习、运用礼仪真正变为个人的自觉行为和习惯做法。没有高度的自觉性,礼仪修养就会纸上谈兵,流于形式。礼仪修养本身是一个自我认识、自我解剖、自我教育、自我改造和自我提高的过程,自省是一种经常化的自我检查,是培养礼仪习惯的重要途径。礼仪个体要自觉地按照时代的、社会的、民族的道德要求,严格要求自己,防微杜渐,激发自我修养的强烈愿望,在自觉中丰富礼仪知识,在自省中提高礼仪思想境界,达到讲究礼仪的目的。

**相关链接**

雁群为过冬以"人"字形向南飞行。当一只鸟展翅拍打时,其他鸟立刻跟进,借着"人"字形,整个鸟群比每只鸟单飞时,至少增加71%的飞升能力。当领队的雁疲倦了,就退到侧翼,另一只雁接替飞在队形的最前端,飞在后面的雁则会用叫声鼓励前面的同伴以保持整体的速度。当一只雁脱队时,会立刻感到独自飞行的迟缓、拖拉与吃力,于是很快又回到队形中,继续利用前一只雁所形成的升力飞行。借鉴大雁的合作精神,有共同目标的个体可以互相扶助,凭借彼此的冲劲、助力,更好地发展,更快、更轻易地达到目的。

## 2.2 气质与风度

### 2.2.1 气质

气质是用来形容人的,一般认为:人的姿态、长相、穿着、性格、行为等元素结合起来给别人的一种感觉,就是气质。从心理学的角度看,气质是一个人相对稳定的个性心理特征,是人的认识、情感、言语、行动中,表现心理活动发生时力量的强弱,变化的快慢和均衡程度等稳定的动力特征。气质主要表现在情绪体验的快慢、强弱,表现的隐显,以及动作的灵敏或迟钝等方面,因而为人的全部心理活动表现染上了一层浓厚的色彩。它与日常生活中人们所说的"脾气"、"性格"、"性情"等含义相近。

气质在现代社会是指一个人从内到外的一种内在的人格魅力,有高雅、高洁、恬静、温文尔雅、豪放大气、不拘小节等。所以,气质是自己长久的内在修养与文化修养的一种结合,是持之以恒的结果。良好的气质是以人的文化素养、文明程度、思想品质为基础的,同时还要看他对待生活的态度。有的人只注重穿着打扮、外表修饰,而不注重内在素质的提高。其实气质给人的美感是不受年龄、服饰和打扮制约的,没有内在的东西,便不能自然地体现出美

的气质来。气质美是一种内在美,它是人的高级神经活动类型及特点在行为方式上的具体表现。读书多的人便自然有书生气,接触艺术多的人便透出艺术家的气质。

总之,气质是一个人多种内在素质的综合反映,培养良好的气质不是一朝一夕的事,必须经过长期积累和锻炼。一个优秀的礼仪主体必须要有丰富的内心世界、优美的举止仪态、良好的性格、高雅的兴趣、较高的文化素养与语言修饰能力等优美气质。

## 礼仪佳话

气质是雪地里的一枝梅,长空中的一只雁,戈壁滩上的一座茅草屋;气质是潺潺流淌的泉水,飘渺悠扬的歌声,淡雅高洁的图画;气质是内心深处流淌出来的睿智,飘飘荡荡,无色无形,含羞带媚,遐想无限;气质是知识底蕴厚积薄发的舒缓钟声,余音袅袅,沁人肺腑,怡情旷性。

气质不是装腔作势的卖弄,装出来的气质流于庸俗;气质不是故作深沉的冷漠,趾高气扬的做作昭示浅薄。气质是"清水出芙蓉,天然去雕饰",从心灵深处迸发出来的强烈的吸引;气质是"采菊东篱下,悠然见南山",用诗和酒写成的练达和超脱;气质是温暖的春风,碧波荡漾;气质是和谐的细雨,婉转流畅;气质是淡雅的兰花,语笑嫣然;气质是深邃的青山,瑰丽朦胧。

亭亭玉立,面容娇好,却出口污秽,脏话连篇,谈不上有气质;风度翩翩,貌似潘安,却坦胸露肚,颐指气使,谈不上有气质。

气质是柳树下亭亭玉立的少女,气质是大漠尽头倚剑长歌的大侠,气质是雪山之巅裙袂飘飞的仙子,气质是竹林深处把酒当歌的隐士……

从生活中流淌出来的淡泊,是气质的外衣;从磨难中历练出来的沉稳,是气质的内涵;从知识中涅槃出来的厚重,是气质的精髓。

### 2.2.2 风度

风度是指人的言谈、举止、神情、姿态、仪表等方面总的表现和风貌,即人的思想、文化、修养、性格、气质等的外在表现。风度也包括控制自己情绪的能力。风度是一个综合的概念,不是指某一表情、动作,而是指人的全部生活姿态所提供给人们的总体印象。

风度美并不排斥个性美,每个礼仪人员的个性美都可以在角色意识中发出光华,使审美达到更高的境界。在追求个性美的过程中,要避免重外美而轻内秀,或者重内秀而轻外美,从而导致偏差的出现。俄国著名作家契诃夫说过:"人的一切都应该是美丽的:面貌、衣裳、心灵、思想。"古希腊哲学家柏拉图曾说:"身体美与心灵美的和谐一致,才是最美的境界。"总之,风度总是伴随着礼仪。一个有风度的人,必定深谙礼仪的重要,即使是气质粗犷、冷峻的人,一般也不会选择粗鲁无礼的自我形象。既彬彬有礼,又落落大方,顺乎自然,合乎人情,这便是现代人的潇洒风度。

风度美包括饱满的精神状态,诚恳的待人态度,可亲可敬的性格,幽默文雅的谈吐,洒脱的仪表礼节,适当的表情动作。风度是可以塑造的。一个人无法对自己的容貌做出选择,却可以对自己的风度负责,可以通过后天的学习、锻炼,塑造美的风度,建立良好的个人形象。

## 想想议议

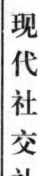

1754年,当时已是上校的乔治·华盛顿率领部下驻防亚历山大市。这时正值弗吉尼亚州议会选举议员。有一位名叫威廉·佩恩的人反对华盛顿支持的一个候选人。有一天,华盛顿就选举问题与佩恩展开了一场激烈的争论,并且在争论中说了一些极不入耳的脏话。佩恩听后顿时火冒三丈,挥拳将华盛顿击倒在地。当闻讯赶来的华盛顿的士兵想为自己的长官报一拳之仇时,华盛顿却阻止并说服大家平静地退回营地。

第二天早晨,华盛顿托人带给佩恩一张便条,请他尽快到当地一家酒店会面。佩恩神情紧张地来到酒店,料想必有一场恶斗。但是出乎他的意料,迎接他的不是手枪而是友好的酒杯。华盛顿站起身来,笑容可掬,主动伸出手欢迎他的到来,并且真诚地对他说:"佩恩先生,人谁能无过,知错而改方为俊杰。昨天的事,确实是我的错。你已采取行动挽回了面子,如果你觉得那已经足够,就请你握住我的手,让我们来做朋友。"

佩恩感动得紧紧握住华盛顿的手。一对完全有可能成为仇敌的人做了朋友。

**想想**:你明白了什么?

**议议**:华盛顿的风度化干戈为玉帛。

## 2.3 仪 容

仪容是指人容貌,由面容、发式以及身体所有未被服饰遮掩的肌肤所构成,是个人仪表的重要组成部分,是一个人精神面貌的外在体现。良好的仪容给人以整洁、端庄的印象,既能体现自身素养,又能表示对他人的尊重。

仪容美和内在美在一般情况下没有必然的联系。仪容美的人不一定内在美,内在美的人也不一定具有完美的仪容,这是因为仪容有先天的一面。但仪容也受民族、经济、时代、个人修养等后天因素的影响。

## 知识拓展

**相由心生**

人的相貌是人的善恶的综合表现。爱贪,就出贪婪相;爱偷,就出鬼祟相;爱骗,就出薄皮相;爱赌,就出轻薄相;爱混,就出懈怠相;爱色,就出邪淫相;爱酒,就出酒鬼相;爱生气,就出噘嘴相;爱尊重人,就出庄严相;爱节俭,就出朴素相;爱布施,就出宽厚相;爱助人,就出善良相。

### 2.3.1 仪容的中心:头发

头发整洁、发型大方是个人礼仪对头发的最基本要求。在今天,头发的功能不仅仅是表

## 第2章 个人形象礼仪

现出人的性别,更多的是反映一个人的道德修养、审美水平、知识层次及行为规范。整洁、得体、大方的发式能给人留下神清气爽的美感,而蓬头垢面、披头散发,则会给人以萎靡不振的感觉,甚至使人联想起囚犯和乞丐。人们可以根据发型判断出某人的职业、身份、受教育程度、生活状况及卫生习惯,也可以感受其对工作、生活的态度。因此,无论男女老少,都要重视头发的护理,都要根据自己的形体、气质、身份选择适当的发型。

### 1. 头发的护理

(1) 经常清洗

洗发以选用洗发与护发分开的洗发液为佳;洗时用十指按摩头皮,以促进血液循环,也有助于头发生长。

(2) 经常梳头

梳头可以促进头部血液循环。梳头应选用木梳、角梳,避免用容易产生静电的塑料头梳,以免破坏头发组织。梳头不要过于用力,避免拉断、损伤头发。

(3) 经常修剪

留长发的女士应将枯黄开叉的发梢剪掉,保持头发的美观;留短发的女士,每月应修剪一两次。男士除了注意经常理发,还要注意头发不宜过长,前不遮眉,侧不盖耳,后不过肩,不留鬓角。

(4) 烫发染发

烫发会使头发细胞分离,破坏头发的结构,所以烫发要慎重,一年控制在两次以内;染发用的药水对头发有一定的伤害,要重视染后护理,染发还应根据自身年龄、身份、职业选择颜色,不能只考虑时尚潮流、个人兴趣,毕竟美是在自我欣赏的同时让别人能够接受。

### 2. 发型的选择

(1) 发型要与脸型相符合

人的脸型一般可分为8种,其中鹅蛋脸(又称瓜子脸)属标准型,可以做任何发型。选择发型时,应对发型设计及化妆的原则有深刻的认识,针对脸型来选择,进行平衡与调和,才能弥补脸型的不足,创造美丽和让人满意的效果。不同脸型正确选择发型的方法如下。

① 圆形脸。将头发安排在头顶,用前刘海盖住双耳及一部分脸颊,即可减小脸的圆度。

② 方形脸。类似于圆形脸,其发型应遮住额头,并将头发梳向两边及下方,并可以烫一下,形成脸部窄而柔顺的效果。

③ 梨形脸。保持头发覆盖丰满且高耸,分出一些带波浪的头发遮住额头,形成宽额头的效果。

④ 长形脸。可适当用刘海掩盖前额,一定不可将发帘上梳,头缝不可中分,尽量加重脸型横向感,使脸型看上去圆一些。

⑤ 钻石脸。增加上额和下巴的丰满,维持头发贴近颧骨线,可形成鹅蛋脸的效果。

⑥ 心形脸。将中央部分刘海向上卷或倾斜地梳向一边,可很好地修饰脸型。

(2) 发型要与脖子相符合

① 胖而短的脖子。将刘海倾斜地梳向一边,发顶梳高,形成长的效果;两边梳成波浪显得修长,平滑贴头的颈线强调了背视及侧视修长的效果。

② 长脖子。用柔和的发波和卷花盖住脖子,头发应留到颈部,避免发型高过颈背。

(3) 发型要与头型相符合

选择发型的目的是要巧妙地利用发型克服头型的缺陷,产生椭圆形头型的效果。因此选择发型应仔细研究,用一张椭圆形图加在自己的头型上面,哪边有扁平现象,就应该调整哪边头发的厚度,以补足该区域。当然,这并不意味着所有的发型都应是椭圆形,也可根据不同的头型选择多种时髦的发型。

(4) 发型要与性别相符合

男士应尽可能避免留长发或者某些时髦新潮的奇特发型,最好也不要留光头,不把头发染成过分鲜艳扎眼的颜色。女士的发型虽然并不拘泥于短发和直发,但也应注意要相对保守一些,不能过分张扬和花哨。

(5) 发型要与年龄相符合

年长者要求简朴、端庄、成熟、稳重,因此,比较适宜大花型的短发或盘发,给人以温和可亲的感觉;年轻人则要注重整洁健康、美丽大方、新颖别致,比较适宜盘发、扎辫子、短发、长发等。

(6) 发型要与个人的性格和气质相符合

性格内向、羞于言谈的人,适宜选择自然翻式的发型;性格开朗、潇洒的人,适宜选择长发波浪式的发型;性格活泼、天真的人,适宜选择长发童花式的发型;性格温柔、文静的人,适宜选择曲直长发式的发型;性格豪爽、具有男子气概的女性,适宜选择短发型。

(7) 发型要与自己的身材相符合

① 短小身材的发型。个子矮小的人给人一种小巧玲珑的感觉,应强调丰满与魅力,在发型选择上要与之相适应。发型应以秀气、精致为主,避免粗犷、蓬松,否则会使头部与整个形体的比例失调,给人大头小身体的感觉。也可利用盘发增加身体高度,而且要在如何使头发秀气、精致上下工夫。烫发时应将花式、块面做得小巧、精致一些。

② 高瘦身材的发型。这种体型的人容易给人细长、单薄、头部小的感觉。要弥补这些不足,发型要求生动饱满,避免将头发梳得紧贴头皮,或者将头发梳得过分蓬松,显得头重脚轻。一般来说,高瘦身材的人比较适宜于留长发、直发。应避免将头发削剪得太短薄,或者盘高发髻。头发长至下巴与锁骨之间较理想,且要使头发显得厚实、有分量。

③ 矮胖身材的发型。矮胖者往往显得健康,要利用这一点形成一种有生气的健康美的效果。整体发式向上,譬如选择运动式发型。此外考虑弥补缺陷,可选用有层次的短发、前额翻翘式等发型,不宜留长波浪、长直发。矮胖者一般脖子显短,因此不要留披肩长发,尽可能让头发向高处伸展,显露脖颈以增加身体高度感。头发应避免过于蓬松或过宽。

④ 高大身材的发型。该体型给人一种力量美,但对女性来说,缺少苗条、纤细的美感。为适当减弱这种高大感,应努力追求大方、健康、洒脱的美,减少大而粗的印象。一般以留简单的直短发为好,或者是大波浪卷发;直长发、长波浪、束发、盘发、中短发式也可酌情运用。注意切忌发型花样繁复、造作;头发不要太蓬松。总的原则是简洁、明快,线条流畅。

一般来说,发型本身是无所谓美丑的,无论男女,只要所选的发型与自己的脸型、肤色、体型相匹配,与自己的气质、职业、身份相吻合,就能显出美感。发型只是仪表美的一部分,它还应该与人的面容、服饰相协调统一。

## 2.3.2 仪容的重点：面容

面容就是面部美容，这里仅仅论述面部美容化妆，不包括面部手术美容。美容化妆对良好的整体形象有画龙点睛的作用，因为它突出表现人体最富有情感的部分。经过美容化妆，可以使人焕发青春光彩，增强自信心，增加魅力，可以促进公关活动的成功。化妆是一门综合艺术，不是单纯的涂脂抹粉，是要塑造淡雅清秀、健康自然、鲜明和谐、富有个性的容貌。

**1. 化妆的原则**

（1）美化原则

化妆一方面要突出脸部最美的部分，使其显得更加美丽动人；另一方面要掩盖或矫正缺陷或不足的部分，达到扬长避短、化丑为美的目的。

（2）自然原则

自然是化妆的生命，它能使妆后的脸真实、生动。淡妆给人以大方、悦目、清新的感觉，最适合在家或平时上班时使用；浓妆给人以庄重、高贵的印象，常用在晚宴、婚宴、演出等特殊的社交场合。无论淡妆、浓妆，切忌厚厚地抹上一层，而要显得自然、真实。可以运用化妆技巧，通过熟练的化妆手段、合适的化妆品来取得自然而美丽的化妆效果。

（3）协调原则

化妆要因人、因时、因地而异，切忌强求一律，应表现出个性美，避免"千人一妆"。在化妆前，要根据自身脸部（包括眉、眼、鼻、颊、唇）特征，进行具有个性美的整体设计；同时还要根据不同场合、不同年龄、不同身份制订不同的设计方案，做到妆面协调、全身协调、身份协调、场合协调。

**2. 化妆的步骤**

在未化妆前，须将面部皮肤的不洁之物清除。清除面部油污的方法有油洗和水洗两种。最好选用洗面霜、清洁霜这类油质皮肤清洁剂洗面，既能除去面部油污，使面部洁净，又能保护皮肤，免除肥皂等碱性物质对皮肤的不良刺激。

（1）打粉底

先用少量粉底涂在脸上，再用棉球或海绵将粉底仔细地抹匀，一直抹到鬓边，以免出现痕迹。如果要遮盖眼睛上部的黑圈或面部的瑕疵，可先涂上遮瑕膏，并用海绵抹匀。但应注意，千万不要涂到眼下细柔的皮肤上。

（2）画眼线

画眼线的技巧不易掌握，要认真仔细地练习。眼线笔应以软性为宜，用专门的卷笔刀将笔尖削好，在靠近眼睑处由眼角向眼尾描画。以东方人的肤色和眼睛的颜色来考虑，深灰色和棕色更相宜。画眼线的一种方法是以5毫米为一段，往返渐进，直到眼尾；另一种方法是用眼线笔做点描，然后用海绵尖的小棒将这些小点连成一条有晕影的线条。描画时，眼线笔应倾斜地行进，尽量靠笔的侧面着色。

（3）施眼影

眼影是指化妆时涂于眼睛周围的化妆品。应根据个人的情况加以选择。

① 选择颜色。眼影可分阴影色、明亮色、强调色3种。阴影色是一种收敛色，涂在希望

显得窄小、深凹或应该有阴影的部位,一般包括暗灰、暗褐、棕灰、深蓝、深蓝灰、紫灰、深棕等颜色。明亮色是突出色,涂在希望显得高、突出、丰润的地方,用来表现强光效果。明亮色一般是发白的,包括米色、灰白、白色、淡黄、淡粉和带珠光(荧光)的颜色。强调色的真正使命是吸引人们的注意力。例如,在紫色眼影的铺垫下,在双眼睑中涂上一点金色眼影,这无疑是加强眼睛魅力的强调色。另外,在选择强调色时,要考虑与服饰和唇色相协调。

② 选择涂染位置。眼影的涂抹部位不同,产生的效果也不尽相同,可以根据眼睛特点及自己的爱好来决定,但不应偏离一般的规则。一般而言,棕色常用来做基础眼影,抹在眉头到鼻梁侧沟鼻影部分及眼窝近眼尾的一半处,以表现眼周立体感;灰色也能起类似作用。蓝色、绿色、紫色是发挥眼妆效果的重点,涂在眼周、眼尾,可使眼睛更具神采;桃红、粉红也常用来染眼周、眼尾,以表现温柔可爱。在眼皮中部,眼弓骨一带,宜用明色调,如橙色、黄色、桃红色等;微亮的桃红色、橙色有时可涂满整个上眼皮;双眼皮中间有时也可以施以鲜亮的明亮色。在眼睑沟内或眼周涂上深色眼影,有扩大和强调眼睛轮廓的效果,并且显得深邃;在眼睑沟内或眼周涂上浅色眼影,会使双眼皮的形象更加明确,显得自然和谐。在内眼角上涂深色眼影,能与鼻侧影自然融合,加强鼻梁的挺直与内眼角的形象;在外眼角上涂深色眼影,有时可改变眼睛的外形,使眼睛结构清晰、明确,但要注意眼睛的特点,如眼距过宽,就不宜在外眼角上涂深色眼影。

(4) 描眉型

眉型的修饰很重要,可以直接影响到整个妆容的造型与风格。像眉毛的粗细不同,会使人看起来柔媚或有个性,这也深深影响到你与他人之间互动的第一印象。商界人士需要注意的是:最好不要绣眉或纹眉,只需根据自己眉毛的大致线条,处理一下多余的杂毛即可。具体参考以下几点。

① 轻梳眉毛。拿出一支螺旋状的眉刷(很像睫毛膏的刷头),顺着眉毛生长的方向,从眉头到眉峰的上方,再从眉峰到眉尾的下方,慢慢梳顺。

② 修剪眉毛。拿出小剪刀,把从眉峰到眉尾中过长的眉毛全部修剪干净。同时,还应修剪杂毛,没办法修剪的地方用镊子从根部开始沿着眉毛的走向一根一根地拔除。

③ 画出自然型。用刷子在眉头的位置刷上适量的眉粉(眉粉颜色选择较浅、较明亮),增加浓度。

④ 延伸尾端。继续使用眉粉,眉毛的长度以嘴角到眼角再延伸至眉尾的线为基准,超过或不足都会让人觉得比较奇怪。

⑤ 均色。画出眉尾后,用眉笔将眉毛中间有颜色不连接或不均匀的地方补满,让眉色更均匀。

⑥ 刷理整齐。拿出眉刷,将眉毛由上往下刷,但是要轻轻地,不要把刚刚画的眉毛都弄花了。

⑦ 再次修剪。已经画好的眉毛,更容易看出哪些是多余的,此时再用剪刀把多余的眉毛修剪掉。

⑧ 清除杂眉。拿出眉毛专用的小夹子,将不属于眉毛的周遭小毛全都拔除,会有点痛,但是相对而言,拔掉的眉毛不太容易再长出来。

⑨ 整理。拿出有颜色的染眉膏,在刚刚画好、修好的眉毛上轻轻刷一遍,不但可以定型、改色,还可以让眉毛更立体。

⑩ 再次梳顺。完成以上步骤后,再次梳顺眉毛,不要因为毛膏产生的纠结现象破坏了刚才的努力。

(5) 刷睫毛膏

美丽的眼睛如果缺少悠长浓密的睫毛,会像没有纱幔的窗户,显得过于直白,缺少韵味。如果想让睫毛于片刻间浓密卷翘,当然少不了睫毛膏。目前市场上可供选用的睫毛膏种类很多,如浓密、滋养、防水等,功能各不相同。无论使用哪一款,掌握使用的技巧非常重要。

① 在打开睫毛膏时,不要将睫毛刷直接快速拉出来,而是要慢慢地,同时在开口处旋转一下,将多余的睫毛液去掉。

② 涂睫毛膏时不要将睫毛刷从睫毛中间开始涂起,而是用睫毛刷从睫毛根部由内往外涂。

③ 若选用有凹面的睫毛膏,如卷翘睫毛膏,在涂睫毛时,要用睫毛刷的凹面由内往外刷,再用其凸面在眼尾处由内往外刷。

(6) 上腮红

如果说眼妆是脸部彩妆的焦点,口红是化妆包里不可或缺的要件,那么,腮红就是修饰脸型、美化肤色的最佳工具。下面介绍腮红的6种画法。

① 颊侧腮红。如果觉得自己的脸型太圆润,不妨试试以颊侧腮红画法来修饰,可让脸蛋看起来较为瘦长。颊侧腮红的技巧是:选择较深色的腮红,如砖红、深褐色,刷在脸颊的外围,也就是耳际到颊骨的位置,范围可略微向内延伸到颧骨的下方,会让脸型看起来更立体。

② 圆形腮红。这是最常见也是最简单的腮红画法。只要对着镜子微笑,在两颊凸起的笑肌位置,以画圆的方式刷上腮红即可。选择娇嫩的粉红色或温暖的蜜桃色、粉橘色皆可。不过这款腮红的妆效比较甜美可爱,成熟女士尤其是商务女士不适宜这种画法。

③ 扇形腮红。这款腮红的面积较大,不仅能修饰脸型,也能烘托出好气色。腮红的位置是太阳穴、笑肌、耳朵下方三者构成的扇形。注意刷腮红时的方向,要从颊侧往两颊中央上色,才能让最深的腮红颜色落在颊侧的位置,达到修饰脸型的目的。

④ 斜长腮红。这款腮红又称飞霞妆,两颊就像被晚霞渐层晕染般。腮红从颧骨下方往太阳穴位置上色,挑选紫红色或玫瑰色的腮红会更加吸引人。如果脸型瘦长的人想让脸蛋看起来丰润一点,也可运用这款腮红,将腮红的范围加大,延伸到耳际,并使用粉红或蜜桃上色。

⑤ 双色腮红。这款腮红结合扇形腮红和斜长腮红的双重画法:先在两颊刷上深色的扇形腮红,再于扇形的上方重叠浅色的斜长腮红,就能达到修饰大圆脸,同时增添好气色的美肤效果。

⑥ 晒伤腮红。如果想使自己的肤色有在太阳下晒过的健康柑橘色,不妨尝试这款充满阳光感的腮红画法。挑选带有亮泽感的金棕色腮红,淡淡地打在鼻翼两侧的位置即可。如果想让妆效更立体,可从鼻峰推往两颊上色,让腮红横跨整个脸部中央,就能创造仿佛刚受过阳光洗礼的度假妆感。

(7) 涂唇彩

唇是面部最灵活的部分,光滑红润的双唇会让人精神焕发。"眼取其神,唇取其色。"柔和圆润的唇形线条富有曲线美,给人以安静、温柔的感觉;锋利的唇形线条呈现直线美,显示出敏锐干练;小巧的唇形会显得聪慧秀美;厚实的唇形会让人感到直率热情。

标准的唇形是下唇比上唇厚一两厘米。要想获得完美的唇形,一般要做以下7步:先用唇线笔在上唇定出唇峰,左右一定要平衡;然后画出一个优美的V字形;再用唇线笔在下唇定出唇谷;从唇峰向嘴角勾勒出唇形;从嘴角向唇谷画出连线;用唇刷蘸上唇彩,先在唇的中部涂上足够唇彩;再从唇的中部向外抹开,唇的边缘要涂得很薄。也可不画唇线,直接涂抹唇彩,这样显得自然清晰。

(8) 喷香水

在现代社会,香水走向千千万万普通女性。任何一种香水都能包含100种以上不同的成分。成分不同,香味及其在肌肤上的持久性也因人而异。常见的香水一般可分为4种。一是香精。它是香水中最为持久的一种,也是香精浓度最高的一种,一般香精浓度超过20%。这种香水在平时上班及居家时不宜使用,只有在出席大型宴会,有很大的空间供香水散发时,才可以使用。二是精纯香水。它是一种浓度较低的香水,香精浓度大概是15%～20%。这类香水的香味可以持续五六个小时,非常适合上班、游玩时使用。三是香水,也被称为"古龙水"。它的浓度大约为7%～15%。这类香水非常清雅,男女皆宜。四是香浴及香体产品。这些产品大多是一些香水皂、香粉、香乳及香浴乳,它们能提供柔和而微弱的香氛。它们的香精浓度大约为1%～3%。如果使用香水之前先擦上这样的产品,香水的香味将会更加持久。

擦拭香水的部位和方法对发挥香水的香味是很重要的。对于香水的使用不妨听听专家卡洛尔·德纳芙的话:"香水的使用讲求贴合自然、贴合环境,用得好会让别人对你产生好感;反之,则会让人感觉粗俗、缺乏品位。"

① 擦香水的禁忌。不要重叠使用不同的香水。香水有语言,有品性,每种香水都有自己独特的品位。重叠使用不同的香水,就无法表现出香水本身的特质。流汗时不可直接在肌肤上使用香水;直接接触阳光的地方不要涂抹香水,以防紫外线照射产生斑痕;别将香水喷在白色衣物上,以免留下污渍;不要喷到珠宝、金、银制品上,以防褪色、损伤,尤其是珍珠类,很容易受到带有化学成分的物质影响而改变品质;最大的禁忌就是抹太多。

② 擦香水的部位。耳后:耳朵后面的体温很高,非常适合抹香水,而且可避免紫外线的照射;脖后:一般脖子周围不擦香水,但是脖子后面,由于头发可遮住紫外线的照射故可安心喷洒香水;手腕:是较常涂抹香水的地方,通常抹于手腕内侧脉搏跳动的地方,脉搏的跳动会带动香味的散发;腿关节:擦于关节内侧静脉上,也可使用于与关节同样高度的裙子内侧,随着裙摆的摆动及双脚的移动散发出淡淡的香气;脚踝:擦在脚踝内侧,走路时会散发香味。

③ 香水的擦法。高明的擦法是使香气纤细婉约,在此推荐以下几种方法。

浓烈香水选用喷式。将喷雾的距离控制在离身体一条胳臂长的范围,然后在香雾里待上两三秒,就能沾取柔和的香气了。千万别朝耳后和颈背猛喷,太过强烈的香气只会带来反效果。

用手腕转印香水。以香奈尔为首的多家香水厂商都提倡采用这种方法。先将香水沾在一只手腕上,然后再移往另一只手腕,再从手腕移至耳后,然后移往其他适当的部位。这样香气不会一下子猛扑,急着出门时用这个方法擦香水最为便利。不过,千万不要用摩擦的方式,而要用转印的方式,也就是说两个手腕不要互相摩擦,以免破坏香水分子。

少量多处。擦香水的基本条件中最基本的就是少量多处。平均而薄淡的香气才是擦香水的高明方法。

有人说令人惊奇的效果就是在头发上抹香水。在头发上抹香水宜用手指梳理。千万不可直接用喷头往上喷,这样的香气太直接、不够婉约。最好的方法就是用手指从内侧梳起,或者把距离拉远喷在手上,再像抹发油似的抓一抓就行了。

用无名指擦抹。在敏感的眼部四周上粉底霜的时候,最好用无名指推匀,因为其他的手指力量太强,而无名指最轻柔。香水也一样,必须依赖无名指使香气柔和、苏醒。

### 3. 男士美容

上面介绍的主要是针对女士的化妆步骤。实际上,每一位职业男士也都希望自己获得上司的信任和公众的好评,以及同性的尊重和异性的好感。要做到这一点,适当的修饰和装扮也是必不可少的。男士美容的原则很简单,做到清洁整齐、精神抖擞即可。

男士美容一般包括4项内容,即洁肤、润肤、美发(这点与女士一致)和剃须。

(1) 洁肤

男性由于生理因素和活动量大,皮肤比女性粗糙,毛孔大,表皮容易角质化。此外,男性的汗腺和油脂分泌量多,在室外工作的机会多,皮肤上的灰尘和污垢积聚较多,所以,清洁皮肤至关重要。男性也应该每天使用洁面乳清洁面部肌肤。洁面乳不像香皂会刺激皮肤,可以有效去除污垢。

(2) 润肤

空调房里空气干燥容易使皮肤表面的水分流失,经常出差也会让肌肤老化松弛、缺乏光泽,滋润是唯一的解决方法。滋润皮肤应选择适合自己皮肤特质的护肤品,不可过于油腻,也不要香味太浓。

(3) 剃须

男士要每天进行剃须、修面以保持面部的清洁。经常剃须可以让面部清洁、容光焕发。男士剃须的程序为:一是剃须前应洗净脸部,如果脸部或胡须上有污物,剃须时可能会挫伤皮肤而引起皮肤感染;二是软化胡须,先用毛巾热敷胡须,或者用剃须膏或皂液均匀地涂抹在胡须上,以减少对胡须的刺激;三是正式剃须,剃须时应紧绷皮肤,减少剃须刀的阻力,剃须的顺序是从左到右,从下到上,先顺着毛孔剃刮,再逆着刮,然后再顺刮一次;四是保养,剃须后的护理相当重要,因为剃须刀不可避免地会对皮肤有刺激和损伤,久而久之,便回天乏术了,正确的做法是剃须后用热毛巾再敷几分钟,然后涂抹上护肤品。

### 4. 化妆禁忌

一是不宜当众化妆;二是不借用别人的化妆品;三是不用含油分的化妆品;四是不非议他人化妆;五是男士化妆忌柔弱、张扬,宜体现阳刚且不露痕迹。

**相关链接**

### 黄花闺女

南北朝刘宋时,宋武帝有个女儿寿阳公主,长得十分美丽。有一天,她在宫里玩累了,便躺卧于宫殿的檐下。当时正逢梅花盛开,一阵风过去,梅花片片飞落,有几瓣梅花恰巧掉在她的额头上。梅花渍染,留下斑斑花痕,寿阳公主被衬得更加娇柔妩媚,宫女们见状,都忍不住惊呼起来。从此,爱美的寿阳公主就常将梅花贴在前额。寿阳公主的这种打扮被人称为"梅花妆"。梅花妆传到民间,许多富家大户的女儿都争着效仿。但梅花是有季节性的,于是有人想出了法子,设法采集其他黄色的花粉制成粉料,用以化妆。这种粉料,人们便叫做"花黄"或"额花"。由于梅花妆的粉料是黄色的,加之采用这种妆饰的都是没有出阁的女子,慢慢地,"黄花闺女"一词便成了未婚少女的专有称谓了。

## 2.4 仪 表

仪表通常指人的外表,也包括人的仪容、姿态、身材、体型、服饰和装饰等,这里就讲服饰。服饰是人形体的外延,主要包括各类服装和饰品。在人际交往中,服装被视为人的"第二肌肤",既可以遮体御寒,发挥多种实用性功能,又可以美化人体,扬长避短,展示个性,发挥多种装饰性功能。不仅如此,在正式场合,它还具有反映社会分工,体现地位、身份差异的社会性功能。在社交场合,个体穿戴什么样的服饰,直接关系到别人对其个人形象的评价,因此,应该了解服饰选择的基本常识,遵循一定的服饰礼仪原则和注意服饰礼仪的禁忌。

### 2.4.1 服饰礼仪的原则

#### 1. 个性原则

个性原则是指在社交场合的服饰应适合个体树立良好形象的要求。人人都希望自己以一个独立的形象被社会接纳与承认,而服饰打扮可以帮助人们达到这个目标。首先,一个人所穿的服装往往能传达出性格、爱好和心理状态等多方面的信息,不同的人由于身材、年龄、性格、职业和文化素养等不同,自然就会有不同的个性特点,所以服装选择首先应考虑自身特点,把握形体尺寸,扬长避短;其次,保持并创造自己所独有的风格,突出长处,选择能与个性融为一体的服装,这样才会展示个性,尽显个人风采,保持自我,以区别于他人。切勿穷追时髦、随波逐流,使个人着装千人一面、毫无特色。只有当服饰与个性协调时,才能更好地发挥其效应,塑造出自己的最佳形象和礼仪风貌。

#### 2. 适用原则

美国行为学家迈克尔·阿盖尔做过一个实验:以不同的衣着打扮出现在某城市的同一地方,当西装革履、风度翩翩地出现时,向他问路、问时间的人大都属于彬彬有礼的绅士阶层;当破衣烂衫、蓬头垢面地出现时,接近他的多半是流浪汉、无业游民。这个实验表明人们总是习惯通过服饰来判别自己可交往的对象。如果一个人的穿着与其交往对象格格不入,就会很容易扩大彼此间的距离,并使相互间的沟通出现障碍。如果个体想让他人接受,就得首先让他人接受自己的服饰。如果穿着不能为他人所接受,那么个体的言行举止乃至一切也都可能很难为他人所接受。因此穿衣打扮不仅仅是个人的事,也与他人密切相关,所以不管一个人是否喜欢打扮,都不能忽视自己的衣着装扮。也正因为如此,人们在选择自己的服饰时,不仅要考虑自己的喜好,更重要的还要考虑社会风尚及交往对象,最终使自身的着装符合社会交往目的。在社会交往过程中,能正确理解并充分利用服饰的社会功能,对于人际交往的有效与顺利是非常重要的。选择合适的服饰有助于缩短彼此间的距离,协调彼此间的关系,从而使对方接受自己,达到交际的目的。

### 3. TPO 原则

着装要规范、得体,就要牢记并严守有关服饰礼仪的 TPO 原则。T、P、O 分别是 Time(时间)、Place(地点)、Object(目的)3 个单词的缩写。TPO 原则要求人们在选择服装时,应当兼顾时间、地点、目的,并力求使自己的着装及其具体款式与着装的时间、地点、目的协调一致。

（1）时间原则

时间涵盖每天的早间、日间和晚间,包括每年春、夏、秋、冬以及不同的时期、时代。因此,人们在着装时应考虑到时间,做到随时更衣。冬天要穿保暖、御寒的冬装,夏天要穿通气、吸汗、凉爽的夏装。早间在家中和户外的活动居多,无论是外出跑步做操,还是在家里盥洗用餐,着装都应以方便、随意为宜,可以选择运动服、便装、休闲服等,这样会透出几分轻松温馨之感。日间是工作时间,着装要根据自己的工作特点,以庄重大方为原则。如果安排了社交活动或公关活动,则应以典雅端庄为基本着装格调。晚间的宴请、舞会、音乐会等正式社交活动居多,人们的交往空间距离相对会缩小,着装要讲究一些,礼仪要求也要严格一些,以晚礼服为宜。

（2）地点原则

置身在室内或室外,驻足于闹市或乡村,停留在国内或国外,身处单位或家中,在这些不同的地点,着装的款式理当有所不同,切不可以不变应万变,即特定的环境应配以与之相适应、相协调的服饰,以获得视觉与心理上的和谐感。穿泳装出现在海滨浴场,司空见惯,但若是上班、逛街,则非令人哗然不可;西装革履地步入金碧辉煌的高级酒店会产生一种人境两相宜的效果,但若出现在大排档,便会出现极不协调、反差强烈的局面;在静谧肃穆的办公室里着一套随意性极强的休闲装,穿一双拖鞋,或者在绿草茵茵的运动场着一身挺括的西装,穿一双皮鞋,都会因环境的特点与服饰的特性不协调而显得人境两不宜。

（3）目的原则

人们的着装往往体现出其一定的意愿,即自己对着装留给他人的印象如何是有一定预期的。着装应适应自己扮演的社会角色,若不讲其目的性,在现代社会中是不大可能的。服装的款式在表现服装的目的性方面发挥着一定的作用。这是因为服饰是一种特殊意义的交际语言,能够传达特定的信息。服饰语言不仅表现自我形象,而且也是一种文化价值观的显现,特别是在涉外交往中,服装、饰品是一个民族的生活方式和精神面貌的折射。因此,要根据不同的交际目的和具体的交际对象来选择不同的服装。例如,一个人身着款式庄重的服装前去应聘新职、洽谈生意,说明他郑重其事、渴望成功;若身着便装、不拘小节,则表示自视甚高,对求职、生意的重视远远不及对其本人的重视。

### 4. 男士服饰的"三三"原则

男士在社交场合选择的服饰要讲究"三三"原则。一要遵从三色原则,即西服套装、衬衫、领带、腰带、鞋袜一般不应超过 3 种颜色,同一色系算一种颜色,如深蓝、浅蓝就是一种颜色。因为从视觉上讲,服装的颜色超过了 3 种,就会显得杂乱无章。二要遵循"三一定律",

鞋子、腰带、公文包以黑色为首选。三要回避"三大禁忌",一忌西服左边袖子上的商标不拆,二忌穿着浅色(尤其是白色)的袜子,三忌穿夹克时打领带。

### 知识拓展

**奥尔布赖特的"胸针哲学"**

美国前任国务卿奥尔布赖特女士曾是世界上有权威的铁腕级人物。她和英国前首相撒切尔夫人一样,钟爱珠宝首饰。她们都自信珠宝首饰能衬托女性的美丽、文雅、庄重。但不同的是奥尔布赖特还有一套自己的"胸针哲学"。

在奥尔布赖特担任美国驻联合国大使时,为波斯湾战争与伊拉克政府要员开始接触。她的作风强硬,被伊拉克人形容像一条蛇一样。一个月后,当她与伊拉克外长阿齐兹会面时,就带着一枚蛇形胸针。当她与前俄罗斯总统叶利钦会面时,佩戴的是一枚象征美国权威的雄鹰胸针。她每次出使中东地区,通常会戴着象征和平的金色鸽子胸针,或者意味着不达目的绝不罢休的山羊造型的胸针。2000年10月23日,为促使朝韩两方统一而会见金正日时,奥尔布赖特佩戴的是美国国旗的胸针。在欢乐的场合,奥尔布赖特会戴热气球胸针,有时为表达诚意就戴小天使胸针。

### 2.4.2 服饰礼仪的禁忌与注意

**1. 穿西装的注意事项**

① 要拆除衣袖上的商标
② 要熨烫平整
③ 要扣好纽扣
④ 要不卷不挽
⑤ 要慎穿毛衫
⑥ 要巧配内衣
⑦ 要少装东西
⑧ 要腰间无物

穿西装一定要配皮鞋。袜子的色彩应与皮鞋的颜色相同或相近,不宜用白袜子配黑皮鞋,男士切忌穿女士常用的肉色丝袜。

**2. 女士服饰选择要诀**

① 要考虑自己的身材特点。身材矮胖的人,应避免选择颜色过于鲜艳、大花、大格子的衣服,而应穿着垂直线条式样的服装。身材高瘦的人,要避免穿垂直线条的衣服。

② 要考虑自身的肤色。肤色白皙的人穿什么颜色都合适,如穿深色服,更显得肤色细白润洁;肤色黝黑的人则最好选素雅、明亮的颜色,显得健康而有活力。

③ 是衣着搭配要协调。一般来讲,上衣与下装的质地款式应相配,不要上衣十分厚重而下装又极轻薄,也不要上衣为职业装而下着牛仔裤。除此之外,还要讲究色彩的和谐

统一。

职业女性着装忌过分鲜艳;忌过分时髦;忌过分杂乱;忌过分短小;忌过分透视;忌过分暴露;忌过分紧身。穿裙子时一定要穿长丝袜,袜口切忌露在裙摆之下,袜子不要有钩丝、破洞。

#### 3. 社交场所服饰礼仪的注意事项

进入室内场所应卸去帽子、大衣、雨衣和套鞋,并一起存放到存衣处。

男士在室内不允许戴手套、围围巾,在进入室内前,手套与围巾均应除下,与大衣等物一起存放于存衣处。女士在室内则允许戴礼服手套、帽子、披肩、短外套等作为服饰的一部分饰物。

穿礼服,女士不应露出小腿或穿颜色与礼服不大相称的袜子;穿露肩、胸或背的晚礼服赴会时,在会场外,应披披肩或斗篷,进入会场后,可脱下披肩、斗篷。

与他人握手时不得戴手套,哪怕是极薄的手套也是不允许的,但是女士如戴礼服手套则可保留。

不得穿内衣裤或睡衣裤迎接客人。

### 2.4.3 首饰的佩戴

首饰,以前是指戴在头上的装饰品,现在则泛指各类没有任何实际用途的饰物。首饰佩戴的目的是提升人的气质,增加美感,以达到"锦上添花"的效果。但首饰的佩戴往往有其约定俗成的意义。只有对此充分了解,才能发挥其美化、装饰功效。在达到高雅美丽效果同时,又合乎礼仪规范。一般首饰佩戴应遵循如下8条规则。

#### 1. 数量规则

戴首饰时数量上的规则是少而精,若有意同时佩戴多种首饰,其上限一般为三,即在总量上不应超过三种。新娘可以除外。

#### 2. 色彩规则

戴首饰时应力求同色。若同时佩戴两件或两件以上首饰,应使其色彩一致或与主色调一致。

#### 3. 质地规则

若同时佩戴两件或两件以上首饰,应使其质地相同。某些高档饰物,像珠宝首饰,只适用于隆重的社交场合,不适合在工作、休闲时佩戴。

#### 4. 身份规则

佩戴首饰时不仅要照顾个人爱好,更应符合自己的性别、年龄、职业等。首饰对于男人和女人的意义是不同的。对于男人,象征着身份;对于女人则是点缀,具有画龙点睛之效。因此,佩戴的首饰要和身份、气质相协调,要能够彰显自己独特的审美品位。如年轻女士可以戴一些夸张的无多大价值的工艺饰品,而年龄较大的女士则应戴一些较贵重的、精致的饰品,显得庄重、高雅。

### 5. 体型规则

选择首饰时应充分考虑自身的形体特点,努力使佩戴的首饰为自己的体型扬长避短。例如,脖子粗短者,不宜戴多串式项链,应戴长项链;相反,脖子较瘦细者,则应戴多串式项链,以缩短脖子长度。

### 6. 季节规则

一般而言,季节不同,所戴首饰也应不同,首饰应与季节相吻合。金色、深色首饰适于冷季佩戴,可以显现庄重典雅;银色、艳色首饰则适合暖季佩戴,可以体现夏日的浪漫。

### 7. 搭配规则

佩戴的首饰应与服装的质地、色彩、款式相搭配。例如,领口较低的袒肩服饰应配项链,而竖领上装则不戴项链,且项链颜色最好与衣服颜色相协调;穿运动服或工服时最好不戴项链和耳环。

### 8. 习俗规则

佩戴首饰时要遵守习俗。不同地区、不同民族佩戴首饰的习惯多有不同。对此一要了解,二要尊重。

## 知识拓展

### 戒指的戴法

按照西方的传统习惯,戒指戴在左手显示的是上帝赐给你的运气,与心相关联。国际上比较流行的戴法是:

食指——想结婚,表示未婚;

中指——已在恋爱中;

无名指——表示已经订婚或结婚;

小指——表示独身。

至于右手戴戒指也是有意义的。据说戴在无名指上表示具有修女的心性。

另外,在国外,不戴戒指,也有"名花还无主,你可以追我"的意思。

### 戒指的材质

对男士来说,戴纯银戒指表示性情温和,易迁就他人;戴金戒指者较重视利益,往往会有精明的生意头脑;戴翡翠玉石者注重品位素质,处事严谨。

对女士来说,喜爱粉红钻或粉红色珊瑚者,感情丰富而浪漫;喜爱红宝石者热情似火;喜爱蓝宝石或海蓝宝石者,较内向、冷淡;喜爱祖母绿或土耳其石者,情感纤弱。

嵌宝石的戒指又有不同的意义。钻石象征永恒,在欧洲和美国,每逢结婚周年纪念日,做丈夫的一般都要向自己的妻子赠送钻石戒指和贵重金属,以示爱情的忠贞。翡翠表示爱情,珍珠表示高贵,紫晶表示健康、机敏和幸运。

## 2.5 仪 态

合乎规范的仪态是一种综合的美、完善的美,是身体各部分器官相互协调的整体表现,是内在素质与仪表特点的和谐呈现,是内在美与外在美的有机统一。人们往往凭仪态来判断其品格、学识、能力和其他方面的修养程度。仪态是个体在行为中身体呈现的各种形态,即人的微笑、眼神、站姿、坐姿、走姿、蹲姿等。

### 2.5.1 微笑

微笑是令人感觉愉快的面部表情,是礼仪个体最漂亮的表情。它是通用的世界语,可以缩短人与人之间的心理距离。微笑表示了理解,体现了宽容,传递了友谊,代表了赞美和祝愿。微笑最自然大方,最真诚友善。礼仪个体在日常交往和职业活动中,应避免不苟言笑、笑口难开。自然的微笑可以打破僵局,轻松的微笑可以淡化矛盾,坦然的微笑可以消除误解。友好的微笑是真诚的,决不是似笑非笑,也不是皮笑肉不笑,更不是苦笑或笑里藏刀。微笑为深入沟通与交往创造温馨和谐的氛围。因此,有人把微笑比做人际交往的润滑剂。

日本保险推销业的"全国之冠"原一平,曾经被日本人誉为"值百万美金的笑"。原一平25岁当实习推销员时,身高1.45米,又小又瘦,横看竖看,实在缺乏吸引力,可以说是先天不足。但他苦练笑容,并且获得成功。

他总结出笑容在推销活动中有八大作用:笑容是传达爱意给对方的捷径;笑具有传染性,你的笑容可以引起对方笑并使对方愉快;可以轻易地消除二人之间严重的隔阂,使对方门扉大开;笑容是建立信赖关系的第一步,它会创造出心灵之友;笑容可以激发工作热情,创造工作成绩;笑容可以消除自己的自卑感,弥补自己的不足;如能将各种笑容拥为己有、了如指掌,就能洞察对方的心灵;笑容能增进健康,增强活动能力。原一平认为,婴儿般天真无邪的笑容最具魅力。于是,他就花费了很长时间练习笑,直到在镜中出现与婴儿相差不多的笑容时才罢休。他练习的步骤是:检查自己的笑容有多少种(原一平认为自己有含义不同的39种笑容),列出各种笑容要表达的心情与意义,然后再对着镜子反复练习,直到镜中出现所需要的笑容为止。

**礼仪佳话**

**微笑,救了一条命**

有一个颇令人回味的故事。在西班牙内战时,一位国际纵队的普通军官不幸被俘,并被投进了森冷的单人监牢。

在即将被处死的前夜,他搜遍全身竟发现半截皱巴巴的香烟,很想吸上几口,以缓解临死前的恐惧,可是他发现自己没有火。在他再三请求之下,铁窗外那个木偶似的士兵总算毫无表情地掏出火柴,划着火。当四目相对时,军官不由得向士兵送上了一丝微笑。令人惊奇的是,那士兵在几秒钟的发愣后,嘴角也不太自然地上翘了,最后竟也露出了微笑。后来两人开始了交谈,谈到了各自的故乡,谈到了各自的妻子和孩子,甚至还相互传看了珍藏的与家人的合影。

当曙色渐明,军官眼泪纵横,那士兵竟然动了感情,于是悄悄地放走了他。

微笑,沟通了两颗心,挽救了一条生命。

### 知识拓展

**面试保持微笑的作用**

表现心境良好。面露平和欢愉的微笑,说明心里愉快、充实满足、乐观向上、善待人生。这样的人才会产生吸引别人的魅力。

表现充满自信。面带微笑,表明对自己的能力有充分的信心,以不卑不亢的态度与人交往,使人产生信任感,容易被别人真正地接受。

表现真诚友善。微笑反映自己心底坦荡、善良友好、待人真心实意,而非虚情假意,使人在与其交往中自然放松,不知不觉地缩短了心理距离。

表现乐业敬业。主考官会认为你能在工作岗位上保持微笑,说明热爱本职工作、乐于恪尽职守。如在服务岗位,微笑更是可以创造一种和谐融洽的气氛,让服务对象倍感愉快和温暖。真正的微笑应发自内心,渗透着自己的情感,表里如一,毫无做作或矫饰的微笑才有感染力,才能被视作"参与社交的通行证"。由此可见,笑容是所有身体语言中最直接有利的一种,应好好利用。在面试中,要把握每个机会展露自信而自然的笑容。

### 2.5.2 眼神

眼神即眼睛的神态。眼睛是心灵的窗户,而眼神则透过窗户传递出内心世界的本质。一个公正无私的人,他的心底就像一方晴朗的天空,清澈、洁净、透明,从他眼神中流露出来的那种公正、公平的力量,能让人们的心情变得阳光,变得灿烂;一个与人为善的人,他眼神中流动着的鼓励和肯定,像一股股暖流,温暖滋润着人们的心灵,鼓舞着人们的斗志;一个充满爱心的人,眼神也一定充满爱意,严肃中透着慈祥,平静中透着期盼,就像一条汩汩流淌的河流,不断地荡涤着人们的心灵。

### 知识拓展

**一"目"了然**

以貌取人,不智;观其眼神以观其人,却往往异常准确。眼睛是灵魂之窗,是窥探人内心的秘道。面试时要相人,一"目"了然。

若非一流演员,眼神很难装出来。少经世故却要在面试时装模作样的年轻人,最易被眼神出卖。

知道眼神重要,故意睁大眼睛,装得炯炯有神,却眼大无神,空洞无物;有些人故作轻松,皮笑肉笑眼却不笑,出卖了内心的慌乱;睡眼惺忪、无精打采的年轻人,无论如何装扮,也不能掩饰眼白里的红筋与眼角那些未老先衰的粗糙坑纹。有些人不敢与人对视,让人觉得他有事掩饰、心里有鬼;有些人眼神会笑,能让人感受到真心真意、言行合一;有些人双眼发亮,让人觉得他找对了工作,无怨无悔。

政客挂着笑脸和颜悦色,眼神往往愤懑不平;领导的台词关怀体贴,面对弱势长者,却眼神游移无心接触。梁朝伟当上影帝,人们说他"一双眼睛懂得演戏",幸好世上懂得用眼做戏的人不太多,以眼取人,自有奇效。

### 2.5.3 站姿

站姿是人在交往中处于站立时的姿势,最容易表现人的姿势特征。常言说"站如松",就是说,站立应像松树那样端正挺拔。站姿是静力造型动作,显现的是静态美。站姿又是训练其他优美体态的基础,是表现不同姿态美的起点。男女站姿美感各不同,男士应刚劲挺拔、气宇轩昂,女性应亭亭玉立、文静优雅。

**1. 规范的站姿**

正确、规范的站姿是端正、庄重、具有稳定性。应收腹挺胸,双肩撑开并稍向后展,要求腰背和颈形成一条自然的曲线。应做到以下几点。

① 头正。两眼平视前方,嘴微闭,收颌梗颈,表情自然,稍带微笑。
② 肩平。两肩平正,微微放松,稍向后下沉。
③ 臂垂。两肩平整,两臂自然下垂,中指对准裤缝。
④ 躯挺。胸部挺起,腹部往里收,腰部挺直,臀部向内向上收紧。
⑤ 腿并。两腿立直、贴紧,脚跟靠拢,两脚夹角成60°。

这种规范的礼仪站姿,同部队战士的立正是有区别的。礼仪的站姿较立正多了些自然、亲近和柔美。

**2. 服务岗位中的几种站姿**

① 规范站姿(如前文介绍)。
② 搭手站姿。即两手在腹前交搭,右手搭在左手上直立。这种站姿,男士可以两脚分开,距离不超过20厘米;女士可以用小丁字步,即一脚稍微向前,脚跟靠在另一脚内侧。这种站姿端正中略有自由,郑重中略有放松,在站立中身体重心还可以在两脚间转换,以减轻疲劳。这是一种常用的接待站姿。
③ 背手站姿。即双手在身后交叉,右手贴在左手外面,贴在两臀中间,两脚可分可并。两脚分开时,不超过肩宽,脚尖展开,两脚夹角成60°,挺胸立腰,收颌收腹,双目平视。这种站姿优美中略带威严,易产生距离感,所以常用于保卫人员。如果两脚改为并立,则突出了尊重的意味。
④ 背垂手站姿。即一手背在后面,贴在臀部;另一手自然下垂,手自然弯曲,中指对准裤缝;两脚可以并拢,也可以分开,也可以成小丁字步。男士多用这种站姿,显得大方、自然、洒脱。

以上几种站姿联系工作岗位,在日常生活中适当地运用,会给人挺拔俊美、庄重大方、舒展优雅、精力充沛的感觉。

### 3. 站姿训练

站是坐与行的基础,也是人类最基本的姿势,因而非常重要。站的练习要领是平、直、高。

① 平。头平正,双肩一样高低,两眼平视。最好经常通过大衣镜来观察、纠正和掌握。

② 直。腰直,腿直。后脑、背、臀、脚后跟成一条直线。可以靠墙壁站立,后脑勺靠墙,下巴自然微收;腿膝尽可能绷直,往墙壁贴靠,脚后跟顶住墙,把手塞到腰墙之间,刚好能塞进去即可。如果空间太大,可以把手一直放在背后,弯下腿,慢慢蹲下去,蹲到一半时,多的空间就会消失,然后再站直,体会正确站立的感觉。

③ 高。重心上拔,尽可能使人显高。练习方法是挺胸收腹,脖子上举,在墙上吊一个物体,每当你挺直上拔时,头顶刚好能触到它。

要掌握这些站姿,必须严格训练,长期坚持,形成习惯。站立中一定要防止探脖、塌腰、耸肩,双手不要放在衣兜里,腿脚不要不自主地抖动,身体不要靠在门上,两眼不要左顾右盼,以免给人形成不良印象。

## 想想议议

**站姿反映心理特征**

心理学家测试认为:双腿并拢站者,可靠、意识健全、脚踏实地且忠厚诚实,但显得有点冷漠;两腿分开约60厘米,脚尖略朝外偏的站者,果断、任性、富有进取心,不装腔作势;双腿并拢交叉,一脚稍后,两足平置地面的站者,有雄心、性格暴躁,是积极进取、极富冒险精神的人,通常为达目的赴汤蹈火在所不辞;一脚直立,另一脚弯置其后,以脚尖触地的站者,情绪非常不稳定,变化多端,喜欢不断的刺激与挑战。

站立姿势有正面与侧面之分。比较而言,正面姿势所反映的特征,是人们后天通过学习和对自身经验的总结、累积而形成的,反映未来和现在的状况;而侧面姿势,一般被认为仍保留出生时的原始姿势倾向和特征。例如,挺胸直背、身体后仰、膝盖绷直者的侧面姿势,是一种充满力量和紧张的姿态,可以看出其积极努力地适应现实的倾向。

**想想**:你明白了什么?

**议议**:通过站姿这种体态,可以判断人的心理特征,知道其想干什么。这也是人际交往的必要能力。

### 2.5.4 坐姿

坐姿即人在交往中处于坐着的姿势。公众场合中的静态美——坐姿礼仪,是最考验人的,也是最能体现气质与美的。

### 1. 规范的坐姿

正确、规范的礼仪坐姿,要求端庄而优美,给人以文雅、稳重、自然、大方的美感。坐,作为一种举止,有着美与丑、优雅与粗俗之分。正确的礼仪坐姿要求"坐如钟",指人的坐姿像座钟般端直。当然这里的端直指上体的端直。

① 入座时要轻、稳、缓。走到座位前,转身后轻稳地坐下。如果椅子位置不合适,需要挪动椅子的位置,应当先把椅子移至欲就座处,然后入座。而坐在椅子上移动位置,是有违社交礼仪的。

② 神态从容自如(嘴唇微闭,下颌微收,面容平和自然)。

③ 双肩平正放松,两臂自然弯曲放在腿上,也可放在椅子或是沙发扶手上,以自然得体为宜,掌心向下。

④ 坐在椅子上,要立腰、挺胸,上体自然挺直。

⑤ 双膝自然并拢,双腿正放或侧放,双脚并拢或交叠或成小V字形。男士两膝间可分开一拳左右的距离,脚态可取小八字步或稍分开以显自然洒脱之美,但不可尽情打开腿脚,那样会显得粗俗和傲慢。如果长时间端坐,可双腿交叉重叠,但要注意将上面的腿往回收,脚尖向下。

⑥ 坐在椅子上,应至少坐满椅子的2/3,宽座沙发则至少坐1/2。落座后10分钟左右不要靠椅背。时间久了,可轻靠椅背。

⑦ 谈话时应根据交谈者方位,将上体双膝侧转向交谈者,上身仍保持挺直,不要出现自卑、恭维、讨好的姿态。讲究礼仪要尊重别人,但不能失去自尊。

⑧ 离座时要自然稳当,右脚向后收半步,而后站起。

⑨ 女士入座时,若是裙装,应用手将裙子稍稍拢一下,不要坐下后再拉拽衣裙,那样不优雅。正式场合一般从椅子的左边入座,离座时也要从椅子左边离开,这是一种礼貌。女士入座尤要娴雅、文静、柔美,两腿并拢,双脚同时向左或向右放,两手叠放于左右腿上。如果长时间端坐可将两腿交叉重叠,但要注意上面的腿往回收,脚尖向下,以给人高贵、大方之感。

⑩ 男士、女士需要侧坐时,应当将上身与腿同时转向同一侧,但头部保持向着前方。

⑪ 作为女士,坐姿还要根据椅子的高低及有无扶手和靠背来选择,两手、两腿、两脚还可有多种摆法,但两腿叉开或成四字形的叠腿方式是很不合适的。

⑫ 在餐厅就餐时最得体的入座方式是从左侧入座。当椅子被拉开后,身体在几乎碰到桌子的距离站直,领位者会把椅子推进来,腿弯碰到后面的椅子时,就可以坐下来。就座后,坐姿应端正,上身可以轻靠椅背。不要用手托腮或双臂肘放在桌上。不要频频离席或挪动座椅。用餐时,上臂和背部要靠到椅背,腹部和桌子保持约一个拳头的距离。两脚交叉的坐姿最好避免。

⑬ 穿牛仔裤的坐法。首先身体侧坐,一脚支撑身体的重量,另一脚的足踝靠在这只脚的脚尖上。也可以采取盘坐的方式,两脚交叉盘坐,脚尖朝上,两手自然地摆在膝盖上。如果坐沙发椅,就可不必太拘束,顺其自然地坐着,保持优雅的坐姿即可。

**2. 坐姿训练**

(1) 背对训练镜,练习入座前的动作

入座时,走到座位前面再转身,转身后右脚向后退半步,然后轻稳地落座。动作要求轻盈舒缓、从容自如。

（2）面对训练镜,练习入座前的动作

以站在座位的左侧为例,先左腿向前迈出一步,右腿跟上并向右侧一步到座位前,左腿并右腿,接着右脚后退半步,轻稳落座;入座后右腿并左腿成端坐,双手虎口处交叉,右手在上,轻放在一侧的大腿上。

（3）练习入座后的端坐姿势

动作要求以正确坐姿规范为基础,配合面部表情,练习坐姿的直立感、稳定性等综合表现（男女各按要求练习）。

（4）坐姿腿部的造型训练

在上身姿势正确的基础上,练习腿部的造型。男士练习两腿开合动作;女士练习平行步、丁字步、小叠步的动作。要求动作变换轻、快、稳,给人以端庄大方、舒适自然之感。

（5）离座动作训练

离座起立时,右腿先向后退半步,然后上体直立站起,从左侧还原到入座前的位置。

## 知识拓展

**坐姿反映心理特征**

心理专家经测验认为,坐姿能显露一个人的个性。坐时翘起一条腿的人,相当自信,个性懒散,不容易幻想,任何私人问题或烦恼都不能使之困扰,信心形之于外;坐时双腿并拢,双脚平放地上的人,坦率、开放而诚实,具有洁癖和守时的习惯,喜欢有规律的生活,按照时间表行事会觉得比较自在;坐时双腿伸前,双脚在踝部叉起的人,希望成为中心人物,有保守且近乎愚蠢的意志,喜欢求取稳定;坐时一脚盘在另一脚下的人,个性独特,凡事漠不关心,无责任感,喜欢受人注目,有创新力,作风不拘于传统;坐时两膝并拢,两脚分开约30厘米的人,对周围事物非常敏感,观察入微,由于深谙人情世故,相当体贴别人,也能原谅别人,多愁善感;坐时双脚在膝部交叉,一脚勾在一脚后的人,逗人喜爱,非常有人缘,个性好静,容易与别人相处,不善夸耀或虚饰。此外,坐下后摸嘴巴者,往往情绪不安,猜疑心颇重;摸膝盖者往往以为将有好事临身,自负之心颇高;摸下巴者是为某种事而烦恼;刚坐下就不断抓头发的人,性子较急,喜欢速战速决,情意不一,容易见异思迁;坐下后喜欢由下而上摸额的人,能言善道,说服力强,但这种人所用手段也往往比较狡诈。

### 2.5.5 走姿

走姿是一种动态美。每个人都是一个流动的造型体,优雅、稳健、敏捷的走姿,会给人以美的感受,产生感染力,反映出积极向上的精神状态。

**1. 规范的走姿**

① 头正。双目平视,收颌,表情自然平和。

② 肩平。两肩平稳,防止上下前后摇摆;双臂前后自然摆动,前后摆幅在30°～40°;两手自然弯曲,在摆动中离开双腿不超过一拳的距离。

③ 躯挺。上身挺直,收腹立腰,重心稍前倾。

④ 步位直。两脚尖略开,脚跟先着地,两脚内侧落地,走出的轨迹要在一条直线上。

⑤ 步幅适当。行走中两脚落地的距离大约为一个脚长,即前脚的脚跟距后脚的脚尖相距一个脚的长度为宜。不过不同性别、不同身高、不同着装的人会有些差异。

⑥ 步速平稳。行进的速度应当保持均匀、平稳,不要忽快忽慢。在正常情况下,步速应自然舒缓,显得成熟、自信。

行走时要防止八字步,低头驼背;不要摇晃肩膀,双臂大甩手;不要扭腰摆臀,左顾右盼;脚不要擦地面。

### 2. 变向走姿

变向走姿是指在行走中需转身改变方向时,采用合理的方法体现出规范和优美的步态。

① 后退步。与人告别时,应当先后退两三步,再转身离去。退步时脚轻擦地面,步幅要小,先转身后转头。

② 引导步。引导步是走在前边给宾客带路的步态。引导时要尽可能走在宾客左侧前方,整个身体半转向宾客方向,保持两步的距离,遇到上下楼梯、拐弯、进门时,要伸出左手示意,并提示请客人上楼、进门等。

③ 前行转身步。在前行中要拐弯时,要在距所转方向远侧的一脚落地后,立即以该脚掌为轴,转过全身,然后迈出另一脚。即向左拐,要右脚在前时转身;向右拐,要左脚在前时转身。

### 3. 走姿训练

① 行走稳定性练习。在保持正确的站立姿势基础上,两臂侧平举,两手各持一碗水,练习行走者的稳定性,并及时矫正不良走姿。

② 动作表情的协调练习。加强和巩固练习者上下肢动作的协调配合,同时结合面部表情进行练习。

③ 各种走姿练习。进行前行步、后退步、侧行步、前行左右转身步及后退向后转身步的动作训练。其动作规范要求如下。

前行步:向前走时,练习向来宾或同事问候的仪态举止。动作要伴随着头和上体向左或右的转动,面带微笑,点头致意,并配以恰当的问候语。

后退步:与他人告别时,应该是先用后退步再转身离去。一般以退二三步为宜。退步时,脚轻擦地面,步幅小,协调地往后退;转身时,要身先转,头稍后一些转。

侧行步:一般用于引导来宾或在较窄的走廊与人相遇时。引导来宾要尽量走在宾客的左侧前方,左髋部朝着前行的方向,上身稍向右转体,左肩稍前,右肩稍后,侧身向着来宾,保持往前两三步的距离。在较窄的路面与人相遇时,要将胸转向对方,以示礼貌。

前行左右转身步:在行进中,当要向左(右)转身时,要在右(左)脚迈步落地时,以右(左)脚掌心为轴心,向左(右)转体90°,同时迈左(右)脚。

后退左右转身步:当后退向左(右)转体走时,以左脚先退为例,要在退两步或四步时,以右(左)脚掌为轴心,向左(右)方向转90°,再迈出左(右)脚,继续往前方走出。

后退向后转身步:当后退向后转身时,以左脚先退为例,要在退一步或三步时,赶在左脚后退时,以左脚为轴,向右转体180°,同时右脚后撤移重心,再迈出左脚。

以上的走姿训练,不论朝哪个方向行走都应注意形体的变化,做到先转身,后转头,再配合一些礼貌语、体态语,以达到整体动作的优美。

## 知识拓展

**走姿与心理特征**

心理学家史诺嘉丝曾经对193个人做过3项不同的研究,发觉不但某种性格或某种心情的人会用不同的步姿走路,而且观察者通常都能由人的步姿探测出他的性格。

走路大步,步子有弹力及摆动手臂显示一个人的自信、快乐、友善及雄心;走路时拖着步子,步伐小或速度时快时慢则相反。性格好支配人者,走路时倾向于脚向后踢高;性格冲动的人,则习惯低头急走;而拖着脚走路的人,通常不快乐及内心苦闷。女性走路时手臂摆得越高,越显示她精力充沛和快乐;精神沮丧、苦闷、愤怒及思绪混乱时,女性走路很少摆动手臂。走路习惯摆动手臂者往往会有成就。

### 2.5.6 蹲姿

在日常生活中,人们对掉在地上的东西,一般是习惯弯腰或蹲下将其捡起。在弯腰蹲下时要特别注意姿态,要表现得自然、大方、得体。

#### 1. 规范的蹲姿

① 下蹲拾物时,应自然、得体、大方,不遮遮掩掩。
② 下蹲时,两腿合力支撑身体,避免滑倒。
③ 下蹲时,应使头、胸、膝关节在一个角度上,使蹲姿优美。
④ 女士无论采用哪种蹲姿,都要将腿靠紧,臀部向下。

#### 2. 蹲姿的类型

(1) 交叉式蹲姿

在日常生活中常常会用到蹲姿,如集体合影前排需要蹲下时,女士可采用交叉式蹲姿:下蹲时右脚在前,左脚在后,右小腿垂直于地面,全脚着地;左膝由后面伸向右侧,左脚跟抬起,脚掌着地;两腿靠紧,合力支撑身体;臀部向下,上身稍前倾。

(2) 高低式蹲姿

下蹲时右脚在前,左脚稍后,两腿靠紧向下蹲;右脚全脚着地,小腿基本垂直于地面,左脚脚跟提起,脚掌着地;左膝低于右膝,左膝内侧靠于右小腿内侧,形成右膝高左膝低的姿态;臀部向下,基本上以左腿支撑身体。

#### 3. 蹲姿的禁忌

① 弯腰捡拾物品时,两腿叉开,臀部向后撅起,是不雅观的姿态;两腿展开平衡下蹲,其姿态也不优雅。
② 下蹲时注意内衣"不可以露,不可以透"。

### 4. 蹲姿的要点

一是迅速、美观、大方。若用右手捡东西,可以先走到东西的左边,右脚向后退半步后再蹲下来。二是脊背保持挺直,臀部一定要蹲下来,避免弯腰翘臀的姿势。三是男士两腿间可留有适当的缝隙,女士则要两腿并紧,穿旗袍或短裙时需更加留意,以免尴尬。

## 知识拓展

**世界著名形象设计师英格丽的忠告**

**一、避免消极的身体语言**

1．避免抓耳挠腮、摸眼、捂嘴等具有说谎嫌疑的动作。
2．避免双臂交叉在胸前,它表示抵触、抗议、不屑一顾、防范。
3．腿脚不要不停抖动,它在告诉别人你内心紧张、不安。
4．不要做不必要的身体移动,这样会显得你紧张、焦虑。

**二、积极的身体语言**

1．身体的接触,传递亲和力。
2．交流时人与人之间的距离尽可能缩短,以增加情感距离;但是也不要太近,不要侵犯个人的空间距离。
3．倾听时,身体前倾,目光全神贯注。
4．进门时,目光平视、挺胸、抬头。
5．就座时,尽可能占据空间。
6．交谈时,不要忘了点头。
7．开会时,坐在领导的左边,而不是右边。

**三、可以利用的身体语言**

1．倾听时,把手放在脸颊——评估和分析对方所说的话。
2．手放在下巴上——考虑你的意见。
3．双手指互对并指向上方——展示出自信。
4．双手掌互贴——说服你,请求你。
5．眼睛迅速上挑——对你所讲的很兴奋。
6．双手互搓——积极参与。

#### 本章小结

礼仪修养是指人们有意识地按照角色特定的礼仪规范,节制自身的不足,自我完善而达到的行为涵养的水平,主要包括道德修养、文化修养、心理修养、习惯修养和美学修养。

礼仪个体的基本素质包括思想素质、心理素质、文化素质和生理素质。思想素质主要包括优秀的道德品质和强烈的职业意识,具体表现在勤奋敬业、忠诚可信、团结协作、廉洁奉公和遵纪守法等方面。心理素质是以生理素质为基础,在后天环境、教育、实践活动等因素的影响下逐步发生、发展并内化而形成的先天和后天的"合金",是认知能力、需要、兴趣、动机、情感、意志、性格等智力和非智力因素有机结合的复杂整体。礼仪个体应具备以下心理素质：追求卓越、渴望成功的心理；自信的心理与坚强的意志；热情的心态与开朗的性格；广泛的兴趣与宽广的胸怀。文化素质是一个人综合素质的核心，更是礼仪修养的基础，包括丰富的社会经验和广博的知识。生理素质是指人们在先天遗传和后天获得的基础上发展起来的人体形态结构和生理功能上相对稳定的特征，它包括生理解剖特点——性别、年龄、体型、体质、体格、神经系统、脑、感觉器官等；生理机能特点——反应速度、运动能力、应激水平、负荷限度、对环境的适应能力、对疾病的抵抗能力等。

提升礼仪修养应多参加交际实践，学会模仿借鉴，经常自觉自省。

气质是一个人多种内在素质的综合反映。培养良好的气质不是一朝一夕的事，必须经过长期积累和锻炼。一个优秀的礼仪主体必须要有丰富的内心世界、优美的举止仪态、良好的性格、高雅的兴趣、较高的文化素养与语言修饰能力等优美气质。

风度是指人的言谈、举止、神情、姿态、仪表等方面总的表现和风貌，即人的思想、文化、修养、性格、气质等的外在表现。风度也包括控制自己情绪的能力。风度是一个综合概念，不是指某一表情、动作，而是指人的全部生活姿态所提供给人们的总体印象。

仪容是指人的容貌，由面容、发式以及身体所有未被服饰遮掩的肌肤所构成，是个人仪表的重要组成部分，是一个人精神面貌的外在体现。良好的仪容给人以整洁、端庄的印象，既能体现自身素养，又能表示对他人的尊重。仪容的中心是头发，仪容的重点是面容。面容就是面部美容，美容化妆对于良好的整体形象有画龙点睛的作用。化妆的原则包括美化原则、自然原则、协调原则。

仪表通常指人的外表，包括人的仪容、姿态、身材、体型、服饰、装饰等。服饰是人形体的外延，主要包括各类服装和饰品。服饰礼仪原则有个性原则、适用原则、TPO 原则（时间原则、地点原则、目的原则）。

仪态是个体在行为中身体呈现的各种形态，即人的微笑、眼神、站姿、坐姿、走姿、蹲姿等。

## 案例分析

**案例一：**

### 十二次微笑

飞机起飞前，一位乘客请求空姐给他倒一杯水服药。空姐很有礼貌地说："先生，为了您的安全，请稍等片刻，等飞机进入平稳飞行后，我会立刻把水给您送过来，好吗？"

五分钟后，飞机早已进入平稳飞行状态。突然，乘客服务铃急促地响了起来，空姐猛然意识到：糟了，由于太忙，忘记给那位乘客倒水了。空姐来到客舱，看见按响服务铃的果然是刚才那位乘客。她小心翼翼地把水送到那位乘客面前，面带微笑地说："先生，实在对不起，由于我的疏忽，延误了您服药的时间，我感到非常抱歉。"这位乘客抬起左手，指着手表说道："怎么回事，有你这样服务的吗？你看看，都过了多久了？"空姐手里端着水，心里感到很委屈，但是，无论她怎么解释，这位挑剔的乘客都不肯原谅她的疏忽。

接下来的飞行途中，为了弥补自己的过失，每次去客舱给乘客服务时，空姐都会特意走到那位乘客面前，面带微笑地询问他是否需要水，或者别的什么帮助。然而，那位乘客余怒未消，摆出一副不合作的样子，并不理会空姐。

# 第2章 个人形象礼仪

临到目的地,那位乘客要求空姐把留言本给他送过去,很显然,他要投诉这名空姐。此时空姐心里很委屈,但是仍然不失职业道德,显得非常有礼貌,而且面带微笑地说道:"先生,请允许我再次向您表示真诚的歉意。无论您提出什么意见,我都会欣然接受您的批评!"那位乘客脸色一紧,似乎想说什么,可是没有开口。他接过留言本,开始在本子上写了起来。

等到飞机安全降落,所有的乘客陆续离开后,空姐打开留言本,惊奇地发现,那位乘客在本子上写下的并不是投诉信,相反,是一封热情洋溢的表扬信。

是什么使得这位挑剔的乘客最终放弃了投诉呢?在信中,空姐读到这样一句话:"在整个过程中,你表现出的真诚歉意,特别是你的十二次微笑深深打动了我,使我最终决定将投诉信写成表扬信!你的服务质量很高,下次如果有机会,我还将乘坐你们的这趟航班。"

**案例二:**

**自信的力量**

1960年,哈佛大学的罗森塔尔博士曾在加州一所学校做过一个著名的实验。新学年开始时,罗森塔尔博士让校长把3位教师请进办公室,对他们说:"根据你们过去的教学表现,你们是本校最优秀的老师。因此,我特意挑选了100名全校最聪明的学生组成3个班让你们教。这些学生的智商比其他孩子都高,希望你们能让他们取得更好的成绩。"3位老师都高兴地表示一定尽力。校长又叮嘱他们,对待这些孩子,要像平常一样,不要让孩子或孩子的家长知道他们是被特意挑选出来的。一年之后,这3个班的学生成绩果然排在整个学区的前列。这时,校长告诉了老师们真相:这些学生并不是刻意选出的最优秀的学生,只不过是随机抽调的最普通的学生。

老师们没想到会是这样,都认为自己的教学水平确实高。这时校长又告诉了他们另一个真相,那就是,他们也不是被特意挑选出的全校最优秀的教师,也不过是随机抽调的普通老师罢了。这个结果正如博士所料到的:这3位教师都认为自己是最优秀的,并且学生又都是高智商的,因此对教学工作充满了信心,工作自然非常卖力,结果肯定非常好。

**案例三:**

**两个朋友求职**

我有两个朋友,一个是我的同班同学,曾和我一起选修过"形象礼仪";一个是南京某国家985重点高校的高才生,没有学习过任何关于"形象礼仪"的课程。在某次面试中他俩相遇了,并且两个人还都因为认识我聊得异常投机,在面试结束之后他俩互留了手机号码,并且直到现在都保持着良好的联系。

按照我对他俩的了解,毫不避讳地说,我的同班同学无论是在专业素质还是各方面的综合素质较985重点院校的高才生都略为逊色。可在面试结束之后,我的同班同学接到了复试的通知,985重点院校的高才生落选了。985重点院校的朋友在得知自己落选而我的同班同学进入复试之后,发扬他一贯的执着精神,对该公司进行了我这般俗人怎么都不敢的"霸面",即在没接到复试通知的情况下依然按时到达复试地点强行参加面试。在见到面试官时,我这位重点院校的朋友用谦卑的态度向面试官说明了"霸面"的理由,大体意思就是,他不强求面试官接受他,他只是想知道自己为什么会在并不比其他大部分应聘者差的情况下却第一轮出局。面试官或者是被他的真诚打动,或者是懒得花费太多的时间兜圈子,面试官只对他说了一句话,那就是:"你的着装让我对你的第一印象不是太好,虽然第一印象不能决定我立刻聘用你,但作为银行招聘员工,至少可以根据你不得体的穿着而把你淘汰出局,就这么简单!"

从面试室出来,我那重点院校的朋友在等待室里指着自己精心打扮的行头对我的同班同学说:"我和你穿的不是差不多嘛,大家都是西装、领带、皮鞋,我没发现自己有什么不得体的啊?"

我同班同学当时是这样回答的:"其实如果从你的单件衣服来看,每件都非常不错,但组合到一起就出现了大问题。例如,不该选择一双白色的袜子配黑色的西装,不该把领带塞到裤腰里,衬衫袖子不该比西装外套的袖子短……"

最后,我的同班同学顺利与此家公司签约。虽不能说我同班同学顺利签约完全是因为他懂得面试的基本礼仪,也不能说我985重点院校的朋友没获得复试资格完全是因为自己穿着不得体,但我相信懂得基本的形象礼仪知识,并且随时保持一颗文明礼貌之心,一定会为自己的求职加分不少。毕竟在短短的十几分钟面试过程中,给面试官留下一个良好的印象才是脱颖而出的关键所在。

你从中明白了什么?

**案例四:**

### 服装美与个性

列夫·托尔斯泰的《安娜·卡列尼娜》有这样一段情节:在安娜和渥伦斯基相识的舞会上,安娜穿着全黑的天鹅绒长裙,长裙上镶着威尼斯花边,闪亮的边饰把黑色点缀得既美丽安详,又神秘幽深,这同安娜那张富有个性的脸庞十分相称。当安娜出现在舞会的门口,吸引了在场所有人的视线,吉蒂看到安娜的装束后,也强烈地感受到安娜比自己美。安娜的黑色长裙在轻淡柔曼的裙海中显得高贵典雅、与众不同,也与安娜藐视世俗的个性融为一体。

服装美的最高境界是外在美和内在美的统一,你说对吗?为什么?

## 角色扮演

1. 某学院召开毕业典礼,按规范要求,进行不同角色的站、坐、走、蹲的姿势训练,请同学互相观摩、矫正。

2. 把学生分组,两人一组,模拟一定的商务活动场景,通过人物的交流沟通来展示日常交往中应有的礼仪修养。

3. 主持、演讲、应聘的不同场合,你将如何着装?

4. 请为自己参加舞会和到某公司上班各进行一次面部化妆,并让同学观摩、指点并自我矫正。

5. 假设现在要参加一个与法国商人进行的商务谈判,请男女生分别进行谈判前的个人仪容准备。要求化妆完毕,先给自己的妆容打分,然后以小组为单位,分别给别人打分。对照他人给自己的打分,考虑如何使自己的妆容更加得体、大方、自然。

6. 男生练习打领带,演示西装不得体的穿法。

7. 参加朋友生日派对,你将如何搭配服饰?请模拟。

8. 即将拜访一位非常重要的客户,模拟拜访客户时应具有的得体神态与举止。

# 第3章 口头语言礼仪

## 学习目标

**知识目标**：了解口头语言礼仪要求，掌握称呼、介绍、交谈的概念，重点掌握称呼、交谈的原则，以及交谈和电话的礼仪。

**能力目标**：能够运用称呼、介绍、交谈、电话礼仪的知识，在现代交际中正确地称呼、介绍、交谈、接打电话。

**素质目标**：树立正确的口头语言礼仪意识；口头语言礼仪思想与时俱进；在现代社交礼仪活动中，达到较高的口头语言礼仪素质。

## 导课案例

**触雷下课**

2010年7月17日上午9时许，成都市高新区某局一干部在办公室接听了一位普通市民打进的电话，询问该局另一个处室的办公电话号码。此人不仅没有立即答复来电，还在电话中对市民说："不晓得号码，你就去查114嘛！"市民当即在电话中批评了此人对待群众态度不好。

随后，在得到此人提供的其他处室号码后，打进电话的市民又立即拨打高新区机关作风投诉中心电话进行投诉。

高新区机关作风投诉中心获得市民投诉后，立刻联系了事发当局的负责人，要求给出合理答复和处理意见。一个小时内，该局负责人调查清楚了事件的来龙去脉，并与其余负责人联合做出决定：请冒犯市民的犯规干部（聘用）马上下课走人。这是成都市第一个在干部作风整顿活动中被砸掉饭碗的机关干部，也是高新区规定"干部禁忌用语"后首个触雷下课的机关干部。

语言是交际双方思想感情交流的渠道、信息沟通的桥梁。语言在人际交往中处于重要地位。口头语言又称口语，指人们在口头交际中使用的简短、灵活、便捷的语言。

口头语言礼仪要求：态度亲切诚恳，措辞文雅谦逊，把握深浅分寸，交谈避免忌讳，注意交谈姿态。下面主要阐述称呼礼仪、介绍礼仪、交谈礼仪和电话礼仪。

## 3.1 称呼礼仪

称呼指的是人们在日常交往中所采用的表示彼此之间关系的称谓语。

在现代人际交往中,选择正确、适当的称呼能反映自身的教养及对对方的尊敬程度。称呼得当,双方能产生相容心理,感情融洽,交谈畅通;称呼不当,则相反。可见称呼的重要作用。

选择称呼要合乎常规,要照顾被称呼者的个人习惯,入乡随俗。在工作岗位上,人们彼此之间的称呼是有其特殊性的,要庄重、正式、规范。

### 3.1.1 称呼的原则

在现代交际中,人际称呼很有讲究,须慎重对待。人际称呼的格调有雅俗、高低之分,它不仅反映人的身份、性别、社会地位和婚姻状况,而且反映对对方的态度及与对方的亲疏关系。不同的称呼内容可以使人产生不同的情感。在交际开始时,只有使用高格调的称呼,才会使交际对象产生同你交往的欲望。因此,使用称呼语时要遵循如下3个原则。

**1. 礼貌原则**

这是人际交往的基本原则之一。每个人都希望被他人尊重,合乎礼节的称呼正是表达对他人尊重和表现自己有礼貌修养的一种方式。交际时,称呼对方要用尊称,现在常用的有:"您"——您好、请您;"贵"——贵姓、贵公司、贵方、贵校;"大"——尊姓大名、大作(文章、著作);"老"——张老、郭老、您老;"高"——高寿、高见;"芳"——芳名、芳邻,等等。在交际场合,对任意交际对象都忌用诨号、绰号。

**2. 尊重原则**

一般来说,汉族人有从大、从老、从高的心态。对同龄人,可称呼对方为哥、姐;对既可称"叔叔"又可称"伯伯"的长者,以称"伯伯"为宜;对副科长、副处长、副厂长等,也可在姓后直接以正职相称。

**3. 适度原则**

要视交际对象、场合、双方关系等选择恰当的称呼。有些人往往喜欢称别人为"师傅",虽然亲热有余但文雅不足,且普适性较差。对理发师、厨师、企业工人称师傅恰如其分,但对医生、教师、军人、干部、商务工作者称师傅就不合适了。在与多人打招呼时,还要注意亲疏远近和主次关系,一般以先长后幼、先高后低、先女后男、先亲后疏为宜。

### 3.1.2 称呼的种类

**1. 泛称呼**

在社交场合,由于不熟悉交往对象的详细情况或其他原因,仅以性别区分,对男性一律称为"先生",对女性一律称为"小姐"或"女士"。一般而言,对未婚女性称"小姐",对已婚女性称"女士",对年长但不明婚姻状况的女子或职业女性称"女士"。这些称呼均可冠以姓名、职称、衔称等,如约翰先生、王小姐、张女士等。

**2. 职务性称呼**

以交往对象的职务相称,以示身份有别、敬意有加,这是一种最常见的称呼。通常有3

种情况:称职务,在职务前加上姓氏,在职务前加上姓名(适用于非常正式的场合),如李局长、刘强处长等。

#### 3. 职称性称呼

对于具有职称者,尤其是具有高级、中级职称者,在工作中直接以其职称相称。称职称时可以只称职称,也可在职称前加上姓氏或在职称前加上姓名(适用于十分正式的场合),如张教授、刘工程师等。

#### 4. 行业(职业)性称呼

在工作中,有时可按行业进行称呼。对于从事某些特定行业的人,可直接称呼对方的职业,如老师、医生、会计、律师等,也可以在职业前加上姓氏、姓名。

#### 5. 姓名性称呼

在工作岗位上称呼姓名。姓名称呼一般适用于年龄、职务相仿,或是同学、好友之间。有3种情况:直呼其名;只呼其姓,要在姓前加上"老"、"大"、"小"等前缀;只呼其名,不呼其姓,通常限于同性之间,尤其是上司称呼下级、长辈称呼晚辈,在亲友、同学、邻里之间也可使用这种称呼。

#### 6. 拟亲性称呼

拟亲性称呼,如王爷爷、余叔叔、范阿姨等。

需要注意的是,对美国、墨西哥、德国等国家的男士可以用"先生"相称。对日本妇女一般不称"小姐"、"女士",而称"先生"。君主制国家,按习惯称国王、皇后为"陛下";称王子、公主、亲王为"殿下";对其他有爵位的人可以其爵位相称,也可称"阁下"或"先生"。对有学位、军衔、技术职称的人士,可以称他们的头衔,如某某教授、某某博士、某某将军、某某工程师等。外国人一般不用行政职务称呼人,不称某某局长、某某校长、某某经理等。在美国,人们常把直呼其名视为亲切的表示,但对长者、有身份地位的人例外。

### 3.1.3 称呼的忌讳

在使用称呼时一定要避免下面几种情况。

#### 1. 错误的称呼

常见的错误称呼无非是误读或误会。误读也就是念错姓名。为了避免这种情况的发生,对于不认识的字事先要有所准备;如果是临时遇到,就要谦虚请教。误会,主要是对被称呼者的年纪、辈分、婚否以及与其他人的关系做出了错误判断。例如,将未婚妇女称为"夫人",就属于误会。相对年轻的女性都可以称为"小姐",这样对方也乐意听。

#### 2. 使用不通行的称呼

有些称呼具有一定的地域性,如山东人喜欢称呼"伙计",但在南方人听来"伙计"肯定是"打工仔"。中国人把配偶经常称为"爱人",而在外国人的意识里,"爱人"是"第三者"的意思。

### 3. 使用不当的称呼

工人可以称为"师傅",道士、和尚、尼姑可以称为"出家人"。但如果用这些来称呼其他人,会让对方产生自己被贬低的感觉。

### 4. 使用庸俗的称呼

有些称呼在正式场合不适合使用,如"兄弟""哥们儿"等一类的称呼虽然听起来亲切,但显得档次不高。

### 5. 称呼外号

对于关系一般的,不要自作主张给对方起外号,更不能用道听途说的外号去称呼对方,也不能随便拿别人的姓名开玩笑。

## 3.2 介绍礼仪

现代人要生存、发展,就需要与他人进行必要的沟通,以寻求理解、帮助和支持。介绍是人际交往中与他人进行沟通、增进了解、建立联系的一种最基本、最常规的方式,是人与人进行相互沟通的出发点。

### 3.2.1 自我介绍

自我介绍是指主动向他人介绍自己,或是应他人的要求而对自己的情况进行一定程度的介绍。进行自我介绍应注意以下3点。

#### 1. 自我介绍时间

自我介绍时间应简短,介绍时一定要掌握好时间,不宜过长,一般以半分钟左右为佳,最多不要超过一分钟。为了节省时间,做自我介绍时还可利用名片、介绍信加以辅助。

#### 2. 自我介绍内容

自我介绍内容要真实完整,要实事求是,不可自吹自擂、夸大其词。在不同的场合,自我介绍的内容也有一定的区别。应酬式的自我介绍只需介绍自己的姓名;正式的自我介绍,本人的姓名、工作单位、所在部门、具体职务都要介绍全面。在商务活动中,宜采用正式的自我介绍。

#### 3. 自我介绍态度

进行自我介绍,态度一定要诚恳,要亲切随和、彬彬有礼,不能虚张声势、轻浮夸张、矫揉造作;语气要自然,语速要正常,语音要清晰;表现出渴望认识对方的热情。如果见到陌生人就紧张、畏怯、语无伦次,不仅说不清自己的身份和来意,还可能会造成难堪。

### 3.2.2 介绍他人

在社交场合,我们往往有为不相识者彼此引见的义务,这便是为他人做介绍。为他人做介绍,应做得合乎礼仪,在介绍时要注意以下几点。

**1. 了解双方愿望**

介绍者为被介绍者介绍之前,最好先征求一下被介绍双方的个人意愿,不要贸然行事,让被介绍者感到措手不及。为他人介绍时还可说明与自己的关系,便于新结识的人相互了解与信任。

**2. 遵循介绍顺序**

为他人做介绍时必须遵守尊者优先的规则,即受到特别尊重的一方有了解对方的优先权。一般是先介绍身份低、年纪轻的一方,后介绍身份高、年龄大的一方;先介绍职务低的,后介绍职务高的;介绍来宾与主人认识时,应先介绍主人,后介绍来宾;介绍同事、朋友与家人认识时,应先介绍家人,后介绍同事、朋友;如果双方年龄、职务相当,则把男士介绍给女士。介绍时一般应起立,向对方点头示意。但在餐桌上或会谈时也可以不起立,被介绍者只要微笑点头即可。如果被介绍双方相隔较远,中间又有障碍物,可举起右手点头微笑致意。

### 3.2.3 介绍形式

由于实际需要的不同,为他人做介绍的内容也有所不同,介绍的形式也各异,通常有如下形式。

**1. 简介式介绍**

简介式介绍适用于一般场合,内容只有双方姓名一项,甚至只提到双方姓氏。接下来,就由被介绍者见机行事。例如,"我来介绍一下这位是张教授,这位是刘教授,你们认识一下吧。"

**2. 标准式介绍**

标准式介绍适用于正式场合,内容以双方的姓名、单位、职务等为主。例如,"我来为两位引见一下。这位是如意音像公司公关部吴菲菲小姐,这位是喜庆文化传播有限公司总经理刘一江先生。"

**3. 强调式介绍**

强调式介绍的内容除被介绍者的姓名外,往往还会刻意强调一下其中一位被介绍者与介绍者之间的特殊关系,以便引起另一位被介绍者的重视。例如,"这位是我的女儿杨丹云,请姜总多多关照。"

**4. 引见式介绍**

引见式介绍适用于普通场合,介绍者所要做的是将被介绍者双方引到一起即可。例如,在一次联谊会上,主人这样说:"大家以前都是校友,但有的不在一个年级,请大家相互认识一下吧。"

**5. 推荐式介绍**

推荐式介绍适用于比较正规的场合,介绍者是经过精心准备而来的,目的是将某人举荐给某人,介绍时通常会对前者的优点加以重点介绍。例如,"这位是林明先生,他是一位出色的服装设计师,对企业管理也很有研究,还是经济学博士。王总,你们细谈吧!"

### 知识拓展

#### 为面试自我介绍出招

尽量少用我字。有人自我介绍:"我叫某某,我毕业于某校某系,我的特长是……我的爱好是……"一连串的"我",说着说着,她发现面试官脸色越来越难看。

**分析**:人们一般讨厌把"我"字放在嘴边的人,自我介绍时,如果连续三句都用"我"做开端,面试官会认为你是一个极端自私自利、自以为是、以我为中心者。

**出招**:最好的办法是,把"我"字开头的话题,转为"您"字开头——"您想了解我的个人爱好,还是与工作有关的问题?""您说呢?""您认为怎么样?"等等。

给自己留条后路。为了证明自己对这个企业的价值,有人夸下海口:"一年内,实现500万的利润!"

**分析**:该企业业务比较分散,经验丰富的市场人员一年的业绩能逾500万元者也寥寥无几。面试官非常反感,问她:"是否了解公司最近的动向?具体方案是什么?"那人张口结舌。

**出招**:有些没办法确定的话题,先不要夸下海口。就是对自己能力有充分信心,也要有所保留,话不能说得太满。

## 3.3 交谈礼仪

交谈是指人们在工作和日常生活中,为了特定的目的,在一定的环境下,以口头形式表达,运用语言进行信息传递、情感交流的一种形式,主要通过各方口头表达与倾听来完成信息传递。交谈具有直接、生动和形象,便于对方理解和接受,时效性强等特点,是商务与公关工作中最常用的一种交际方式。

### 3.3.1 交谈的原则

**1. 合作原则**

在商务往来、公关等交往中,交际双方之间存在种种差异,为了双方的信息沟通与传递并达成共识,必须克服双方的差异,进行密切合作,合作原则是交谈礼仪中最基本的一个原则。运用合作原则必须注意以下几点。

（1）交谈内容要适量

在交谈中，提供对方所需要的信息，不能多也不能少。通常情况下，礼节性的话语应该言简意赅。向老客户介绍新产品时，新增功能需要多介绍；向新客户介绍新产品时，需要详细说明整个产品，并介绍重要功能。对方接受能力较强时，语言相对要简洁，而当对方理解能力相对较差时，说话详细一些比较合适。在一个受到外界影响比较大的环境下交谈时，可能需要重复或者提醒对方注意，交谈内容需要增多。

（2）要符合客观实际

在交谈中，不能夸夸其谈、言过其实，要提供客观信息，交谈内容要与交际主题有联系。在进行语言交流时，不能天南海北、东拉西扯、不着边际地乱说一气，这样既浪费双方的时间，也不可能收到预期的效果。

（3）应注意表达方式

在交谈中，为了让对方听得明白、听得快、听得准确，要做到用交际语言表达、用简洁的语言说明，内容陈述要有条不紊。

**2. 礼貌原则**

礼貌原则就是让对方感到自己被尊重、自己的利益得到认可。为了达到这一点，在进行交谈时，需要多提一些对对方有益的建议，多称赞对方，认可对方的观点。

达尔文在一次宴会上，碰到了一位十分美丽的女士，她对达尔文说："先生，您看我也符合您的理论吗？我也是由猴子变来的吗？"达尔文礼貌地回答："当然，只不过你是由一只十分美丽的猴子变来的！"

### 3.3.2 交谈的礼仪

交谈过程就是双方通过语言来交流思想的过程，语言运用可以体现交谈者的思维水平、认知程度、知识底蕴以及个人修养。公关与商务人员具备良好的口才，有助于提高企业形象。无论是人与人之间的相互了解，还是客户关系的建立，都必须借助于语言沟通。交谈礼仪主要包括以下几个方面。

**1. 文明准确**

交谈要文明，就是讲究语言文明，即交谈要体现出自身良好的修养，用亲切和蔼的态度使对方解除戒备心理，产生愿意接近的愿望。公关与商务人员要使用文雅的词语，不讲脏话、粗话、怪话、气话。

语言要准确，即在交谈过程中，避免词不达意，语义含糊不清，否则影响工作效率。在商务往来和公关工作中，使用普通话，不讲方言，用词恰当，内容简洁明了，才能保证语言准确。一位推销员在市场上推销灭蚊剂，他绘声绘色的演讲吸引了大批顾客。突然有人向他提出一个问题："你敢保证这种灭蚊剂能把所有的蚊子都杀死吗？"这位推销员略微停顿了一下，说："不敢，在你没打药的地方，蚊子照样活得很好！"

**2. 选好话题**

在交谈过程中，说话总应有一个共同的话题，即交谈过程中涉及的中心内容，它决定谈话的方向。通常情况下,每次交谈的话题或多或少,数目不定,但主要原则是宜少不宜多。如果话题过多,会让对方感到无所适从,不断调整,觉得很累。在商务往来和公关工作中,话题通常只有一个并且要事先确定好,由双方共同商定。

在选择话题时,必须明确哪些是可以选择的话题,哪些是不应该提出的话题。初步见面时,可以考虑选择下列话题。

(1) 有品位的话题

交谈话题可以涉及文学、艺术、历史或者其他专业方向的知识,要能体现双方的知识层次和教养,要讲究品位,要选择双方共同感兴趣的话题。

(2) 较轻快的话题

轻松愉快的话题,让人觉得身心放松、很有意思、易于应付、易于参与,可以任意发挥、不觉疲劳。在选择轻松愉快的话题时,应该顺其自然、把握分寸,不能东拉西扯、低级趣味、庸俗无聊。

(3) 流行性的话题

流行性话题是指在交谈中,以时下正流行的事件、事物、正在引起人们关注的事情作为中心话题。如近期流行的电视剧、电影、体育比赛、音乐歌曲、休闲娱乐、旅游观光、烹饪小吃、流行时装、天气状况及社会新闻等,都是人们所喜闻乐道的话题。

(4) 较擅长的话题

在交际中,如果找到对方擅长的话题,很容易让对方谈得开心,引起对方共鸣,但是自己也应该对该话题有所了解。

### 3. 双向交流

交谈是通过双方之间相互沟通和相互合作来实现的,信息交流具有双向性。在交谈中,礼仪个体不能只顾自己长篇大论、滔滔不绝,不留意对方的反应,应该空出时间,给对方表达看法和观点的机会,这就是双向交流。给对方留出时间,让对方表达,也可以了解对方的思想、意图。在交谈中要有来有往,目光应不时和对方进行接触,或做出其他回应,以引起对方兴趣,让对方积极参与交流。

### 4. 认真倾听

交际双方在任何时刻都是发言者处于支配地位,聆听者处于从属地位,双方地位不停地进行调换,即双方都具备了双重角色。认真倾听是一种礼貌的表现,是对发言者的尊重。要做到认真倾听,面部表情应显示全神贯注、聚精会神,以微笑、点头等动作对对方的见解表示赞同、欣赏;用"是"、"对"、"我也这样想"等词汇或短语来表明自己正在认真倾听。

### 5. 用词委婉

当自己的见解与对方产生分歧时,需要用词委婉,即点到为止、留有回旋余地地表达自己的不同意见,不能伤害对方的自尊心,让对方感到难堪。例如,在拍摄现场,导演催促道:"快做准备吧,马上开始了。"小李却说:"拍醉酒场面,你不给我们来桌真的酒席,我进不了角色。"导演说:"不喝酒就拍不了醉酒场面吗?"小李说:"那当然!"导演:"那下一场拍服毒镜头时怎么办?"小李哈哈一笑,立即化妆去了。对于小李的狡辩,导演没有发火。正是导演的委婉,借小李观点,引申出小李不能接受的结论,使小李认识到自己的错误,从而心甘情愿地做好拍摄的准备工作。

#### 6. 尊重对方

交谈中以对方为中心,就是表示对对方的尊重,同时也会得到对方的尊重。以对方为中心,自己不能一言不发,让谈话冷场。当对方发言时,不要插嘴打断对方;发表己见时,不能强词夺理,要求同存异,礼让三分,适可而止。有个客人要求:"这个菜的味道可以做得比平时浓一点吗?"老板却说:"如果酱油再加多一点,就会很咸,不好吃了,还是平时的味道好。"品尝那道菜的是客人,客人好不容易有个要求却得不到满足,这不是以对方为中心,是把自己的意愿强加给对方。

### 想想议议

第二次世界大战时,身为美国参议员的日裔早川先生在火车站等车。他注意到身边的人都用怀疑的眼光盯着他,不停地交头接耳。有一对夫妇带着孩子,盯着他,显得格外紧张。当时都传说有日本间谍潜入美国。为打破尴尬,早川对男人说:"真糟糕,今晚这么冷,偏偏火车又误点。"男人点头表示同意。"带着小孩子在冬天旅行,火车时间又没个准,一定特别辛苦。"男人再度表示同意。"孩子几岁?孩子看起来很乖、很勇敢,比同龄的孩子懂事。"男人脸上出现了一丝微笑。就这样,化解了紧张的气氛。交谈了两三句之后,男人问早川:"你是日本人吧?你觉得日本人打赢的机会有多大?"早川说:"我的推测可能跟你的差不多。依我看,日本缺煤、缺钢铁,又缺石油……怎么打得过美国这种高度工业化的国家。"随后,他们谈到了早川在日本的家人。上车前,那对夫妇还请早川有空时造访他们住的城市,去他们家吃饭。

**想想**:你从中明白了什么?

**议议**:这段交谈,正是选择了恰当的话题,使得对间谍的抵触变为对朋友的友善。

### 3.3.3 交谈的忌讳

有些话题是非常忌讳、不能提及的,否则,轻则失礼于人,重则产生纠纷。无论是在日常生活中,还是在商务往来和公关工作中,都应该对如下话题有所禁忌。

#### 1. 忌涉及隐私

个人隐私即纯属于个人的私事,与他人没有任何关系,不希望他人知晓的事情。在交谈过程中,总是谈对方的个人隐私,是很让人反感的行为,如把别人的生理缺陷当作笑料,无视他人的人格等。尊重对方隐私,就等同于尊重对方。

#### 2. 忌故弄玄虚

本来是习以为常的事,切莫有意"加工"得神乎其神,语调时惊时惶、时断时续,或卖"关子",玩深沉,让人捉摸不透。如此故弄玄虚,是很让人反感的。

#### 3. 忌让人尴尬

让人尴尬是指在交际中有意难为对方、取笑对方。这是在商务往来和公关工作中最失礼的一种言谈,这样会失去对方或顾客,不利于建立良好的人际关系。

#### 4. 忌自我炫耀

交谈中,不要炫耀自己的长处、成绩,更不要或明或暗、拐弯抹角地为自己吹嘘,以免使人反感。

#### 5. 忌非议他人

非议他人的话题是指在私人谈话过程中指责、非议、批评第三方的话题。在交谈中,不要对交谈以外的人说长道短,这不仅有损别人,也有害自己,因为谈话者从此会警惕你在背后也说他的坏话。这是一种不礼貌、不光彩的行为。

#### 6. 忌口若悬河

如果对方对你所谈的内容不懂或不感兴趣,不要不顾对方的情绪,自己始终口若悬河。

#### 7. 忌反感话题

令人反感话题即涉及对方伤心的往事、对方的缺陷,以及对方谈话时出现了错误或不妥等话题。在人多的场合尤其要注意,否则会伤害对方的自尊心。

#### 8. 忌心不在焉

听别人讲话时,思想要集中,不要左顾右盼,或面带倦容、连打呵欠,或神情木然、毫无表情,让人觉得扫兴。

#### 9. 忌随意插嘴

交谈要让人把话说完,不要轻易打断别人的话。

#### 10. 忌节外生枝

交谈要扣紧话题,不要节外生枝。例如,当大家正在兴致勃勃地谈论音乐,你突然把足球赛塞进来,显然"不识趣"。

#### 11. 忌言不由衷

对不同看法,要坦诚地说出来,不要一味附和,也不要胡乱赞美、恭维别人,否则,会令人觉得你不真诚。

### 3.3.4 交谈的技巧

无论在什么情况下,礼仪个体都应坦然地与交往对象进行交谈,争取对方的好感及合作,这不仅需要交谈礼貌,也需要交谈技巧。

## 第3章 口头语言礼仪

### 1. 机智灵活

在交谈中,语言的组织是临场发挥的,为了取得良好的交流效果,就需要具备高度的机智灵活性。尤其是在各种各样的谈判场合,公关与商务人员更应具有高度的机敏性以及应变能力。

### 2. 幽默风趣

幽默体现说话者的能力、自信、气质和心境。幽默是通过一种愉悦的方式让对方得到放松,它不仅能让对方高兴,减少隔阂,更是交谈双方关系的润滑剂,交谈双方在笑声中不知不觉拉近彼此的心理距离。当交谈出现尴尬时,幽默可以解脱困境;当交谈出现僵局时,幽默可以缓和气氛。我们都喜欢幽默的人,然而并不是每个人都会使用幽默。但幽默是可以学习的,幽默来源于两个世界:一个是你真诚的内心世界,快乐是幽默的源泉,保持快乐,不仅可以常给自己幽默,还可以被人幽默;一个是周围的客观世界,周围世界充满了幽默,你得睁大眼睛并竖起耳朵,去倾听,去学习。当你用智慧把这两个世界统一起来,并用足够的技巧和创造性的新意去表现幽默时,你就会发现自己置身于趣味的世界中,人际关系由此顺畅起来,那你离成功就不远了。

### 3. 及时赞美

交谈中及时发现对方的优点和长处,并且适时进行赞美,不仅是一种礼貌,更是一种鼓励对方继续进行交流的方式,同时也可以加深双方的了解,融洽彼此之间的人际关系。赞美他人的方式很多,但必须做到以下几点。

(1) 因人而异

要抓住时机根据不同场合、不同对象、不同阶段给予对方不同程度的赞美。选择适当的方式可以使赞美达到最好的效果,让对方感到身心愉快,让对方感到实实在在,让对方感到由衷真诚。例如,对方是一位公司的普通职员,就不应赞美对方事业有成,否则就让人觉得不真诚,应说对方工作勤恳、认真。

(2) 恰到好处

赞美应建立在客观事实基础之上,出于真诚,使对方快乐,使谈话在良好的气氛中进行,旨在促进双方的感情交流。赞美不能过于夸张,溢美的言语过多时,会使对方怀疑赞美者的真实动机,产生防备心理。一家公司要召开职工代表大会,筹备小组需要几盆花来布置会场,可是派了几个人都没有拿回来。于是支部书记亲自领着一名工作人员来到了花圃,笑呵呵地对园丁说:"今天公司要开职工大会,各方面代表都有,还照相、拍电视,你这里的花这么漂亮,挑选几盆送去展览,让大家了解了解你们的成果,这个机会可不能错过啊!"一席话将园丁说得开心地笑起来,马上挑选了几盆最好的花送到了会场。

### 想想议议

**打破僵局**

中美会谈讨论到台湾问题时,周恩来总理一开始就表明立场,基辛格也亮明观点,双方

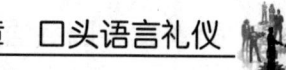

互不妥协,使谈判陷入僵局。

这时,周总理说:"毛主席说,台湾问题可以拖一百年,是表明我们有耐心;同时,包含了主席另一层意思——不能让台湾问题妨碍中美两国关系正常化。"

基辛格点头表示同意:"是的,我们必须向着未来有所前进……"周总理敏锐地抓住基辛格的观点,拿起记录美方观点的稿子晃了晃说:"博士,你们的措辞,'美国不会同台湾断交','中国必须保证不用武力解决台湾归属问题',就不是如你所说向着未来有所前进的。"

基辛格这次没有反驳,陷入了沉思,被迫改变了思路:"我们可以换一种表达方式……美国认识到,在台湾海峡两岸的所有中国人都认为只有一个中国,台湾是中国的一部分,怎么样?"周总理笑道:"……这可是一项绝妙的发明。博士到底是博士。"僵局打破了,周总理和基辛格都笑了。

**想想**:你从中明白了什么?

**议议**:周总理在交谈中机智灵活、及时赞美,打破僵局,为我们在交谈技巧方面树立了典范。

## 3.4 电话礼仪

电话被公认为是联系工作、传递信息、表达感情的便利通讯工具。在日常工作中,使用电话的语言很关键,它直接影响着一个组织的声誉;在日常生活中,人们通通电话,虽然"只闻其声,不见其人",一般也能判断对方的知识修养。因而,掌握正确的、礼貌待人的打电话方法是非常必要的。随着信息技术的发展和人们生活水平的提高,电话的普及率越来越高。打电话是一门学问,也是一门艺术。

### 3.4.1 接听电话的技巧和礼仪

**1. 接听准备**

(1) 准备好笔和纸

如果没有准备好笔和纸,那么当对方需要留言时,就不得不要求对方稍等一下,让宾客等待,这是很不礼貌的。

(2) 停止无关动作

如果让对方感觉到你在处理一些与电话无关的事情,对方就会感到你不专心,这也是不礼貌的表现。

(3) 保持正确姿势

如果姿势不正确,不小心电话从你手中滑下来,或掉在地上,发出刺耳的声音,也会让对方感到不满意。

**2. 拿起电话**

得体的接听应在第二声铃响之后,迅速在三声之内接起电话。电话铃声响1秒,停2秒。如果过了10秒钟,仍无人接电话,一般情况下人们就会感到急躁:"糟糕!人不在。"因此,铃响3次之内,应接听电话。如果电话铃响了五声才拿起话筒,应该先向对方道歉,否则会给对方留下不好的印象。接听时最好用左手拿起电话,如果右手接听电话,需要记录时,就要换手。拿起电话时,应注意使嘴和话筒保持4厘米左右的距离;要把耳朵贴近话筒,这样才能更清楚倾听对方的讲话。

### 3. 问候介绍

接听电话时应首先主动问候,自我介绍:"您好!我是某某某。"对方打来电话,一般会自己主动介绍。如果没有介绍或者你没有听清楚,就应该主动问。如果对方找的人在旁边,应说:"请稍等。"然后用手掩住话筒,轻声招呼对方要找的人接电话。如果对方找的人不在,应该告诉对方,并且问:"需要留言吗?我一定转告!"

### 4. 确定对方

如果想知道对方是谁,不要唐突地问"你是谁?""喂!哪位?"这在对方听来,陌生而疏远,缺少人情味。可以说"请问您哪位?我能为您做什么?"或者可以礼貌地问,"对不起,可以知道应如何称呼您吗?"如果接到的电话是找上级领导时,不要直接回答在还是不在,要询问清楚对方的姓名和大概意图,然后说"我帮您找一下",再将所了解的情况告诉领导,由他判断是否接电话。常常打来的电话,并不局限于工作关系。领导及先辈的亲朋好友,也可能打来与工作无直接关系的电话。他们对接电话的你的印象,会在很大的程度上左右领导对你的评价。例如,当接到领导夫人找领导的电话时,由于你忙着赶制文件,时间十分紧迫,根本顾不上寒暄问候,于是很不礼貌的直接将电话转给领导。当晚,领导夫人就会对领导说:"今天接电话的人,不懂礼貌,真差劲。"简单一句话,便会使领导对你的印象一落千丈。可见,领导及先辈的亲朋好友对下属职员的一言一行非常敏感,期望值很高,请切记并时刻严格要求自己。

### 5. 搁置电话

须搁置电话时或让宾客等待时,应给予说明,并致歉。每过20秒留意一下对方,向对方了解是否愿意等下去。

### 6. 转接电话

转接电话要迅速。必须学会自行解决电话问题,如果自己解决不了再转接正确的分机上,并要让对方知道电话是转给谁的。

### 7. 尽力帮助

如果对方需要帮助,要尽力而为,对于每一个电话都能做到以下事情:问候;道歉;留言;转告;马上帮忙;转接电话;直接回答(解决问题);回电话。还要注意接听电话的语调,让对方感觉到你是非常乐意帮助他的,在你的声音当中能听出你是在微笑。当电话线路发生故障时,必须向对方说明原因,以免误会。

### 8. 轻放电话

结束通话一般应当由打电话的对方提出。如果对方是领导或顾客,更应让对方先放电话。放下电话前,要礼貌地感谢对方来电,然后彼此客气地道别,说一声"再见",等待两三秒再轻轻把话筒放好。不可只管自己讲完就挂断电话,不可"啪——"的一下扔回原处,这极不礼貌。无论通话多么完美得体,如果最后毛毛躁躁"咔嚓"一声挂断电话,则会功亏一篑,让对方很不愉快。

### 3.4.2 拨打电话的技巧和礼仪

拨打电话不可太随便,得讲究必要的礼仪,应做到语调热情、大方自然、声量适中、表达清楚、简明扼要、文明礼貌,以免横生误会。

#### 1. 拨打准备

准备好有关资料、记录本、笔等,即使是人们用心去记住的事,经过 9 小时,遗忘率也会高达 70%。日常琐事忘得更快,重要事项应笔录以弥补记忆的缺失。打电话之前应安排好说话内容和顺序,给别人打电话时,如果想到什么就讲什么,往往会丢三落四,忘却了主要事项还毫无觉察,等对方挂断了电话才恍然大悟。因此,应事先把想讲的主要事项整理、记录下来,然后再拨电话,边讲边看记录,随时检查是否有遗漏。

#### 2. 调整心态

当拿起电话听筒的时候,一定要面带笑容,不要以为笑容只能表现在脸上,它也会藏在声音里。亲切、温和的声音会使对方马上产生良好的印象。如果绷着脸,声音会变得冷冰冰。因此,接电话时一定要保持良好的心情,用欢快的语调去感染对方,给对方留下好印象。

#### 3. 自报家门

电话接通,拨打者就要清楚有礼地报上组织名称和自己姓名,如"你好,这里是××学院,我是×××。"对方听到拨打者亲切、清晰、悦耳的第一声,心里一定会很愉快。美妙的第一声为双方顺利交谈奠定了基础,不仅对打电话的个体有美好的印象,对个体所在单位也会有较好的印象。因此打电话时,应有"代表单位形象"的意识。

#### 4. 确认对象

应用简洁、适当、礼貌的语言确认对方身份,如:"您好! 请问您是某某吗?""请问您现在方便谈话吗?""您好! 方便耽误您 3 分钟时间吗?"确认对象以及通电话的声音应明晰。用清晰的语言打电话,能显示说话人的职业风度和可亲性格。通话过程如果吸烟、喝茶、吃零食,对方就能够从不明朗的声音中听出你的不专注;通话过程如果是弯腰躺在椅子上,对方听你的声音就是懒散的、无精打采的;若坐姿端正,发出的声音也会亲切悦耳、充满活力。因此打电话时,即使看不见对方,也要当作对方就在眼前,尽可能专一并注意自己的姿势。打电话时,适当地提高声调显得富有朝气、明快清脆。人们在看不到对方的情况下,大多凭第一听觉形成初步印象。因此,讲话时有意识地提高声调,声音会格外悦耳优美。讲话速度也会影响声音和对方,急性子的人听慢话,会觉得断断续续、有气无力,颇为难受;慢吞吞的人听快语,会感到焦躁心烦;年龄高的长者,听快言快语,难以充分理解。应视对方情况,灵活掌握语速,随机应变。

### 5. 说明内容

应清楚、简洁、有礼地说明来电内容,表达要让对方容易理解,讲完后确认对方是否明白,如:"不知道您是否了解了我的意思?""不知道是否方便麻烦您?""不知您是否还有不清楚的地方?"说明的态度要友好。

### 6. 复述内容

为了防止听错电话内容,一定要当场复述。特别是同音不同义的词语及日期、时间、电话号码等数字内容,务必养成听后立刻复述、予以确认的良好习惯。文字不同,一看便知,但读音相同或极其相近的词语,通电话时却常常容易搞错,因此,对容易混淆、难于分辨的词语要加倍注意,放慢速度,逐字清晰地发音。如 1 和 7、11 和 17 等。当说到日期时,不妨加上星期几,以保证准确无误。

### 7. 掌握时间

非重要事情,尽量避开受话人休息、用餐的时间,而且最好别在节假日打扰对方;打电话前,先想好要点,以便节约通话时间,通常一次通话不应长于 3 分钟,即所谓的"3 分钟原则"。3 分钟可讲 1 000 个字,如果一次电话用了 5 分钟甚至 10 分钟,那么一定是未突出重点。如果你找的人不在,可以问一下对方什么时间可以再打电话或请其回电话,同时,要将自己的电话号码和回电时间告诉对方。

### 8. 道谢致歉

结束通话前用简单的语言对自己给对方的打扰表示歉意,向对方表明真诚的谢意。挂断电话前,再次彼此问候。

## 3.4.3 转达电话的技巧和礼仪

常有这种情况:对方打电话找××,××却不在办公室。这时,代接电话者态度一定要热情。

### 1. 区别对待

如果××暂时不能回来,则可告诉对方:"××出差在外,暂时无法联系,如果有要紧事,由我负责与××联系行吗?"如果知道××回来时间,应告诉对方,并询问:"要我转达什么吗?"如果对方不便告知具体事项时,要留下对方的姓名、电话、组织名称;如果受对方委托转达,必须听清关键的字和句,边听对方讲边复述,复述对方姓名及所讲事项,并认真记录。通话结束应道别:"我叫××,如果××回来,一定会立刻转告。"自报姓名的目的是让对方感到自己很有责任感,办事踏实可靠,使对方放心。

### 2. 慎选理由

通常,被指定接电话的人不在时,原因很多,如因病休息,出差在外,上厕所等。这时,代接电话的人,应学会应付各种情况:告诉对方××不在办公室时,应注意不要让对方产生不必要的联想;商务活动特别不能告诉对方××的出差地点,因其出差所办事情,或许正是不能让对方觉察知晓的商业秘密;如果遇到指定接电话的人是领导,正在参加重要会议,应正确判断,妥当处理。如果领导有约在先"开会期间,不得打扰",那很好办。但如果领导事先没有交代,该如何处理呢?这时就得谋求一个两全其美的办法,既不中断会议,又不打扰领导,可在纸条上写:"××电话找您,接电话(　　),不接(　　),请画勾。"然后悄悄走进会议室,将纸条递给领导看,领导一目了然,瞬间即画好勾。如此这般,既对会议不影响,领导又能当场定论,是一种很好的方法。

### 3.4.4 特殊应对的技巧和礼仪

#### 1. 听不清对方的话语

当对方讲话听不清楚时,进行反问并不失礼,但必须方法得当。如果惊奇地反问:"咦?"或怀疑地回答:"哦?"对方一定会觉得无端招人怀疑、不被信任,从而非常愤怒,连带对你印象不佳。但如果客客气气地反问:"对不起,刚才没有听清楚,请再说一遍好吗?"对方一定会耐心地重复一遍,丝毫不会责怪。

#### 2. 接到打错了的电话

有一些个体接到打错了的电话时,常常冷冰冰地说:"打错了。"最好能这样告诉对方:"这是××公司,你找哪儿?"如果自己知道对方所找公司的电话号码,不妨告诉他,也许对方正是本公司潜在的顾客。即使不是,你热情友好地处理打错的电话,也可使对方对公司抱有初步好感,说不定就会成为本公司的客户,甚至成为公司的忠诚支持者。

#### 3. 遇到自己不知道的事

碰到对方在电话中一个劲儿地谈自己不知道的事,常常会感到很恐慌,好长时间都不知对方到底找谁,待电话讲到最后才醒悟过来:"关于××事呀!很抱歉,我不清楚,负责人才知道,请稍等,我让他来接电话。"碰到这种情况,应尽快理清头绪,了解对方真实意图,避免被动。

#### 4. 接到顾客的索赔电话

接到索赔电话,应泰然处之,洗耳恭听,耐心等待客户心静气消;应一边肯定顾客话中的合理成分,一边认真琢磨对方发火的根由,找到正确的解决方法,用肺腑之言感动顾客,化干戈为玉帛,取得顾客谅解。如果顾客提出的索赔事宜,自己不能解决,应及时告诉负责人,请他出面处理。索赔方心情不舒畅,可能会在电话中说出过激难听的话,即使这样,道别时,仍应加上一句:"谢谢您打电话来。今后一定加倍注意,那样的事绝不会再发生。"这样,不仅能稳定对方情绪,而且还能让其对公司产生好感,理解与支持公司。

**想想议议**

### 打错电话

一日午夜,睡梦中突然电话暴响。A"谁这么晚还打电话?"揉揉惺忪睡眼,黑暗中摸起电话"喂,谁呀?""大舅,是我。""哦,是你呀,外甥。""大舅,您身体好吗?""挺好的。""我舅妈身体好吗?""都挺好的。""咦?大舅,你声音怎么变了?""因为你打错电话了,外甥。"对方愣了5秒,然后电话中传来"嘟"、"嘟"的忙音。

**想想**:你明白了什么?

**议议**:这样结束通话,对吗?

### 3.4.5 电话禁忌用语

"暖语一句腊月暖,寒语一句六月寒",接听电话用语不当往往会带来不必要的误会与损失。

**1. 忌用"说、讲"**

"说,讲"是一种命令的方式,让人难以接受,也不礼貌。有的人在接听电话时,一接通马上喊:"说"或"讲",或者多加一两个字"听到,说!"这种行为在组织内部也许还可以理解,由于某种原因工作繁忙,时间紧张,没有太多的时间应对电话,希望对方直截了当,别浪费时间。但这种硬邦邦的电话用语显得粗鲁无礼、盛气凌人,好像是摆架子。给人的感觉是"有什么话快说,老子没空和你在电话里啰嗦!"对这样的电话,对方往往懒得再"说",干脆一声不吭将电话挂了。每个人都希望别人以礼相待,所以,在接听电话时应有礼貌。

**2. 忌双关等不当语**

在打电话的过程中,有时不经意的错误使用了双关语、忌讳语等不当言词,不仅会让对方听起来感觉非常刺耳,甚至对你产生厌恶感。如:"这边有位老先生在吃,没多久了"容易被误解为"吃不了多久就要翘辫子了"。所以,应慎重使用双关语,以免给客户留下不良印象。

**3. 忌以下电话用语**

"这不是我的事情。""你找别人吧,我正忙着没空叫他。""某某不在。""这事你找领导去。""不行就是不行。""你肯定是弄错了。""有本事你去投诉好了。""你自己搞错了自己处理。""你去告啊。""喂,你找谁?哪个?讲话!""你找哪个?他不在,哪个晓得他到哪儿去了。""我就这态度,你又能怎样?""别啰嗦,有话快讲!""你说大声点,我没听见。""你能不能说普通话呀,我听不懂。""你太天真,这怎么可能呢?""你连这个都不知道啊?""不知道说了几遍了,你还没懂吗?""这个人真是不明事理。""你为什么什么事都找我。""不是告诉你了吗,怎么还问哪,有完没完呀!""你着什么急,又不是只为你一个人服务,我忙得很。""看见你,我就烦!""谁叫你倒霉!""闭嘴!我不想听你说。""你长眼睛干什么用的呀!""你简直就是个白痴!""一边去,想通了再找我!""说完了没?我还有别的事情。""烦不烦,到底有完没完!""怎么可能是这样呢?你自己搞清楚了吗?""怎么你会有那么多的问题呢?""不行不行,现在没空!""说吧,有什么事情呢?我忙着呢!""你到底有没有明白我刚刚说的意思?""你连这都不懂?""这么简单的问题还用问吗?""你不要有事没事都打电话过来!""我接电话要钱的,有什么事你快说吧!""怎么又是你啊!""我跟你说了不知道,你还问什么。""刚才不是跟你说了吗,怎么又问?""我在办事,没空跟你多说。""连这么简单的事都办不好。""喊什么,我耳朵也不聋,没看见我正忙着吗,着什么急呀。""我的态度就这样,谁的态度好你到谁那儿去,行了吧。"……

### 3.4.6 电话礼貌用语

① 您好!这里是×××公司×××部(室),请问您找谁?
② 我就是,请问您是哪一位?……请讲。
③ 请问您有什么事?(有什么能帮您?)
④ 您放心,我会尽力办好这件事。
⑤ 不用谢,这是我们应该做的。
⑥ ×××同志不在,我可以替您转告吗?(请您稍后再来电话好吗?)
⑦ 对不起,这类业务请您向×××部(室)咨询,他们的号码是……(×××同志不是这个电话号码,他(她)的电话号码是……)
⑧ 您打错号码了,我是×××公司×××部(室)……没关系。
⑨ 再见!
⑩ 我是×××公司×××部(室)×××,请问怎样称呼您?
⑪ 请帮我找×××同志。
⑫ 对不起,我打错电话了。

### 3.4.7 手机使用的原则要求

手机是现代社会生活中不可或缺的通信工具。随着手机的日益普及,手机礼仪问题也凸显起来,越来越受到人们的关注。手机礼仪既有电话礼仪的共性要求,又有其特殊的规范,使用手机时应遵循以下几点原则要求。

#### 1. 该开则开,方便联系

一般情况下,要让手机处在开机状态,随身携带,以便及时接听,不要让对方焦急等待,也不让远离主人的手机吵烦他人。在不便及时接听的情况下,有机会要及时回电并说明原因,致以歉意。

#### 2. 遵守公共秩序,杜绝声音污染

在楼梯、电梯、路口、人行道等人来人往的公共场合,不要旁若无人地大声通话,制造声音污染。

在会场、影院、剧场、音乐厅、课堂、图书馆、展览馆、病房等需要保持安静的场所,应主动关机或置于振动、静音状态;如有来电,应到不妨碍他人的地方接听;在开会、会见等聚会场合,也不能当众使用手机,以免分散别人的注意力,给人留下用心不专、不懂礼貌的坏印象。

#### 3. 履行安全义务,防止害人害己

使用手机时,会产生电磁波,所以不要在加油站、面粉厂、油库等处使用手机,以免引起火灾、爆炸;不要在病房内使用手机,以免手机信号干扰医疗仪器的正常运行,或者影响病人休息;不要在飞机飞行期间使用手机,以免给航班带来危险;开车时,不要使用手机通话或查

# 第3章 口头语言礼仪

看信息,以防止发生车祸。

### 4. 顾及他人,短信内容适宜

电话虽然是自己的,但也不是想打就打。打电话前要考虑一下这个时间对方是否方便接听。

编辑短信时要用语规范准确、表意清晰,短信内容后最好留姓名。

### 5. 选用合适的手机铃声

随着手机功能的多样化,手机铃声也日渐丰富。选择什么样的手机铃声,不仅关乎个人的兴趣爱好,也会关系到一个人的礼仪修养。使用手机铃声应注意以下礼仪细节:铃声内容的选择应文明健康、格调高雅。在办公室,不雅的铃声会有损个人和公司形象;铃声音量不能太大,以离开座位两米可以听见为宜,在公共场所,如办公室、医院、幼儿园等场所,过大的铃声会成为一种公害,干扰和影响他人。

## 本章小结

口头语言又称口语,指人们在口头交际中使用的简短、灵活、便捷的语言。口头语言礼仪要求:态度亲切诚恳,措辞文雅谦逊,把握深浅分寸,交谈避免忌讳,注意交谈姿态。

称呼指的是人们在日常交往中所采用的表示彼此之间关系的称谓语。使用称呼语要遵循礼貌、尊重、适度的原则。称呼包括泛称呼、职务性称呼、职称性称呼、行业性称呼、姓名性称呼、拟亲性称呼。

介绍是人际交往中与他人进行沟通、增进了解、建立联系的一种最基本、最常规的方式,是人与人进行相互沟通的出发点。介绍包括自我介绍和介绍他人。自我介绍是指主动向他人介绍自己,或是应他人的要求而对自己的情况进行一定程度的介绍。为他人做介绍,应了解双方愿望,遵循介绍顺序。介绍形式有简介式、标准式、强调式、引见式、推荐式。

交谈是指为了特定的目的,在一定的环境下,以口头形式表达,运用语言进行信息传递、情感交流的一种形式,主要通过各方口头表达与倾听来完成信息传递。交谈的基本原则是合作原则、礼貌原则。交谈礼仪主要包括文明准确,选好有品位、较轻快、流行性、较擅长的话题,双向交流,认真倾听,用词委婉,尊重对方6个方面。交谈忌涉及隐私、故弄玄虚、让人尴尬、自我炫耀、非议他人、口若悬河、反感话题、心不在焉、随意插嘴、节外生枝、言不由衷。交谈技巧有机智灵活,幽默风趣,因人而异,恰到好处地及时赞美。

电话礼仪包括接听、拨打、转达、特殊应对的礼仪。

## 案例分析

**案例一:**

### 特别关照

美国作家马克·吐温机智幽默。有一次他去某小城,临行前别人告诉他,那里的蚊子特别厉害。到了小城,正当他在旅店登记房间时,一只蚊子正好在马克·吐温眼前盘旋,这使得旅馆职员不胜尴尬。马克·吐温却满不在乎地对职员说:"贵地蚊子比传说中不知聪明多少倍,它竟会预先看好我的房间号码,以便晚上光顾,饱餐一顿。"大家听了不禁哈哈大笑结果,这一夜马克·吐温睡得十分香甜。原来旅馆全体职员一齐出动,驱赶蚊子,不让这位博得众人喜爱的作家被"聪明的蚊子"叮咬。幽默不仅使马克·吐温拥有一群诚挚的朋友,而且也因此得到陌生人的"特别关照"。

请思考马克·吐温为什么能使尴尬转为融洽、痛苦变成愉快?

**案例二:**

### "请汪市长下台剪彩!"

某大型卖场举行开业剪彩仪式,请了当地名流和有关业务单位领导参加,特别有幸请到了该市汪市长出席开业剪彩仪式并剪彩。当仪式开始时,雄壮的国歌声结束后,主持人宣布了出席今天剪彩的主要嘉宾的名单,并宣布"请汪市长下台剪彩!"却见汪市长端坐未动,主持人很奇怪,重复了一遍:"请汪市长下台剪彩!"汪市长还是端坐未动,脸上还露出了一丝不愉快。主持人又宣布了一遍:"汪市长剪彩!"这时,汪市长才很不情愿地起来去剪彩。

**案例三:**

### 我赔礼(梨)了

英国首相丘吉尔起初对美国总统杜鲁门印象很坏,但是他后来告诉杜鲁门,说以前低估了他,这是以赞许的方式表示道歉。解放战争时期,彭德怀元帅有一次错怪了洪学智将军,后来彭德怀拿了一个梨,笑着对洪学智说:"来,吃梨吧!我赔礼(梨)了。"说完两人一起哈哈大笑起来。

请分析丘吉尔、彭德怀为什么这样做?

**案例四:**

### 黄烨被解雇了

公司里新招了一批职员,老板抽时间与大家见面。"黄华"全场一片寂静,没有人应答。老板又念了一遍。

一个员工站起来,怯生生地说:"我叫黄烨,不叫黄华。"

人群中发出一阵低低的笑声。老板的脸色有些不自然。

"报告经理,我是打字员,是我把字打错了。"一个精干的小伙子站了起来,说道。

"太马虎了,下次注意。"老板挥了挥手,接着念了下去。

没多久,打字员被提升为公关部经理,叫黄烨的那个员工则被解雇了。

职场中,每步都得很谨慎,稍有不注意,便会出局。说话技巧是每个职场人必须掌握的。

## 角色扮演

1. 请一位同学扮演高老师,一位扮演新生谢天资,按照介绍的礼仪规范,先自我介绍,再向其他同学介绍他人。

2. 组织几位同学,围绕学校教学进行对话,再请一些同学评议哪个说话最文雅,哪个最幽默。体验其他人的说话风格。

# 第4章 交往礼仪

## 学习目标

**知识目标**：掌握见面、拜访、接待、迎送、探视、馈赠、聚会的基本内容与要点，掌握社交礼仪的基本要求和注意事项。

**能力目标**：掌握社交礼仪的操作要求和要领；具有正确运用社交礼仪知识、原理和方法进行人际交往的能力。

**素质目标**：具有见面、拜访、接待、迎送、探视、馈赠、聚会等社交礼仪的基本知识，在社交活动中，能够自觉地按照礼仪规范的要求去进行人际交往。

## 导课案例

### 小王为何让领导不满

在一次接待某省考察团来访时，小王与考察团团长熟识，被列为主要迎宾人员陪同部门领导前往机场迎接贵宾。当考察团长率领其他工作人员到达后，小王面带微笑，热情地走向前，先于领导与考察团团长握手致意，表示欢迎。然后转身向自己的领导介绍这位考察团团长，接着又热情地向考察团团长介绍与自己同来的部门领导。小王自以为此次接待任务完成得相当顺利，但他的某些举动却令其领导十分不满。

**分析提示**：握手与介绍都应讲究顺序。握手时若对方是上级、长者、贵宾或女士时，应等对方先伸出手。介绍时应先把地位低的介绍给地位高的，即尊者有优先知情权。本次活动中，小王先于领导与考察团团长握手致意，是很不礼貌的行为；为双方作介绍时，颠倒了先后顺序，不合乎礼仪的要求。

人际交往的礼仪规范是一面镜子，能照出每个社交活动者的品德和修养，同时也是一个标尺，衡量着每个人的社交水平和人际关系能力。掌握日常社交活动的一般礼仪规范，对于塑造自身良好形象和增进人际关系有着重要的作用。

## 4.1 会面礼仪

现代人工作繁忙，而工作之余各类纷繁复杂的交际应酬也日渐增多。在交际应酬中，相识者之间或不相识者之间往往都需要在适当的时机向交往对象行礼,以示自己对对方的尊重与友好,此种礼仪,即所谓会面礼仪,也就是人们会面时约定俗成互行的礼仪。好印象从见面开始,用恰当的言谈、得体的举止给对方留下美好和乐于交际的印象。

### 4.1.1 握手的礼仪

握手——从掌心处开始的交流,用手掌感知对方的态度。握手是交际的一部分。握手时的力量、姿势与时间的长短往往能够表达出握手者对对方的不同礼遇与态度,同时显露自己的个性,给人留下不同印象,也可通过握手了解对方的个性,从而赢得交际的主动。

握手是会面时最常见的礼节。行握手礼是一个并不复杂但却十分微妙的问题。作为一个细节性的礼仪动作,做得好,好像没有什么显著的积极效果;做得不好,却能明显地显示出负面效果。

**1. 通常需握手的场合**

通常,和人初次见面、熟人久别重逢、告辞或送行都可以握手,以表示自己的善意。有些特殊场合,如向人表示祝贺、感谢或慰问时;双方交谈中出现了令人满意的共同点时;或双方原先的矛盾出现了某种良好的转机或彻底和解时习惯上也以握手为礼。通常需握手的场合有以下几种。

① 遇到较长时间没见面的熟人。
② 在比较正式的场合和认识的人道别。
③ 在以本人作为东道主的社交场合,迎接或送别来访者时。
④ 拜访他人后,在辞行的时候。
⑤ 被介绍给不认识的人时。
⑥ 在社交场合,偶然遇上亲朋故旧或上司的时候。
⑦ 别人给予你一定的支持、鼓励或帮助时。
⑧ 表示感谢、恭喜、祝贺时。
⑨ 对别人表示理解、支持、肯定时。
⑩ 得知别人患病、失恋、失业、降职或遭受其他挫折时。
⑪ 向别人赠送礼品或颁发奖品时。

**2. 握手的形式**

(1) 平等式握手

平等式握手即单手握,可以适当上下抖动若干次(一般三次以内为宜)以示亲热。

(2) 手拍手式握手

手拍手式握手即握手者用右手握住对方的右手,再用其左手握住对方右手的手背。这种形式握手,西方国家称之为"外交家的握手",通常出现在领导人照相场合。用这种形式握手的人,试图让接受者感到他的热情真挚、诚实可靠。但对于异性,最好不要这样握手。

(3) 拍肩式握手

拍肩式握手即主动握手者的右手与对方的右手相握,同时左手移向对方的右臂。应该注意的是,只有在情投意合和感情极为密切的人之间,这种方式才受欢迎。

### 3. 握手的顺序

握手时谁该先伸出手是礼仪规范的重点。握手时伸手的先后顺序是由握手人双方所处的社会地位、年龄、性别等各种条件决定的。握手应遵守尊者决定的原则,即握手者首先确定彼此身份的尊卑,由位尊者先行伸手,位卑者予以响应。贸然抢先伸手是失礼的表现。

在公务场合,握手时伸手的先后次序主要取决于职位、身份。而在社交、休闲场合,主要取决于年龄、性别、婚否。其通常应该按以下次序进行。

① 应由职位或身份高者先伸出手。
② 女士先向男士伸手。
③ 已婚者先向未婚者伸手。
④ 年长者先向年幼者伸手。
⑤ 长辈先向晚辈伸手。
⑥ 上级先向下级伸手。
⑦ 主人先向客人伸手。
⑧ 客人告辞时,应先伸出手来与主人相握。

如果需要和多人握手,握手时要讲究先后次序,由尊而卑,即先长辈再晚辈,先女士后男士,先已婚者后未婚者,先上级后下级。如果人数较多,可以只跟主要的几个人握手,向其他人点头示意,或微微鞠躬就行。

应当强调的是,上述握手时的先后次序不必处处苛求于人。如果自己是尊者、长者或上级,而位卑者、年轻者或下级抢先伸手时,最得体的就是立即伸出手进行配合。而不要置之不理,使对方当场出丑。

### 4. 握手的方式

(1) 握手的姿态

握手时,距对方约一步远,双腿立正,上身稍向前倾,双目注视对方,微笑致意或问好。

握手时,从身体的侧下方伸出右手,手肘不要太弯曲,显出一副很害羞的样子,应该自然大方地尽量把右手向前伸,但伸出的手不宜抬得过高或太低,太高显得轻佻,太低又使对方不容易注意到。伸手时,四指并拢,拇指适当张开,手尖稍稍向下,再以手掌与对方的手掌相握(拇指根部相抵),上下摇动 1~3 次。

(2) 握手的力度

握手时用力要适当,过轻或过重都是失礼的。可握得稍紧些,以示热情,但不可太用力,更不可把对方手握疼,这会显得粗鲁无礼。但也不可握得太轻,有人握手时只用指尖与对方接触,或是在他人握住自己手时一动不动,不作任何反应,这种做法显得妄自尊大或让对方怀疑是在敷衍了事。一般来说,职业外交官的最佳握手力度在两公斤左右,我们可以不必这么专业,只需稍微使劲,表示热情友善就行了。

(3) 握手的时间

握手的时间要恰当,一般可根据握手双方的亲密程度灵活掌握。初次见面握手时间不宜过长,一般以 1~3 秒为宜。切忌握住异性或初次见面者的手长久不放,显得有些虚情假意,甚至会被怀疑为"想占便宜"。如果是表示鼓励、慰问、真诚和热情,而且又是熟人的情况,时间可以稍微延长,但最长也不应长过 30 秒。握手时漫不经心地用手指尖"蜻蜓点水"式去点一下,也是无礼的,让人觉得像在走过场,又像是对对方怀有戒意。

#### 5. 握手的禁忌

我们在行握手礼时应努力做到合乎规范,避免违犯下述失礼的禁忌。

① 坐着握手。除非是年老体弱者或残疾人。

② 用左手与他人握手。尤其是与阿拉伯人、印度人打交道时要牢记,因为在他们看来左手是不洁的。

③ 戴手套与人握手(女士的装饰性手套除外)。

④ 交叉握手。在和基督教信徒交往时,当有多人同时握手,要避免两人握手时与另外两人相握的手形成交叉状,这种形状类似十字架,在他们眼里这是很不吉利的。可以待别人握完后,再伸手相握。

⑤ 抢先与女士握手。

⑥ 握手时心不在焉、面无表情、不置一词。

⑦ 握手时用力不当或时间控制不当。

⑧ 用湿手、脏手与人握手。如对方已伸手,则应亮出双手,及时向对方说明原因并诚恳表示歉意,以免造成不必要的误会。

⑨ "死鱼式"握手,即握手有气无力,可有可无。

⑩ 拒绝握手,即使对方忽视了握手礼的先后顺序,先伸出了手,也应看作是友好问候的表示,马上伸手相握。

### 相关链接

**握手礼的由来**

说法一:战争期间,骑士们都穿盔甲,除两只眼睛外,全身都包裹在铁甲里,随时准备冲向敌人。如果表示友好,互相走近时就脱去右手的甲胄,伸出右手,表示没有武器,互相握手言好。后来,这种友好的表示方式流传到民间,就成了握手礼。当今行握手礼也都是不戴手套,朋友或互不相识的人初识、再见时,先脱去手套,才能施握手礼,以示对对方的尊重。

说法二:握手礼来源于原始社会。早在远古时代,人们以狩猎为生,如果遇到素不相识的人,为了表示友好,就赶紧扔掉手里的打猎工具,并且摊开手掌让对方看看,示意手里没有藏东西。后来,这个动作被武士们学到了,他们为了表示友谊,不再互相争斗,就互相摸一下对方的手掌,表示手中没有武器。随着时代的变迁,这个动作就逐渐形成了现在的握手礼。

### 4.1.2 其他会面礼仪

#### 1. 鞠躬礼仪

鞠躬意思是弯身行礼,是表示对他人敬重的一种礼节。鞠躬是我国古代传统礼节之一,在日本、朝鲜、新加坡等国也普遍使用。"三鞠躬"称为最敬礼。在我国,鞠躬常用于下级对上级、学生对老师、晚辈对长辈,也常用于服务人员向宾客致意,演员向观众掌声致谢。

(1) 鞠躬方式

行鞠躬礼时,行礼者在距受礼者2米左右,身体立正,面带微笑,目视受礼者。女性鞠躬时手合龙,自然放在身前;男士则将双臂自然下垂在身体两侧,弯腰到一定程度后恢复原态。受礼者一般应还礼,长者、贤者、女士、宾客还礼时可不鞠躬,欠身点头即可。

(2) 鞠躬程度及含义

弯腰因场合、对象不同而有所区别。一般而言,角度越大,表示越谦恭,对被问候者越尊敬。

① 一般致礼。15°左右,表示一般致敬、致谢、问候。

② 敬礼。30°左右,表示恳切致谢或表示歉意。

③ 敬大礼。45°左右,表示很恳切的致敬、致谢和歉意。

④ 敬最大礼。90°左右,在特殊情境,如婚礼、葬礼、谢罪、忏悔等场合才行90°大鞠躬礼。

商务交往中,与客户擦肩而过时,面带微笑,行15°鞠躬礼;接送客户时,行30°鞠躬礼;初见或感谢客户时,行45°鞠躬礼。

### 2. 欠身与点头礼仪

欠身礼是一种比较常见的致意礼仪。欠身礼标准的做法是:身体的上身微微向前一躬,面带微笑,双目注视对方。欠身礼的幅度介于点头礼和鞠躬礼之间,可向一人、数人或群体施礼,施礼时可站可坐,但双手不能放在口袋里。

点头礼即额首致意,表示对人的礼貌,是最普遍的见面礼仪,通常用于比较随意的场合。在碰到同级、同辈或有一面之交、交往不深的相识者的时候,点头致意即可;上级对下级、长辈对晚辈答礼时也可以用点头礼;信奉伊斯兰教的女士不与男士握手,可行点头礼。行点头礼时,面带微笑,双目注视对方,头微微向下一动,点头时速度不要过快,幅度不要过大,次数不要过频。

### 3. 亲吻与拥抱礼仪

亲吻礼是西方国家常用的会面礼,他常与拥抱礼同时采用,即双方见面时既拥抱又亲吻。不同关系、不同身份的人,相互亲吻的部位不尽相同。长辈亲吻晚辈,应当亲吻额头;晚辈亲吻长辈,应当亲吻下颚或面颊;同辈之间,同性应当贴面颊;真正亲吻即接吻仅限于夫妻之间或恋人之间,其他关系是不能吻嘴唇的。男士对尊贵的女宾往往亲一下手背或手指以示尊敬。行亲吻礼时,特别忌讳发出亲吻声音,或者将唾液弄到对方脸上。

拥抱礼流行于欧美国家,多用于官方、民间的迎送宾客或表示祝贺、慰问、致谢等社交场合。正规的拥抱礼,应该两个人正面相对而立,上身稍稍前倾,举起右臂,右手环拥对方左肩部位,左臂偏下(左手)环拥对方右腰部位,彼此头部及上身向右相互拥抱,再向左拥抱一次,最后再次向对方的右侧拥抱,拥抱三次礼毕。

在许多国家的迎宾场合,宾主往往以握手、拥抱、左右吻脸、贴面颊的连续动作,表示最真诚的热情和敬意。

#### 4. 举手礼仪

举手也是向别人打招呼时的礼貌举止,在公共场合与距离较远的熟悉的宾客打招呼时,一般可以不用语言,而是举起右臂,向前伸直,掌心朝向对方,起摆一下即可。注意摆幅不要太大,同时,要面带微笑,双目注视对方。手举过头,通常用于远距离向对方问候;手举不过头,常用于中距离向对方问候;手举过头并左右摆动,常用于送别场面,表示依依不舍。

#### 5. 拱手与合十礼仪

拱手礼又叫作揖礼,是我国一种传统的见面礼。现在主要适用于过年时的团拜,向亲朋好友表示感谢,向长辈祝寿,对朋友结婚、生孩子、乔迁和普升表示祝贺等。拱手礼的基本手势是:右手握拳,左手搭于右手之上,双手抱拳,举至下巴处,自上而下或自内而外,有节奏地晃动二三下。双手相抱,是以双手代表自己的头,双手以臂为轴,上下运动,表示叩头与点头之意,以示对别人的尊重。

合十礼又称合掌礼,是亚洲信奉佛教的地区常采用的一种礼节。行礼时应面对受礼者,两个手掌在胸前合拢并齐,掌尖与鼻尖基本持平,手掌稍向外向下倾斜,以示虔诚,头微低,面带微笑。当有人向我们施这种礼节时,我们也应以这种礼节还礼。

### 4.1.3 名片礼仪

名片是当代社会不论私人交往还是公务往来中最经济实惠、最通用的介绍媒体,被人称作自我的"介绍信"和社交的"联谊卡",具有证明身份、广交朋友、联络感情、表达情谊等多种功能。

#### 1. 名片的作用

在社交场合用作自我介绍,这是名片的主要用途。
它可以代替便条,用做简单的礼节性表示。
西方人在送礼时通常附上一枚名片,而不书写礼单,这便等于自己亲自前往了。
拜访生人或长辈时,可先请人递上一枚名片,作为通报之用,让对方考虑是否见你。
在业务往来中还具有类似广告的作用,使他人对自己所从事的业务有所了解。

#### 2. 名片的格式

名片规格一般是长9~10厘米,宽5.5~6厘米,其印刷有横式和竖式两种,横式最为普通。名片内容包含三方面:单位、部门名称;姓名、职务(职称);联系方式:通信地址(邮政编码)、电话(传真)号码、E-mail地址或网址等。

#### 3. 名片的交换礼仪

初次相识,往往要互呈名片。呈名片可在交流前或交流结束、临别之际,可视具体情况而定。

(1) 给名片

在交换名片前,要事先将名片准备好,放在上衣口袋或专用名片夹里。否则在交换名片

# 第4章 交往礼仪

时忘记放在什么地方,左翻右找,显得不礼貌,给人一种忙乱的感觉。

交换名片的顺序一般是:先客后主,先低后高,即客人先把名片交给主人,地位低的先把名片给地位高的。不过,假如是对方先拿出来,自己也不必谦让,应该大方收下,然后再取出自己的名片来回报,递名片时要再口头介绍一遍。如果是与多人交换名片,应讲究先后次序,或由近而远,或由尊而卑,一定要依次进行。切勿挑三拣四,采用"跳跃式",否则容易被人误认为厚此薄彼。

递名片时,应该起身站立,走上前去,面带微笑,注视对方,用双手恭恭敬敬地把自己的名片递过去。不要以手指夹着名片给人,不要将名片举得高于胸部,也不能低于腰部以下;名片上字体的正面应朝向对方,让对方能够直接读出来;递名片的同时,用诚挚的语调致意并使用得当的敬辞。例如,"××经理,这是我的名片,以后多多联系",或"我是××,请多关照(指教)"。

(2) 接名片

对方递名片过来时,应立即停止手上所做的一切事情,起身站立,面含微笑,双手接过来(双方互递名片时要用右手递、左手接),态度恭敬并点头致谢。接过名片后不要立即收起,随手往口袋一塞,也不能随便玩弄,而应该当着对方的面,用30秒左右的时间,仔仔细细、认认真真地看(读)一遍,并口头回应,"很高兴认识你"或"久仰、久仰"等。有时还可以有意识地重复一下名片上所列对方的职务、学位以及其他尊贵的头衔,以示敬仰。最后当着对方的面,将名片郑重的收入西装内口袋、名片夹或公文包收藏起来,以使对方感受到对他的尊重。如果接过他人名片后一眼不看,或是漫不经心地随手把它扔在桌上,甚至放进裤袋或裙兜里,都是失礼的。万一需要暂时把他人刚递过来的名片放在桌上,记住不要在它上面乱放东西。

(3) 注意事项

① 名片如脸面,不能褶皱。

② 名片应放在固定位置,如名片夹、公文包或西服的插袋。

③ 客先主后,身份低者先、高者后。有上司在场,应在上司与对方交换名片之后,再出示自己的名片。

④ 换名片换的是相互尊重。

一般不要伸手向别人索要名片,必须索要名片时应注意方式方法。适当的做法是"将欲取之,必先予之",即把自己的名片先递给对方,以此来求得对方的回应。或婉转表示自己的意愿,对长辈,嘉宾或地位、声望高于自己的人,可以说:"以后怎样才能向您请教?"对平辈或身份、地位相仿的人,可以问:"今后怎么与您保持联系?"这两种说法都带有"请留下一枚名片"之意。

通常不论他人以何种方式索要名片都不宜拒绝,如果真的不想给对方,在措辞上一定要注意不伤害对方,可以说:"不好意思,我忘了带名片。"或者说:"非常抱歉,我的名片用完了。"

**想想议议**

**细节体现教养**

两位商界的老总,经中间人介绍,相聚谈一笔生意。这是一笔双赢的生意,如果合作得好,双方都能获得很高的利润。看到美好的合作前景,双方的积极性都很高。A老总首先拿出友好的姿态,恭恭敬敬地递上了自己的名片;B老总单手把名片接过来,一眼没看就放在了茶几上,接着他拿起了茶杯喝了几口水,随手又把茶杯压在名片上。A老总看在了眼里,随口说了几句话,便起身告辞。事后,他郑重地告诉中间人,这笔生意他不做了。当中间人将这个消息告诉B老总时,他简直不敢相信自己的耳朵,一拍桌子说:"不可能!哪有有钱不赚的人!"立即打通A老总的电话,一定要他讲出个所以然来。A老总道出了实情:"从你接我名片的动作中,我看到了我们之间的差距,并且预见了未来的合作还会有许多不愉快,因此,还是早放弃的好。"闻听此言,B总放下电话,痛惜失掉的生意,为自己的失礼感到羞愧。

**想想**:B老总违反了名片使用中的哪些礼仪?

**议议**:递送和接受名片时要遵守的礼仪规范。细节体现教养,细节决定成败。

## 4.2 拜访礼仪

孔子曰:"有朋自远方来,不亦乐乎"。拜访、探视、接待、迎来送往是最普遍的人际交往活动,是社会活动的基础,是人们交流信息、沟通思想、增进友谊的重要方式。它体现着人类群体性、社会性的特点,也与我们的日常工作、生活密切相关。

### 4.2.1 拜访礼仪概述

拜访又叫做拜会、拜见、访谈,是指前往他人工作单位或住所,去会晤、探望对方,进行接触与沟通的活动。

拜访根据不同的目的可分为事务性拜访和礼节性拜访。所谓事务性拜访是指为了某一种具体的事务而进行的有特定目的的拜访,这个事务可以是公务,也可以是私事。事务性拜访一般没有特别合适的时机,拜访的具体时间可根据事务的性质选择双方都合适的时间。礼节性拜访是指亲朋好友或熟人之间为了巩固原有的关系、发展已有的情谊而进行的没有特定目的的拜访。根据人际关系的一般规律,人际关系的维系需要有一定的接触频率,即使是亲朋好友若长期不来往,关系也会淡漠。民间所谓"走亲戚",亲戚越走越亲即是此道理。礼节性拜访往往具有比较固定的拜访时机,如节假日、对方本人或家庭重大事件发生日等。

不管哪种拜访,都应遵循一定的礼仪规范。

#### 1. 事先预约,不做不速之客

预约是指拜访前向对方提出拜访的恳请,以征得对方的同意。这是进行拜访活动的首要原则。随着生活节奏的加快以及人们对个人空间的日益重视,不速之客越来越不受欢迎。在对外交往中,未曾约定的拜会,都属失礼之举。所以,不管是哪种拜访,最好都要提前预约,这既是对对方的尊重,也是为自己的方便(避免吃闭门羹)。

拜访前应写信或打电话取得联系,约定宾主双方都认为比较合适的会面时间与地点,并把访问的意图告诉对方。约定拜访的时间和地点,应客随主便。若是家中拜访,不要约在吃饭和休息时间,最好安排在节假日下午或晚上;若是办公场所拜访,一般不要定在上班后半小时内和下班前半小时;若去异性朋友处做客,更要注意时间的安排。一般来说,上午九十

## 第4章 交往礼仪

点钟,下午三四点钟或晚上七八点钟是最适宜的时间。地点的选择有三个:一是办公室,二是家里,三是公共娱乐场所。若是公务拜访则应选择办公室或者娱乐场所,若是私人拜访则应选择家里或者娱乐场所。此外,要注意约定人数,尤其在公务拜访中,还要约定参加的人员和身份,赴约时,切不可带主人预先不知道的旁人。

预约的语言、口气应该是友好、请求、商量式的,而不能是强求命令式的。因事急或事先并无约定,但又必须前往时,应尽量避免在深夜打搅对方;如万不得已非得在休息时间约见对方时,则应在见到主人时立即致歉,并说明打搅的原因。

### 2. 如期而至,不做失约之客

按时赴约是拜访的基本礼节,可给对方一个守信、守时的印象,可以使双方的交流合作有一个良好的开端。约好时间、地点后,访问者应履约守时如期而至,既不能随意变动时间,打乱主人的安排,也不能迟到或早到,准时到达最为得体。一般情况下,拜访按预先约定的时间提前3~5分钟到达;如因特殊原因不能如期赴约,务必尽快电话通知对方,说明情况并诚恳致歉;如因故迟到,应提前向主人打招呼,待见面时,还应再次致歉。

考虑到交通拥堵或其他影响因素,可约定一个较为灵活的拜访时间,如"我在七点半到八点之间到达",以免给人留下不守时、不守信的印象。在对外交往中,更应严格遵守时间,有的国家安排拜访时间常以分为计算单位,如拜访迟到10分钟,对方就会谢绝拜会。准时赴约是国际交往的基本要求。

### 3. 悉心准备,不做冒失之客

拜访是有一定目的的交际活动,需要商量什么事情、拟请对方做哪些工作、自己需要做什么准备、如何同对方交谈等,事先都应做认真的设想和安排。初次公务拜访还要带上名片。名片要放在容易取出的地方,男士可以放在西装上衣口袋、名片夹或是公文包中,女士则可将名片放在皮包中容易拿出来的地方。如需带礼品,也要事先准备好。拜访亲朋好友,一般都需准备适当的礼品,所谓见面有礼,这对于增进情感、促成拜访目的的达成有一定的作用。

正式拜访前,还要注意自己的仪容仪表和服饰,要衣冠整洁、得体,以表示对被拜访人的尊重。一般来说,事务性拜访要西装革履、整洁大方,礼节性拜访则最好选择高雅、庄重、时尚又不失亲切随和的服装。身患疾病,尤其是传染病者,不应走亲访友和拜访客户。

### 4. 彬彬有礼,不做粗俗之客

无论是办公室还是居室拜访,一般要坚持"客随主便、举止文明、彬彬有礼"的原则。到达被访人所在地时,要用手轻轻敲门,待有回音或有人开门相让,方可进入。即使主人的门开着,也不可贸然进入,仍要敲门,等主人发出"请进"的邀请之后方可进入。当主人请坐时,应道声"谢谢",并按主人指点的座位入座。如拜访对象是长者或身份高者,应待主人坐下或招呼坐下后再入座,不要抢先坐下,以免引起主人的反感。主人上茶时,要起身双手接迎,并热情道谢。

与主人交谈时应注意坐姿端庄,不要跷二郎腿,不要双手抱胸,神情要专注,态度要诚恳。语气温和,表达准确,不夸大其词,也不过于谦卑。主人说话时不可随便插话,更不可反客为主,喋喋不休。与主人关系再好,也不能随便翻动主人的文件、书信和工艺品。

**5. 适时告辞,不做难辞之客**

拜访要达到什么目的,事先要心中有数,以免拜访时跑"马拉松"。拜访交谈时要注意掌握时间,若无要事相商,停留时间不要过长、过晚,以不超过半小时为宜,要知道"客走主安"的道理。拜访目的已达到,见主人显得疲乏,或意欲他为或还有其他客人,便应适时告辞。假如主人留客心诚,执意挽留用餐,则饭后停留一会儿再走,不要抹嘴便走。

告辞时,应选择交谈停顿的瞬间果断地起身。倘若在交谈时起身告辞很容易让主人误解为是对交谈内容不感兴趣。提出告辞后,就要态度坚决,即使主人有意挽留,也应坚持而去,不要"走了"说了几次,却迟迟不动。告别时应有恰当的寒暄,要主动握手告别,并感谢主人的热情款待。出门以后,应主动请主人"留步",有意邀主人回访,可在与主人握别时提出邀请。如果主人送至车前,在车内坐好后要将车窗摇下来与主人告别致意。

## 知识拓展

### 交往空间的艺术

社交的空间是一种特殊的无声语言,如何让它为交往服务,发挥无形的作用,正是人们需要掌握的交往空间的艺术。

**1. 空间大小的应用**

一般情况下,空间的大小和地位的高低成正比。即认为谁占有的空间越大、越好,就表明谁的地位越高,"分量"越重,越会得到人们的尊重。因此,许多单位都会在空间较大的场所举行重要的活动,让参加活动的人员对活动的举办组织产生一种敬畏感和信任感。这也就是为什么大多数国家的政府都在特定的大厅里接见外国来宾。这些高大宽敞、装饰豪华的大厅,一则表示对来宾的尊重,二则也使来宾尊重主人。

**2. 空间远近的利用**

近则亲、远则疏,这是人际交往中的一种惯常现象。如在一个单位里,哪一个部门办公室离单位主要领导人的办公室越近,表明这一部门在领导人心目中越是重要,因为离得近,便于联系。由此可知,交往距离的远近,不单单与关系的密切与否有关,还与是否受到重视有关。因此,如果你是单位的负责人,不妨经常到离你较远的办公室(或部门)去走走,以密切与下属的关系。

一般来说,人际交往依据亲疏程度不同而有不同的空间位置,大致分四类情况:

| 距离(M) | 类别 | 语意 | 适用 |
| --- | --- | --- | --- |
| <0.45 | 亲密界域 | 亲密无间、爱抚、安慰 | 恋人、夫妻、密友交流 |
| 0.45~0.75~1.2 | 个人界域 | 亲切、友好、融洽 | 朋友、同志、同事谈心 |
| 1.2~2.1~3.6 | 社交界域 | 庄重、严肃、人证 | 会见外宾、商务谈判 |
| >3.6 | 公众界域 | 公开、大度、开朗 | 演讲、报告、讲课 |

特别提醒:除非特殊亲密者,不能出入45cm的亲密界域禁区!日常朋友之间交流的距

## 第4章 交往礼仪

离最好是75cm左右。太远,则无亲切感;太近,气息扑面、吐沫溅身,还会产生压抑感。

**3. 空间内外的运用**

内部空间和外部空间是"内外有别"的,每个人都有自己的"内部空间"或"个人空间",一般情况下只有交际关系达到一定程度后,人们才允许别人进入自己的"内部空间"或"个人空间"。如果你邀请别人谈话,地点是选择"外部空间",(如办公室、咖啡厅),还是选择"外部空间",(如自己家里),其意义大不相同。在办公室或咖啡厅谈是正式的,带有公务性质;在家谈是非正式的,属私人的交往,气氛较为融洽。如果你去看望某人,他在办公室外,或家门口与你谈话,而不邀请你进去,这说明一个问题,"你不是自己人"不允许你进入他的"内部空间"或"个人空间"。因此,在交往中,人们一定要重视并尊重"个人空间",可利用空间的内外灵活地处理交际关系。

### 4.2.2 居室拜访礼仪

**1. 礼貌登门,进门有礼**

按时到达,进入主人居室之前,应轻轻叩门或按门铃。有门铃的首先按门铃,时间2秒左右即可,若间隔十几秒未见反映,可按两三次,切忌长时间连续不断按铃。没有门铃的先敲门,用中指与食指的指关节有节奏地轻叩房门两三下,不可用整个手掌,更不能用拳头擂或在门外高声喊叫。如果主人在屋内以"谁啊"应门,应通报自己的姓名或身份,而不能只回答一个"我"字。如果对方仅仅是开门而并没有说"请进",这并不表示你可以进去。只有当主人为你开门请你进屋时,你才可以进去。见面后应热情向主人问好,若是主人夫妇同时起身相迎,则应先问候女主人好。若不认识出来开门的人,则应问:"请问,这是××先生的家吗?"得到准确回答方可进门。

入室之前要在踏垫上擦净鞋底,进门后随手将门轻轻关上,并且礼貌的询问主人是否要换鞋。如果带有雨具,应放在门口或主人指定的地方。夏天进屋后再热也不应脱掉衬衫、长裤,冬天进屋再冷也应摘下帽子,有时还应脱下大衣和围巾,并切忌说"冷",以免引起主人误会。如有礼品,可适时向主人奉上,所谓进门有礼,不要道别时再送。

**2. 举止得当,言谈有度**

当主人把来访者介绍给他的妻子或丈夫相识,或向来访者介绍家人时,都要热情地向对方点头致意或握手问好,见到主人的长辈应恭敬地请安。如带小孩做客,要教其礼貌待人,尊敬地称呼主人家所有的人,并教育其莫乱跑、乱翻、乱叫。如主人家中养有狗猫,不应表示害怕、讨厌,不应去踢它、赶它。

进入房间时,要主动跟随主人之后。入座时,要根据主人的邀请,坐在主人指定的座位上,坐姿要文雅。没有得到主人示意,不能随意走动,特别是不能擅入主人卧室、书屋,更不要在桌上乱翻,床上乱躺。主人端茶送水果,应欠身致谢,并双手捧接。当主人询问客人喜欢何种食物或饮料时,应在主人所能提供的范围内作出明确的答复。

不要拒绝主人的建议。如果主人建议客人参与某项活动,客人一般不应拒绝。如主人向客人介绍家里的某些特色,如工艺品、书画、花木等,客人应表现出应有的兴趣和热情。

如果主人家里还有其他客人,应一一向他们点头致意。但若主人没有介绍,一般不要随意攀谈,更不应询问他们与主人的关系以及来访的原因。中途有客人告辞,一般来说,其他客人应与主人一起起身相送(至少欠欠身,有送客的表示)。

拜访交谈,要做到心中有数,适当的寒暄后,尽快切入主题,不要东拉西扯,浪费时间。如果是请主人帮忙,应开门见山,把事情讲清楚。如果主人帮忙有困难,应体谅,不要强人所难,更不能死乞白赖。交谈时,态度要诚恳自然,要尊重主人,不可反客为主,口若悬河,不要自以为是地评论主人家的陈设,更不可过多询问主人家的生活和家庭情况。

主人招待的饮料、水果、点心,饮料可以全喝完,但水果、点心只能稍稍品尝。应主人盛邀在主人家吃便饭时,应先与女主人打招呼,并对主人的宴请说一些赞扬话。入席时要按既定次序入座,坐在餐桌前要注意体态礼仪,主人祝酒时要专注地听,主人敬酒时要起立回敬,即使不会饮酒也要沾沾唇,以示尊敬,待主人招呼后再动筷夹菜,席间谈笑应多谈些轻松愉快的话题。

### 3. 善解人意,适时告辞

为了不打乱主人的生活规律和原有计划,拜访时间一般不宜太长。事务性拜访的停留时间一般在20分钟到1个小时之间,宾主双方谈完该谈的事,叙完该叙说的情谊之后就应及时起身告辞,在别人家中无谓地消磨时光是不礼貌的。礼节性拜访可以根据当时的情景灵活把握,如果主人兴致很高,客人可以多留一会,到了主人休息吃饭时间,就应及时告辞。及时告辞是客人为主人着想的基本礼貌。

遇到以下几种情况也应及时告辞,一是双方话不投机,或当你谈话时,主人反应冷淡,甚至不愿搭理时;二是主人虽显"认真",但反复看自己的手表或看墙上的挂钟时;三是主人将双肘抬起,双手支于椅子的扶手时。遇到后两种情况,即使当你提出告辞,主人仍会说上几句"再坐坐"之类的话,那往往只是纯粹的礼貌性客套,如果没有非说不可的话,就应毫不犹豫的起身告辞。

## 4.2.3 工作场所、宾馆拜访礼仪

### 1. 工作场所拜访礼仪

(1) 约定时间和地点

事先打电话说明拜访的目的,并约定拜访的时间和地点。不要在客户刚上班、快下班、异常繁忙、正在开重要会议时去拜访。也不要在客户休息和用餐时间去拜访。

(2) 做好准备工作

阅读拜访对象的个人和公司资料。准备拜访时可能用到的资料。

检查各项携带物是否齐备(名片、笔、记录本、电话本、磁卡或现金、计算器、公司和产品介绍、合同)。

明确谈话主题、思路和话语。

注意穿着与仪容。穿戴要整洁大方,要与自己的职业、年龄相称。这既是对对方的尊重,同时也是表明自己对拜访的重视程度。

(3) 按时赴约

出发前最好与客户通电话确认一下,以防临时发生变化。

# 第4章 交往礼仪

选好交通路线,算好时间出发。确保提前5至10分钟到。

到了客户办公大楼门前再整装一次。如提前到达,不要在被访公司溜达。

(4) 礼貌登门,友好交流

面带微笑,向接待员说明身份、拜访对象和目的。

从容地等待接待员将自己引到会客室或受访者的办公室。

在会客室等候时,不要看无关的资料或在纸上图画。接待员奉茶时,要表示谢意。

等候超过一刻钟,可向接待员询问有关情况。如受访者实在脱不开身,则留下自己的名片和相关资料,请接待员转交。

到达拜访对象门口,应先敲门(即使办公室开着门也要敲门),听到"请进"后再进入。

进门后应问候"你好"或"各位好",并点头致意、握手,不认识的要自我介绍或向接待人员递名片,如已事先约定,应提及双方约会的事,让接待者明白来意。

自我介绍后,待对方让座时,再大方稳重地坐下。座位通常由主人安排,尽量不要坐在办公人员的办公座位上,以免影响他人正常办公。坐的时候要端坐,不能露出懒散无聊的样子。当对方站立说话时,也应站立起来说话,以示尊重,站的时候不要斜靠在别人的办公桌上。

他人端茶、递水、敬烟时,要稍欠身子表示谢意。会谈交流时注意称呼、遣词用字、语速、语气、语调,嗓门不要太大,以免影响他人工作。会谈过程中,如无急事,不打电话或接电话。讲究工作场所卫生,不乱磕烟灰、乱扔烟蒂、乱吐痰。

到工作场所拜访,特别是一般性的工作访问,多数情况下不必准备什么礼物。但若是为了感谢对方单位的支持,就应准备相应的礼品,一般以锦旗、牌匾之类的礼品为宜,条件许可的话可以带一些与拜访业务相关的礼品、小纪念品,价值不可太高,有纪念意义就行。

(5) 适时告辞

到工作场所拜访,一般都是在工作时间。所以拜访时间不宜长,一般在15分钟至半小时,谈完公事,即可告辞。同时根据对方的反应和态度来确定告辞的时间和时机。说完告辞就应起身离开座位,不要久说久坐不走。

告辞时主动握手道别,也可说"拜托了"、"谢谢了"、"麻烦了"、"留步"、"再见"等礼貌用语。如办公室门原来是关闭的,出门后应轻轻把门关上。客户如要相送,应礼貌地请客户留步。

## 想想议议

**合作为何功亏一篑**

某年,国内的一家企业前往日本寻找合作伙伴。到了日本之后,通过多方努力,终于寻觅到一家具有国际声誉的日本大公司,经过长时间的商讨,双方决定先草签一个有关双边合作的协议。在中方看来,这基本上算是大功告成了。正式签协议那天,由于种种原因,中方人员到达日方公司时,已经迟到了一刻钟。当他们气喘吁吁地跑到签字大厅,日方人员已衣冠楚楚列成一行,正在恭候他们的到来。令中方人员震惊的是,日方人员见他们进来后,一言不发,只是整整齐齐、规规矩矩地给他们鞠了一个90°大躬,随后便集体退出了签字大厅,合作功亏一篑。

**想想**：此次合作为何会失败？

**议议**：进行商务拜访时应注意什么问题？由该案例你能得到什么启示？

#### 2. 宾馆拜访礼仪

如果外地客人来到本地，住在宾馆里，得知消息以后，应前去进行礼节性拜访。拜访前先约定时间，预约时必须问清宾馆的位置、楼层、房号、电话等。

到达宾馆后，应向保安或服务台人员说明来意，然后给客人打电话，见到客人后先进行自我介绍，双方证实身份后，客人请进方可进入房间。

如果是星级宾馆，一般的房间都带有会客厅，不宜进入卧室交谈。到宾馆拜访大都属于礼节性的拜访，作为东道主，对客人的到来应表示热烈地欢迎。同时关心询问客人生活、工作有何不便，需要提供什么帮助。拜访时间不宜太长，以15分钟左右为宜。到宾馆拜访，通常不必准备礼物。

若主人准备安排饭局给客人接风，则应当场告知地点、时间，并征得客人同意，到时再来宾馆接客人（也可派别人前来）。

## 知识拓展

### 拜访礼仪的21个细节错误

每一次和客户的会面，我们都要当成"只有一次机会"。比如，拜访礼仪当中就要十分注意礼仪的细节。当和客户会面时，以下的21个错误拜访礼仪是绝对要避免的。

错误1：没有为登门拜访做计划。

修正：在登门拜访前做好充分准备。

错误2：对前台无礼。

修正：彬彬有礼，友好而恭谦。

错误3：对行政人员粗鲁无礼。

修正：无论是对工作人员还是其他人，请友好并尊重他们。

错误4：和一群人一起出现。

修正：当需要让其他人也参与进来时，可考虑使用网络会议。

错误5：不注意穿着打扮。

修正：在拜访客户时要注意仪容、仪表。

错误6：假装顺道来拜访。

修正：预约会面时间，专程而来。

错误7：迟到。

修正：按预约的时间提前15分钟到达。

错误8：一开始过于商业化。

修正：微笑而友好……但不要太容易动感情。

错误9：一开始太友好。

修正：礼貌而不虚假的对待每位潜在客户。
错误10：说的比听的多。
修正：对客户表示好奇并巧妙提问。
错误11：与客户争辩。
修正：询问客户为什么这么想,然后倾听。
错误12：讨论政治或宗教。
修正：将讨论限制在业务或中性的领域。
错误13：对自己的产品高谈阔论。
修正：在推销之前,了解客户的需求。
错误14：显得轻率或讽刺。
修正：在任何时候都要注意言行举止。
错误15：缺乏必要的产品知识。
修正：确保在登门拜访之前,对目前的产品和政策有充分的了解。
错误16：忘了客户的名字。
修正：在一张小的图表中写下房间里每个人的姓名。
错误17：打听私人问题。
修正：将谈话的重点放在业务问题上,特别是客户的需求上。
错误18：接听手机。
修正：把手机关了放在公文包里。
错误19：逗留的时间太长。
修正：设定拜访的时间。
错误20：谈话偏离了主题。
修正：为此次谈话做个简短的提纲。
错误21：没有跟进。
修正：在拜访之后迅速安排后续活动。

### 4.2.4 探视、吊唁礼仪

#### 1. 探视礼仪

探视是拜访的另一种形式,当亲戚朋友因病住院时,适时探视有雪中送炭之功效,不仅能增进双方友情,体现出"患难见真情"的友谊,也能令病人得到莫大的心理安慰和情感满足。

躺在病床上的病人,除了生理上的病痛外,还常常有一种孤独感、愁闷感或恐惧感,感情脆弱,情绪多变,往往比平时更渴望一份温情。这时,作为亲朋好友,去医院探望时,就更要注意自己的言行。如果方法得当,会增添病人战胜病魔的勇气,心中重新燃起生活的热情；如果处理不好,结果则截然相反,成了好心办坏事。

探视前需了解患者情况和医院情况。首先要了解得的是什么病、严重程度、治疗情况、病人目前的心理状态。如果病人得的是传染性疾病,医院一般禁止探视,应采用其他方式,如,写信等表示关心；如果病人正急救或手术不久,贸然前往,让病人不能很好的休息,也是不好的。其次,了解医院允许探视的时间、院规等,以免吃"闭门羹"或影响病人的治疗和休息。

探望病人是一种特殊的社交活动,言谈举止应谨慎得当。进屋时敲门,让病人感受到你的尊重。同时,病人也可在探病者进来之前整理一番衣冠、盖好被子。

探病时穿着要日常化,不可过于华丽。进病房时,脚步要轻,神态平和,切忌大惊小怪,以免给病人增加心理压力。到病床前,可主动与病人握手,这是无声胜有声的安慰。尽可能挨床坐下,表情自然、亲切,与病人保持平视状态而避免居高临下地俯视,不要离病人远远地站着,眼睛东张西望,让人怀疑你的诚意。

根据病人的个人情况,特别是生病的类型选择适宜病人的礼物,如鲜花、果篮或营养品等。一束清香淡雅的鲜花,既高雅又实惠,很适合作为探视病人的礼物,当然也要看对象,老人、家境贫寒的农村病人及病因与过敏有关的病人,如哮喘病等就不宜送鲜花。对于长期卧床的病人,除了鲜花、食品外,还可带些供消遣的书籍、画册等。

了解病人治疗情况以及目前身体情况,关心治疗进展和身体康复问题,进行必要的安慰和劝解,带去单位的关怀,谈谈单位和同事的近况,转达有关人员的问候,讲述一些简单新闻性事件,让病人从孤独、愁闷情绪中解脱出来。交谈中应该始终让病人处于主导地位,让病人或者病人家属多谈,不要自己夸夸其谈。要乐观、有分寸地鼓励、宽慰病人,安慰病人家属,不可提及使病人不愉快或打击病人自信心的话题。对身患严重疾病的病人,应和医生、护士、病人家属一起向病人隐瞒实情,和他们的口径保持一致。

探视时间不宜太长,一般以 15～30 分钟为宜。时间太长,会影响病人的休息;时间太短,不能表达对被探望病人及其家属的诚意。如果是探望挚友,时间可稍长些。如果探望同时又有其他探望者前来探望同一病人,病房拥挤,那么探望时间可以稍微短一些。告别时,应谢绝病人送行,还要询问病人有何事相托,并希望病人好好养病,早日康复。

## 知识拓展

**探视病人送礼小百科**

**1. 探望病人宜送的食品如下**

探视高血压、冠心病、胆囊炎、肾炎和高烧病人,宜带含有维生素的清淡食品,如新鲜水果、水果罐头和果汁等。

探望糖尿病人、水肿病人,可以送含蛋白质高的食品,如奶制品、蛋类、肉松等。

探望气管炎、肺气肿、肺结核等病人,可送有补养、润肺、止咳功能的核桃、蜂蜜、银耳和梨等。

探望贫血病人、孕妇、产妇等,宜带有营养价值、补血的红糖、鸡蛋、鲜虾、奶制品和豆制品等。

探望胃肠道疾病的病人,宜带容易消化的麦乳精、果汁等。

探望肿瘤病人宜送香菇、人参和水果等。

**2. 探视病人不宜送的食品如下**

对肾炎病人,不宜送含动物蛋白质的食物,如肉、鱼、蛋等。

对糖尿病病人,不能送各种糖果、甜点心、水果等含糖食品。
对胃病和十二指肠病人,不宜送奶油蛋糕、橘子汁、杨梅露等食品。
对痢疾、肠炎病人,不宜送香蕉、蜂蜜、奶油蛋糕和核桃等食品。
对胆囊炎、胆石症病人,不宜送油炸和含油量较高的食品。

### 2. 吊唁礼仪

吊唁是对亲友、组织内部职工或外部紧密客户的逝世表示沉痛哀悼而给予真诚的关怀和慰问的形式。主要礼仪有送花圈和挽联,参加追悼会或遗体告别仪式。

参加追悼会时,服饰打扮要与吊唁气氛相适应。不管男士女士最好穿黑色或深色衣服,衣着素雅庄重,佩戴黑纱或白花。服饰忌艳丽,不要化浓妆和佩戴饰物。

在追悼会进行时,要静心听取他人对死者的悼念之词,要按程序和要求向死者鞠躬施礼、向遗体告别等,表情要严肃、悲痛,三五成群谈笑风生、施礼时东张西望、中途早退都极不礼貌。

对死者的家属要予以安慰,劝他们节哀、保重,如果有困难要尽力帮助解决。如与死者生前关系密切还应主动帮助死者亲属料理后事,以寄悲情。

## 4.3 接待礼仪

### 4.3.1 接待礼仪概述

接待是指个人或单位以主人的身份招待有关人员,以达到某种目的的社会交往方式。接待是社会组织与外界沟通联系的第一环节,接待工作的好坏直接影响组织的形象以及组织与公众的关系。接待和拜访一样,都可以起到增进联系、提高工作效率、交流感情、沟通信息的作用,高朋满座、宾客如云是事业蓬勃、人情练达的标志,而这些都与接待礼仪分不开。接待是一项细致而重要的工作,包括迎客、待客、送客三个环节。

#### 1. 接待的原则

(1) 注意身份对等

身份对等是指作为主人,在接待客户、客商、协作伙伴等客人时,根据对方的身份、来访的性质以及双方之间的关系,确定与来宾的身份大体相当的人员出面迎送来宾、参与礼节性会晤或正式谈判及宴请等活动。身份对等是商务礼仪的基本原则之一,以使来宾得到与其身份相称的礼遇,从而促进双方关系的稳定、融洽发展。

(2) 讲究礼宾次序

礼宾次序又称礼宾序列,是指同时接待来自不同国家、不同地区、不同团体、不同单位、不同部门、不同身份的多方来宾时,接待方依照约定俗成的方式,对其尊卑、先后的顺序或位次所进行的具体排列。合理的礼宾次序是主方对客方的一种礼遇,是尊重与平等的表示。

## 知识拓展

### 礼宾次序与位次礼仪

#### 一、不对等关系的礼宾次序

有些公关活动,如一些庆典、纪念等活动中的主席台座次,以及行走、坐车的前后左右等,是必须明确按照地位的高低、职位的上下、关系的亲疏、年龄的长幼等来排列的。

**1. 位次尊卑的一般规则**

位次是社交活动中人们各自所处位置的尊卑关系,其尊卑是约定俗成的规范。

以右为上(遵循国际惯例);居中为上(中央高于两侧);前排为上(适用所有场合);以远为上(远离房门为上);面门为上(良好视野为上)。

尊位、高位的具体确立标准还要根据活动目的、内容以及主人的价值取向和客观需要等来决定。例如,政治、行政活动可以职位为标准,经济活动可以实力为依据,纪念性活动可以长幼来判断,等等。

**2. 乘车的位次**

如果由驾驶员开车,则按汽车前进方向,后排右座为尊位(即司机对角线位置),中座次之,再就是左侧,前排司机旁(因此,按惯例,在社交场合,该座位不宜请妇女或儿童就座)。助手、接待或陪同要坐在副驾驶位置。如果是主人亲自驾车,则副座是尊位,应由主宾坐。另外,主人驾车时,如果女主人也在车上,那么主人旁边的位置应该是女主人坐,客人坐在后排右座;若中途女主人下车,那么客人可换到前排右座。三排座的轿车,最后一排是上座,中间一排次之,前排最后,这个礼仪规范在西方非常普及,也正流行于中国的城市。它的产生可能主要缘于安全的考虑。乘坐轿车时,按照惯例,应该恭请尊者首先上车,最后下车。位卑者则应最后登车,最先下车。

**3. 行进中的位次**

(1) 行走。两人并行,以右为尊;两人前后行,前者为尊;三人并行,中者为尊,右边次之,左边最后;三人前后行,前者为尊。

(2) 上下楼梯。上楼梯前者为尊,下楼梯特别是楼梯较陡时,尊者在一人之后。

(3) 乘电梯。垂直移动电梯,陪同人员应该先进后出,按住电梯内的开关钮,等客人都进入了再关上电梯;一般来说,进入电梯后,面向电梯,左边靠里的位置可以看作尊位,但这点并不是很严格的。平面移动电梯,要求单行行进,一般以本国的行进方式为主站立,如在中国我们就应该靠右站立,不能几人并列,电梯的另一边作为紧急通道,方便他人行走。

#### 二、对等关系的礼宾次序

如果礼仪活动的双方或多方的关系是对等的,则可参考以下两种排列方法。

**1. 按汉字的姓氏笔画排列**

如果是国内的礼仪活动,参与者的姓名或所在单位名称是汉字的,可以采用这种方法,以示各方的关系平等。具体排法如下:按个人姓名或姓名名称第一个字的笔画多少,依次按由少到多的次序排列。例如,当参加者有张姓、丁姓、田姓时,其排列顺序就是丁、田、张。当两者第一字的笔画数相等时,按第一笔的笔顺——点、横、竖、撇、捺、弯勾的先后顺序排列。例如,参加者中有张、李二姓时,两姓笔画相同,则根据笔顺,李姓应排在张姓前面。当第一笔笔顺相同时,可依第二笔,以此类推。当两者的第一个字完全相同时,则用第二字进行排列,以此类推。

**2. 按字母顺序排列**

在涉外活动中,要将参加者的组织或个人按英文或其他语言的字母顺序排列。具体方法:先按第一个字母进行排列;当第一个字母相同时,则依第二个字母的先后顺序排列;当第二个字母也相同时,则依第三个字母的先后顺序,以此类推。

**3.** 按先来后到顺序排列(非正式交往场合)或按报到早晚顺序排列(各种例会、招商会、展示会等)

(3) 热情周到,宾至如归

礼貌待客是中华民族的传统美德,"来者是客",来访者无论身份如何、目的如何都应热情接待。这不仅涉及企业形象问题,同时对工作能否顺利开展也有很大影响。良好的待客之礼,既能使客人感到亲切、自然、有面子,也显得主人有礼、有情。切不可让客人坐"冷板凳",或以貌取人,言词不周。

### 4.3.2 迎客礼仪

**1. 迎客准备**

(1) 了解客人基本情况

接到来客通知时,首先要了解客人的单位、姓名、性别、职业、级别(职务)、人数等。其次要掌握客人的意图、了解客人的目的和要求以及在住宿和日程安排上的打算。第三要了解客人到达的日期、时间、所乘车次、航班等情况。然后将上述情况及时向主管人员汇报,并通知有关部门和人员做好接待的各项准备工作。

(2) 确定接待规格

根据来宾的身份、地位、规格及本单位的具体情况确定接待规格。接待规格是指接待工作的具体标准。它不仅事关接待工作的档次,而且被视为与对来宾的重视程度直接相关。接待规格体现在三个方面:一是接待费用支出的多少;二是接待方主要人员身份的高低;三是接待规模的大小。一般按照对等接待的规格安排接待人员,即主要陪同人员与主要来宾的职位相当。对较重要的客人,可安排身份相当、专业对口的人士出面迎接。也可根据特殊需要或关系程度,安排比客人身份高的人士破格接待。

(3) 布置接待环境

良好的环境是对来宾尊重与礼貌的表示。接待场所即会客室的布置应本着整洁、美观、方便的原则,适当点缀一些花卉、盆景、字画。在客人到达前,准备好香烟、水果、茶点等待客物品,让客人感受到你的热情。如果是商业或其他的公务会谈,还要准备一些文具用品和可能用得上的相关资料,以便使用和咨询。

(4) 做好迎宾安排

如果是带车来访,那么就在自家门口做好准备即可;如果是乘坐汽车、火车、飞机、轮船而来,接待人员应提前赶往机场、码头或车站,做好接站的准备。若对所迎的客人不熟,还需准备迎宾牌,写上"欢迎×××先生(女士)"及本单位的名称。若有需要,还可准备鲜花等。在客人抵达前预先安排好食宿,根据客人的民族习俗、身份及要求,本着交通便利、吃住方便的原则,制定具体安排计划。要注意食宿环境的整洁、安静,以及房间设备是否齐备,服务质量是否满意等。

**2. 迎客过程**

(1) 迎接问候

接待人员要仪表整洁,保持头发特别是手部干净,因为手部的肢体语言仅次于脸部,与人握手,呈递公文,一伸手让人觉得健康干净,才会心情愉快。女性接待员要施淡妆,给人的感觉会比较隆重、正式。

如果有两个以上的人前去接站,当客人主动介绍身份后,一般由身份最高的人率先向客人伸手握手表示欢迎和问候,同时由其他迎接人员向客人介绍迎接者的身份。见到客人时要说"欢迎您的到来"、"欢迎您指导工作"、"欢迎光临"、"一路辛苦了"之类的话问候对方。

在上车时,迎接人员应为客人在右边开启车门,客人上车后随之关好车门,自己再绕道左边上车。下车时,迎接人员抢先下车,为客人开车门。在车上,称职的主人应向客人介绍此次访问的日程安排,同时还可以介绍一些当地的风俗、气候、旅游景点、特产等客人比较感兴趣的内容。

(2) 安排食宿

客人抵达后,如果没有特别的安排,应先将客人送往住处(对于远道而来的客人一般不宜立刻安排活动)。到达住宿地点后,帮助客人办理好住宿登记手续,并把客人领进房间,同时向客人介绍住处的各项服务和有关设施,让客人有宾至如归的感觉。帮助客人安顿妥后,一般不应久留,应及时告辞,以便让客人得到及时的休息,解除旅途疲劳。

把就餐地点、时间告诉客人,并留下彼此的联系方式,以便随时联系。客人食宿安排就绪后,对一般客人可由接待人员出面协调活动日程。对重要客人,应由领导出面进一步了解客人的意图和要求,共同协商活动的具体日程。最后根据确定的活动内容、方式等印发活动日程,并分发至每一个客人手中。

## 礼仪佳话

### 周公吐哺,天下归心

周公是西周时期的著名政治家。他说:"吾,文王之子,武王之弟,成王之叔父也;又相天下,吾于天下亦不轻矣。然吾一沐三握发,一饭三吐哺,犹恐失天下之士。"位高权重的周公唯恐怠慢客人,曾三次中断洗浴,在吃饭时三次将来不及咽下的食物吐出来,立即出去迎客。周公堪称礼贤下士的待客典范,留下了"周公吐哺,天下归心"的千古佳话。

**分析提示:** 待人以诚、待人以礼。在我国早有许多千古佳话,三国时蜀国大将赵子龙浴血长坂坡单骑救回少主,刘备捧起襁褓中的儿子往地上摔,使赵子龙感激一生;三顾茅庐,更让诸葛亮为蜀国鞠躬尽瘁。所有这些都值得我们深思。

### 4.3.3 待客礼仪

**1. 迎接**

"出迎三步,身送七步"是我国迎送客人的传统礼仪。客人在约定的时间到达,主人应提前去迎接。如果是在家中接待朋友,最好是夫妻一同出门迎接客人的到来。迎客时着装要整齐、得体,女主人还可化淡妆,以示对客人的尊重。见到客人,主人应热情地打招呼,主动伸出手相握,以示欢迎,同时要说"您路上辛苦了"、"欢迎光临"、"您好"等寒暄语。如客人提有重物应主动接过来,但不要帮着客人拿手提包或公文包。对长者或身体不太好的客人应上前搀扶,以示关心。

**2. 让座、介绍与陪访**

客人进门后,热情招呼客人入座,如果是长者、上级或平辈,应请其坐上座;如果是晚辈或下属则请随便坐。如果客人是第一次来访,应该首先互致问候并介绍。

在接待陪访时,有时要给对方指示方向或引导就座位置,规范而优美的引导姿势很重要。正确做法是:掌心向上,五指自然并拢,前臂自然上抬伸直,上体稍向前倾,面带微笑,眼睛看着目标方向并兼顾对方是否意会到目标。引领过程中,陪同人员应走在宾客的左前方,并超前两步左右,时时注意引导,遇到进出门、拐弯或上下楼梯时,应伸手示意并语言提示。

**3. 敬茶**

为客人敬茶是待客礼仪的重要内容。客人坐定后,接待人员应为客人送上茶、咖啡等饮料。为客人端茶时,一般不直接端到客人的手中,而应双手捧上放在客人座位旁的茶几或桌上。茶杯要轻放,不要莽撞,以免茶水泼洒出来,同时不要斟得太满(中国人的待客之道是浅茶满酒)。斟茶要适时,客人谈兴正浓时,莫频频斟茶。客人停留时间较长,茶水过淡,要重新添加茶叶冲泡,重泡时最好用同一种茶叶。

**4. 谈话**

谈话是待客过程中一项非常重要的内容,关系着接待的成败。首先,接待谈话应该使用标准的普通话。规范的语音能大大提升自身及单位的形象。其次,谈话要紧扣主题。拜访者和接待者会谈是有目的的,因此谈话要围绕主题。如果是陪访,或者朋友之间的交流,要找双方都感兴趣的话题。再次,与客人交谈应有所顾忌。谈话内容不可粗俗;语气要谦虚诚恳;气氛要和谐融洽,不可与客人争辩。

接待过程中,要善于倾听客人的谈话,在客人讲话过程中,正视对方,适时地以点头表示尊重,不要表现得心不在焉。在接待客人时,不停地接听电话、打断对方讲话都是不礼貌的行为,要尽量避免。如有重要电话,应先向客人说"对不起",在得到客人谅解后再接听,且要长话短说。

交谈过程中,不要随意打断、驳斥对方,也不要轻易许诺。不同意对方的观点,要克制情绪,委婉地表达自己的意见。意见一致时也不要喜形于色。同时能马上答复或解决的事不要故意拖延时间,暂不能解决的,应告诉对方一个解决方案,约定一下时间再联系。

### 4.3.4 送客礼仪

送客是接待的最后一个环节,做得好能给客人留下美好的印象和久远的回味,对日后的交往和友情很有益处。但如果处理不好将影响到整个接待工作的效果。送客,重在送出一份友情。

#### 1. 婉言相留

无论是接待什么样的客人,当客人准备告辞时,一般应婉言相留,这虽然是客套辞令,但也必不可少。主人要在客人起身后再起身,客人伸手后再伸手握别。如果是在家里接待客人,家人也应微笑起立,亲切告别。最后还要用热情友好的语言欢迎客人下次再来。

#### 2. 赠送纪念品

作为接待方,一般选择客人即将动身离别时赠送纪念品。纪念品要价廉物美,一般选择当地特产为佳。

#### 3. 送客有道

在来宾临上飞机、轮船或火车之前,送行人员应按一定顺序同来宾一一握手话别,祝愿客人旅途平安,欢迎再次光临。飞机起飞或轮船、火车开动之后,送行人员应向来宾挥手致意,直至飞机、轮船或火车在视野里消失,送行人员方可离去。

在家里或者办公室送客时,客人离开后,应将房门轻轻关上,切不可使其发出"砰"的声响,否则会显得很无礼。

## 想想议议

### 小张错在哪里

小张大学毕业后在扬州昌盛玩具厂工作。中秋前两天接到办公室陈主任的通知:明天下午3:00上海华强贸易有限公司的刘君副总经理将到本市,你负责接待工作。该公司是昌盛玩具厂的重要客户,这次来访的主要目的是了解昌盛玩具厂是否有能力、有技术在60天内完成美国的一批圣诞玩具订单。昌盛玩具厂很希望拿到这笔利润丰厚的订单,李厂长将亲自去车站接站。小张接到任务后,征得李厂长同意在一个四星级宾馆预订了房间,安排厂里最好的一辆车去接刘副总经理。

第二天上午,小张忙着布置会议室、通知花木公司送绿色植物、准备欢迎条幅、购买水果,一直忙到下午2:30。当穿着休闲服的小张和李厂长赶到车站时,刘副总经理已经等了十多分钟。李厂长和小张不断的表示抱歉,并请刘副总经理上车。上车时,小张拉开车前门请刘副总经理说:"这里视线好,你可以看看我们扬州的市貌。"随后又拉开右后门请李厂长入座,自己急忙从车前绕道左后门上了车。车到达宾馆后,小张推开车门直奔总台,询问房间预订情况,并为刘副总经理办入住手续,刘副总经理提行李跟过来。小张将刘副总经理送到房间后,李厂长与刘副总经理商量着第二天的安排,小张在房间里转来转去,看是否有不当之处。片刻后,李厂长告辞,临走前告知刘副总经理晚上6:00接他到扬州一家著名的餐馆吃晚饭。

小张随李厂长出来后,受到李厂长的批评,说小张经验不够。小张觉得很冤枉,自己这么卖力,又是哪里出错了?

想一想:小张错在哪里?

议一议:接待的礼仪规范。

## 4.4 馈赠礼仪

馈赠就是指人们为了向他人表达自己的情意,而将某种物品不求报偿、毫无代价地送给对方。馈赠也叫做赠送。"礼品是人际交往的通行证",馈赠是社交活动中不可缺少的重要内容。随着交际活动的日益频繁,馈赠礼品因为能起到联络感情、加深友谊、促进交往的作用,越来越受到人们的重视。

### 礼仪佳话

**千里送鹅毛,礼轻情意重**

"千里送鹅毛"的故事发生在唐朝。当时,云南一少数民族的首领为表示对唐王朝的拥戴,派特使缅伯高向太宗贡献天鹅。

路过沔阳河时,好心的缅伯高把天鹅从笼子里放出来,想给它洗个澡。不料,天鹅展翅飞向了高空。缅伯高忙伸手去捉,只扯得几根鹅毛。缅伯高急得顿足捶胸,号啕大哭。随从们劝他说:"已经飞走了,哭也没有用,还是想想补救的方法吧。"缅伯高一想,也只能如此了。

到了长安,缅伯高拜见唐太宗,并献上礼物。唐太宗见是一个精致的绸缎小包,便令人打开,一看是几根鹅毛和一首小诗。诗曰:"天鹅贡唐朝,山高路途遥。沔阳河失宝,倒地哭号啕。上复圣天子,可饶缅伯高。礼轻情意重,千里送鹅毛。"唐太宗莫名其妙,缅伯高随即讲出事情原委。唐太宗连声说:"难能可贵!难能可贵!千里送鹅毛,礼轻情意重!"

### 4.4.1 送礼

**1. 礼品的选择**

送礼要送人家喜欢的、需要的东西,讲究恰到好处、恰如其分。最好的礼物是能让对方收到最意外的惊喜的礼物。选择礼物时要注意3点。

(1) 受礼人的特点及爱好

所谓"宝剑赠侠士,红粉送佳人",馈送礼品时要尽可能考虑受礼人的喜好,"投其所好"是赠送礼品最基本的原则。

① 要根据双方不同的关系。选择赠送的礼品时,要区分是公务交往还是私人应酬;是亲朋还是老友;是同性还是异性;是中国人还是外国人;是商务往来还是文化交流等,不同的

关系要选择不同的礼品。

② 要根据对方的兴趣爱好,投其所好。选择礼品,要站在受赠者的立场为受赠者考虑。如果礼品适合受赠者的兴趣和爱好,它的作用就会倍增;否则会成为包袱,留之无用,弃之可惜,让人头疼。例如,精美的名片夹可以送给工作上的合作伙伴;本地制造的特色产品可以送赠外宾。一般说来,对家贫者,以实惠为佳;对富裕者,以精巧为佳;对恋人、爱人、情人,以纪念性为佳;对朋友,以趣味性为佳;对老人,以实用为佳;对孩子,以启智新颖为佳;对外宾,以特色为佳。

③ 要根据不同的目的。是用于迎接客人,还是告别送行;是慰问看望,还是祝贺感谢;是节假良辰,还是婚丧喜庆等。目的不同,用途不同,选择的礼品也大不相同。

(2) 以情相伴

俗话说"千里送鹅毛,礼轻情意重",这就告诉人们送礼的心意重于礼物本身的价值。送礼是为了表达一种情感,所以要讲真情。因此,在选择礼品时,不能只着眼于礼品的价值(有时送太贵重的礼品反而会使受礼者不安),而更要着眼于礼品所代表的情感和心意。

(3) 尊重禁忌

礼品选择不当是馈赠礼品的最大禁忌。送礼不当,不如不送。

① 要尊重由于风俗习惯、民族差异和宗教信仰等形成的禁忌。如台湾人不以扇子为礼物;日本人禁送梳子;英国人禁赠百合花等。

② 要尊重个人禁忌。

③ 要遵守国家的有关规定,不能选择违法、违规的物品作为礼品。

④ 要考虑社会时尚及自身经济能力。

选择礼品时既要考虑礼品的质,还要考虑礼品的量(数量)。中国有"好事成双"的说法,因而凡是大贺大喜之事,所送之礼,均好双忌单。但广东人则忌讳"4"这个偶数,因为在广东话中,"4"听起来就像是"死",是不吉利的。给美国人送东西则要送单数。

**2. 馈赠的时机与场合**

馈赠的时机是指送礼的时间与机会。礼尚往来作为一种人际交往的方式,除了用来向对方表达友情外,还可以用来平衡双方之间的互惠关系。送礼时机要视实际情况灵活掌握,通常有以下两种情况:一是需要向对方表达自己的友情时;二是需要对对方曾给予的恩惠进行回报时。归纳起来,主要有以下几种时机。

① 节假良辰。如春节、中秋节等。

② 喜庆嫁娶、乔迁新居、晋升、获奖、过生日、生小孩、庆祝寿诞、结婚等。

③ 探视病人。

④ 亲友远行。

⑤ 拜访、做客。

⑥ 酬谢他人。当在生活或工作中遇到困难得到别人的帮助时,可送些礼品回报感恩。

赠礼的场合可以是公开场合,也可以是在私下场合,这主要看礼品的性质。如果赠送的礼品是实用价值不高却有某种象征意义的东西,不妨在公开场合赠送。如一束鲜花、一张贺卡等礼品。如果赠送的礼品是食品或其他实用品,即使是送亲朋好友,也不宜在公开场合相赠,这容易引起旁人的误解,让人感觉有贿赂的嫌疑,使收礼者的形象受损,并可能招致他人

## 第4章 交往礼仪

的反感。

### 3. 馈赠的方式

选择一件满意的礼品,仅仅是馈赠活动的开始。如何把礼品合乎礼仪地赠送给对方,是整个馈赠行为取得成功不可缺少的重要环节。

(1) 精心包装

包装是礼品的外衣,精美的包装是礼品的组成部分,它使礼品外观更具有艺术性和高雅情调。通过包装,可以反映出送礼者的情趣和心意,也可给人一种神秘感。不重视包装,不仅会导致礼品本身的贬值,甚至使受礼人有被对方轻视的感觉。在国际交往中尤其要加以注意。

礼品包装完毕后,应贴上写有自己祝词和签名的缎带或彩色卡片,表达自己的情感和诚意。

(2) 馈赠时的言行

送礼时要注意态度、动作和语言表达。平和友善、落落大方的动作并伴以礼节性的语言表达,才是受礼方乐于接受的。送礼者一般应站着双手把礼品递送到主人的手中,并说上一句得体的话,如"感谢帮助"、"略表寸心"。送礼时的寒暄一般应与送礼的目的吻合,例如,送生日礼物时说一句"祝你生日快乐",送结婚礼物时说一句"祝二位百年好合"等。

在对所赠送的礼品进行介绍时,应该强调的是自己对受赠一方所怀有的好感与情义,而不是强调礼物的实际价值;否则,就落入了重礼而轻义的地步,甚至会使对方有一种接受贿赂的感觉。

(3) 馈赠的几种技巧

送礼之所以称为艺术,关键是一个"送"字。这是整个礼物馈赠的最后一环。送得好,方法得当,会皆大欢喜;送得不好,受礼者不愿接受或严词拒绝,或婉言推却,或事后退回,会令送礼者十分尴尬。怎样才能更好地送出礼呢?关键在于借口找得好不好,送礼的说道圆不圆。

常见的送礼技巧有以下几种。

① 借花献佛。如果送土特产品,可以说是老家来人捎来的,分一些给对方尝尝鲜,东西不多,自己又没花钱,这种情况下,受礼者收下礼物的可能性比较大。

② 暗度陈仓。如果送的是酒一类的东西,不妨假借说是别人送你的两瓶酒,来和对方对饮共酌。这样喝一瓶送一瓶,礼送了,关系也近了,还不露痕迹,岂不妙。

③ 借马引路。有时想送礼给人而又与对方八竿子拉不上关系,此时不妨选送礼者的生、诞、婚日,邀上几位熟人同去送礼祝贺,那样受礼者便不好拒收了。这样借助大家的力量达到送礼联谊的目的,实为上策。

④ 移花接木。例如,张先生有事要托刘先生去办,想送点礼物疏通一下,又怕刘先生拒绝,驳了自己的面子。张先生的太太与刘先生的女朋友很熟,张先生便用起了夫人外交,让夫人带着礼物去拜访,一举成功,礼也收了,事也办了,两全其美。其实有时直接出击不如迂回运动能收奇效。

⑤ 先说是借。若送的是物,不妨说这东西在家摆着也是摆着,先拿去用,日后买了再还;若送的是钱,可以说拿些先花,以后有了再还。这样可减少受礼者的心理负担,送礼目

的就达到了。

⑥ 借鸡生蛋。例如，一位下属受上司恩惠颇多，一直想回报，但苦无机会。一天，他偶然发现上司红木镜框中镶的字画感觉是一幅拓片，跟家里雅致的陈设不太协调。正好，他的叔父是全国小有名气的书法家，手头还有他赠送的字画。他马上把字画拿来，主动放到镜框里，上司不但没有反对，反而十分喜爱，送礼的目的终于达到了。

## 知识拓展

**赠礼的5W原则**

1. who,送给谁。不要犯了对方的禁忌。

2. what,送什么。一般有几个准则——时尚性(时效性)、独特性(人无我有,人有我优,人优我新。新,包括款式、功能)、便携性。

3. where,在什么地方送。公务交往的礼品,一般在办公地点送；私交礼品,应该在私人地方。

4. when,在什么时间送。赠送礼品宜掌握时机,选择恰当的时机,可以使馈赠礼品显得自然亲切,如节日、纪念日。拜访别人时该见面之初拿出礼品,这叫登门有礼,对主人表示尊重、重视和互动。主人呢,一般在客人告辞时送礼,外地客人临行前送,本地客人告辞时送。公务礼品一般是主管领导会见对方或者告别宴会送。

5. how,如何送。但凡有可能,须亲自赠送,即使是主管领导也要亲自送,别叫秘书代劳。送给外宾一般还需包装。

### 4.4.2 回(还)礼

"来而不往,非礼也",在人际交往中,要讲究礼尚往来。虽然送人礼物,不应存有指望人回报的心理,但接受他人礼品之后,应铭记在心,在适当的时刻,以适当的方式,向对方回赠礼品,这才是合乎礼仪的。

依照社交礼仪的规范,回(还)礼时,重点要注意把握好回礼的时间和回礼的形式这两个问题。

**1. 回(还)礼的时间**

选择回(还)礼的时间,要讲"后会有期"。其最佳的选择有三：一是适逢与对方馈赠自己的相同的机会还礼。二是在对方及其家人的某一喜庆活动中还礼。三是在此后登门拜访之时还礼。若是还礼过早,好似"等价交换",又好比"划清界限",会使自己显得浅薄庸俗。但要是拖延过久,遥遥无期,则又跟无此打算没有什么不同。

**2. 回(还)礼的形式**

① 与对方相赠之物的同类物品作为还礼。
② 与对方相赠之物价格大体相同的物品作为还礼。

③ 以某种意在向对方表示尊重的方式来代替还礼,如在受礼之后,在口头上或书面上向对方致谢。

④ 在再见对方之时,使用对方的赠礼,以示不忘等。

### 4.4.3 礼品的接受与拒绝

#### 1. 接受礼仪

受赠者要充分认识到对方赠礼行为的郑重和友善,只要不是违法、违规的物品,最好欣然接受。接受礼物时要从容大方、友善温和、神态自然,既要表现出感谢之意,又不能显得过分喜出望外,尤其不能出现送礼前冷,送礼后热的骤变。一般应起身相迎,双手接礼,然后抽出右手主动与对方热情握手,表示感谢。一般情况下不推来推去,若推了半天受礼者又将礼品收下,则会让人觉得虚伪。

接受的礼品,最好不要当着客人的面打开,那会给人一种看重礼物看轻心意的感觉。但是,对于受赠的鲜花,则要在接过之后捧在胸前稍稍闻其香,然后装花瓶摆放。不能倒拎着或转送他人。

#### 2. 拒收礼仪

送礼是一种有目的的交际行为,或为表达友情,或想求人办事等,受赠者对此应该心中有数。以下几种情况应拒绝接受礼品:并不熟悉的人送极其昂贵的礼品;隐含着可能使你发生违法乱纪行为的礼品;感觉接受后会受到对方控制的礼品。

一般情况下,拒收礼品应当场进行,最好不要接受后再退还。当看到对方赠送的礼品不能收时,一是应该对对方的心意表示感谢;二是要坦率地或者委婉地讲明不能接受的原因和理由,将礼品当场退还。

如果确因一些原因很难当场退还,也可以采取收下再退回的办法。退还礼品时,一是要及时,最好在24小时之内将礼品退还本人;二是要保证礼品的完整,不要拆启封口后再退还或者试用过之后再退还。

在退回对方转赠的礼品时,也要讲究策略。请人送回时,最好附上:"谢谢,心领了!"等字样的小条子或小信函。但对于贿赂性礼品,应严词拒绝,不必拘泥于礼节。

### 4.4.4 送花礼仪

古今中外,鲜花都受到人们的赞颂和喜爱。正式活动中,向贵宾赠送鲜花是必不可少的礼节。赠送鲜花,已成为一种特殊的馈赠形式和一种时尚。在人际交往中,人们普遍认为鲜花最有品味和境界,最高雅脱俗、温馨浪漫,也最有把握获得成功。

#### 1. 花语(花的寓意)

花语是指人们用花来代表语言,表达人的某种感情与愿望,在一定历史条件下形成的,为一定范围人群所公认的信息交流形式。花语是构成花卉文化的核心,在花卉交流中,花语无声胜有声。送花要懂花语,才会做得更得体。

## 知识拓展

### 花语的起源

花语最早起源于古希腊,那个时候不止是花,叶子、果树都有一定的含义。在希腊神话里记载过爱神出生时创造了玫瑰的故事,玫瑰从那个时代起就成为了爱情的代名词。

花语真正盛行是在法国皇室时期,贵族们将民间有关花卉的资料整理编档,里面就包含有花语的信息。这样的信息在宫廷后期的园林建筑中得到了完美的体现。

大众对于花语的接受是在19世纪左右,那时的社会还很保守,在大庭广众下表达爱意是难为情的事情,所以恋人间赠送的花卉就成为了爱情的信使。

随着时代的发展,花卉成为了社交的一种赠与品,更加完善的表达了赠送者的意图。

(1) 我国常见的花语

牡丹——雍容、华贵;菊花——高洁、长寿;红玫瑰——我爱你;兰花——典雅、高洁;水仙——秀丽、脱俗;桂花——美好、吉祥;桃花——美好、活力;荷花——纯洁、清高;紫荆——兄弟和睦;康乃馨——温馨、母爱;木棉——英雄豪情;梅花——坚贞不屈;万年青——友谊长存;百合花——圣洁、幸福;马蹄莲——聪敏。

(2) 西方花语

刺玫瑰——优美;白百合——纯洁;红茶花——天生丽质;野葡萄——慈善;紫藤——欢迎;薄荷——有德;杜鹃——节制;鸡冠花——爱情;大丽花——不诚实;万寿菊——嫉妒、悲哀;白丁香——念我;四叶丁香——属于我;红郁金香——宣布爱情;红康乃馨——伤心;野丁香——谦逊;柠檬——挚爱;水仙——尊敬、自爱;白菊花——悲伤;兰花——热情;百合花——庄重、尊敬;石竹——奔放、幻想;牡丹——拘谨、害羞。

(3) 世界上主要国家的国花

美国、英国国花——玫瑰;意大利国花——雏菊;法国国花——鸢尾花;德国国花——矢车菊;俄罗斯、秘鲁国花——向日葵;新加坡国花——万代兰;日本国花——樱花;智利国花——百合花;西班牙国花——石榴;埃及、泰国、孟加拉国花——睡莲;荷兰、土耳其、匈牙利、伊朗、新西兰国花——郁金香;韩国国花——木槿花;巴西国花——毛蟹爪莲;澳大利亚国花——金合欢花;比利时国花——虞美人;墨西哥国花——仙人掌;阿根廷国花——木棉花;菲律宾、印度尼西亚、巴基斯坦、巴拉圭、突尼斯国花——茉莉花;印度国花——荷花。

### 2. 送花礼仪

送花一般应送鲜花,也可以送绢花,但不能送塑料做的假花。鲜花象征着美好、吉祥、幸福、友谊,赠送鲜花要特别注重礼仪。送花可以送花束、花篮、盆花、插花和花环。在一般场合送花束,如探慰病人、拜会朋友、参加宴会等。在比较重大或正式的场合下,如对方开业典礼、庆祝仪式等,可以送花篮,以示隆重。

送花可以是自己亲自送,也可以是请花店代送,附上口授花店代笔的贺信或贺卡。

### 3. 送花的禁忌

由于同一种花在不同的国家、民族往往会被赋予大不相同的寓意,所以在送花时,必须要了解和注意交往对象的民俗寓意,不能弄巧成拙。我们可以从花的品种、色彩、数量三个方面注意送花的禁忌。

(1) 花的品种

中国人喜欢荷花,是因为其"出淤泥而不染,濯清涟而不妖"的高贵品质。可是日本人忌荷花,认为荷花同死亡相连。

中国人喜欢菊花,但是菊花绝不能送给西方人。在西方不少国家,菊花寓意死亡,只能在丧葬活动中使用。

在一些西方人眼里,白百合花和大丽花只能在丧礼上用,平时是不能送人的;石竹花有招致不幸的意思;红玫瑰只能是恋人和情人的专利。

在广东、海南、港澳地区,金桔、桃花表示"吉"、"红火"的意思,而梅花、茉莉和牡丹花却表示"霉运"、"失业"的意思。

(2) 花的色彩

中国人喜欢红色,认为红色大吉大利。新人结婚时,大红"喜"字、红色鲜花、红色的衣服和环境布置。而在西方人眼里,白色象征着纯洁无瑕,新人的衣裙、鲜花都选用白色。

在西方国家,送黄色的花意味着变节、不忠诚或者分道扬镳;送纯红色的花儿则意味着向对方求爱。

(3) 花的数量

在中国,喜庆活动中送花要送双数,意味着"好事成双"。而在丧葬仪式上则应送单数花,以免"祸不单行"。

在西方国家,送花讲究单数。他们认为,自然的美是不对称的,花是自然的一部分,若选择偶数缺乏审美感和鉴赏力。同时,奇数是吉利的象征,送 1 枝花表示"一见钟情",送 11 枝表示"一心一意",送 99 枝表示"天长地久"等。但"13"这个数字是不吉利的,不可以用。

## 4.5 聚会、舞会礼仪

### 4.5.1 聚会礼仪

#### 1. 聚会的类型

聚会是指两个或两个以上的人,为了一定的社交目的或为了从事某种活动,而聚集、会和在某一地方。聚会也称"沙龙","沙龙"是法语 Salon 的译音,中文意思是客厅,它实际上是一种社会集会的形式。现今我们将各种各样的室内聚会都称为"沙龙"。

根据人们在聚会中所讨论的中心话题或进行的主要活动可以将聚会分成许多类型。具体而言,内容丰富、包罗万象的聚会,叫做综合性聚会;亲朋好友、同学、同事之间以保持联络为目的的聚会,叫做交际性聚会;主要为了接待来访者,意在相互了解、加深认识的聚会,叫做联谊性聚会;以休闲、娱乐为主要活动的聚会,叫做休闲性聚会;专业人士以交流、研讨某方面(学术)问题为主的聚会,叫做专题(学术)性聚会等。按社交礼仪的要求程度不同,也可以将聚会分为交际性聚会和休闲型聚会两种。

## 相关链接

### "沙龙"的意思

"沙龙"是法语 Salon 的译音,中文意即客厅,原指法国上层人物住宅中的豪华会客厅。从17世纪时,巴黎的名人(多半是名媛贵妇)常把客厅变成著名的社交场所。进出者均为戏剧家、小说家、诗人、音乐家、画家、评论家、哲学家和政治家等。他们志趣相投,会聚一堂,一边欣赏着典雅的音乐,一边就共同感兴趣的各种问题抱膝长谈,无拘无束。后来,人们便把这种形式的聚会叫做"沙龙",并风靡于欧美各国文化界,19世纪是它的鼎盛时期。

正宗的"沙龙"有如下特点:定期举行;时间为晚上;人数不多,是个小圈子;自愿结合,三三两两;自由谈论,各抒己见。

"沙龙"一般都有一个美丽的"沙龙"女主人。"沙龙"的话题很广泛、很雅致,常去"沙龙"的人都是些名流。我们在欧洲电影、小说和戏剧中经常会看见富丽堂皇或典雅精致的"沙龙"场面。20世纪二三十年代,中国也曾有过一个著名"沙龙",女主人就是今天人们还经常提起的林徽因,可见这种社交方式早就传到了中国。

2. 聚会的基本礼仪

在日常生活中,人们经常会参与各种不同性质的聚会,不同性质的聚会活动有着各自不同的"游戏规则",只有熟悉和掌握相应的礼仪规范,才能自如地扮演好自己的"角色",充分展示自身魅力,进而树立良好的社交形象。

聚会通常对举办的地点、时间、形式、主人、参加者和筹备有一定的规定。

(1) 聚会前的准备

① 确定聚会的时间、地点、形式及参加者范围

一般聚会都由某个主办单位或主办人(发起人)发起,可以事先成立一个筹备小组,商议、确定聚会的具体计划、部署,并承担起会务工作,如落实参加者(正规的聚会还应发邀请函);拟定聚会中心议题(学术性聚会尤其重要);起草聚会邀请函等。

聚会的时间可以根据聚会性质的不同而有所区别,主要根据参加者方便与否以及当地的生活习惯。例如,茶话会根据国际惯例一般在下午两点举行,同学会在周末下午或晚间举行为好。聚会持续的时间可以根据情况和需要灵活掌握,一般2~4个小时比较适宜。

举办聚会的地点,一般选择条件较好的主办方负责人的私家客厅、庭院,或是宾馆、饭店、餐馆、写字楼的会议厅或多功能厅。地点应该面积大、通风好、照明正常、环境幽雅、不受外界干扰。选择场地时,还需要兼顾参加人数、支出费用、周边环境、交通安全、服务质量、档次名声等问题。

聚会的形式,应根据具体目的而加以选择。如果大家只是想"聚一聚",就可以选择较为

轻松的同乡会、联欢会或家庭舞会。如果想进行具有对外联络和进行招待性质的社交性聚会，就可以选择茶话会、座谈会、酒会等形式。当然，在具体操作上，几种形式也可以彼此交叉或同时使用。

如果聚会是在某家私宅内举行，其主人就是这次聚会的主人。如果聚会是在租用场地举行的，则一般有其发起者或组织者担任主人。主人要负责聚会时间、地点的安排，聚会的基本筹备及组织，还要照顾来宾，控制聚会的时间和调动气氛。作为东道主，主办方或男女主人的穿戴应当尽可能地向自己的身份靠拢，不宜过于随意，也不必超过参加聚会的宾客。

邀请哪些人参加聚会，往往与聚会的主题有着直接的因果关系。在聚会之前应确定好参加者，这样有利于聚会的事先筹备。必要的话还要落实特别客人（如同学会中的老校长、老班主任；学术聚会中的主讲专家；同僚聚会中的单位领导）。要注意，邀请特别客人务必征得大部分参加者同意，否则会使聚会气氛变得紧张，失去聚会的意义。

② 场地及物品准备

不管在何处聚会，场地准备是不可少的。场地要适当布置，如横幅、座位、音响、鲜花等。还要根据聚会的类型准备物品：活动安排表（会议议程）、必需物品（如野餐活动的餐具、食物；茶话会的茶水、饮料、水果或小吃；联欢会的娱乐设施等）及应急物品（如急救药品、应急灯、备用车辆等）。对于待客的食物，比如说点心，要精心挑选，品种要对路，数量要适当，注意兼顾参加者不同的口味和偏好。准备饮料、茶水或酒水时，要精心选择，在力所能及的情况下，要注重品质，切勿滥竽充数。

③ 其他准备

有外地客人参与的还应准备接站，需要安排住宿的则事先要选择好住宿地，还有视聚会规格需准备礼品、纪念品，如事后要纪念册的还要安排好摄影。

④ 参加者准备

参加聚会之前，参加者应根据不同活动形式，对自己的仪容仪表和服饰进行必要的修饰。男士通常应该理发、剃须、穿西服套装或休闲装，女士则需要做发型，化淡妆，换上时装、套裙或休闲装。如果是夫妻或情侣两人一起参加活动，两人的衣着打扮也要协调一致。

如果需要，还应做参加活动项目的准备和参加聚会所需要物品的准备，以免届时措手不及。

(2) 参加聚会的礼仪规则

① 准时赴会

参加聚会时，应恪守约定，按时赴约，不得无故迟到、早退或是失约。通常应准时到场，不宜过早到达，以免影响聚会的布置和安排。准时到场或是迟到三五分钟比较规范。万一临时有事难以准点到达，或不能前往，应提前通知主办方或主人，并向大家表示歉意。迟到时间过长，一定要向主人和大家说"对不起"，不能以任何借口为自己的行为开脱。

② 举止文明

参加聚会时，要做到言谈举止文明有礼，符合规范。

所谓绅士风度和高尚修养，在现实生活中是与尊重妇女、尊重长者紧密相关的。参加聚会时，要自觉主动地体谅、帮助、照顾妇女和长者：行走时，请其优先；就座时，以其为尊；携带物品时，应为其代劳；安排活动时，首先考虑他们的状况。还要注意言行文雅、文明，在妇女、长者面前，不能言语粗鲁、行为嚣张；不开无聊过分的玩笑；不得动手动脚、打打闹闹。在亲切与放肆、平等与辈分之间,要时刻把握好分寸。

情绪平稳,兴趣盎然,保持聚会轻松、愉悦的良好气氛,是每个参与者的义务。若聚会中有你不认同的其他参与者,也应抱着"既来之,则安之"的原则,注意必要的礼节,不可当众发难,令主人和众人难堪。

③ 体谅主人

参加聚会时,应当设身处地地多为主办方或主人着想,并尽可能地在其需要时加以帮助,尽可能不要给主人忙中添乱。参加聚会之初,要先去与聚会主办者打招呼和问候。在聚会举行期间,可以找机会向主人询问一下是否需要帮助。早到者应承担起半个主人职责,替客人续茶,帮主人运送物品,使自己尽快地让他人认同。聚会结束时,应在向主人道别并表示感谢后,方可告辞。

在聚会期间,如果有些事情不尽人意,如准备不足、物品短缺、食物不佳等,也要体谅主人,保持克制,不要对主人所作的安排评头论足,说三道四。不要当着他人的面大谈让主人难堪的事,或是指责、非议、侮辱主人。

在主人家中参加聚会时,不要因为与主人关系亲密就可以不讲公德。例如,随地吐痰、乱扔东西或是未经主人许可吸烟。不允许擅自闯入非活动区域,不允许随意取用主人的物品。

④ 积极交流

专题性聚会的目的是人们围绕某一问题进行座谈、讨论,以期集思广益、开阔视野、增长知识等。参加此类聚会时,得体的表现是既要真实发表自己的见解与主张,又要宽容大度,善于向别人学习和请教。在要求发言时要举手致意,但也要注意谦让,不要与人争抢。不论自己有什么独到见解,打断别人的发言,都是失礼的行为。在发言过程中,要神态自然,用语文明。肯定成绩时,要实事求是,不要阿谀谄媚。提出批评时,要态度友善、诚恳,用语要谨慎。与他人意见不一致时,要"兼听则明"并保持风度。切勿当场对其表示不满,或是在私下里对对方进行人身攻击。参加非专题性的聚会时,言谈可以相对自由,应该主动与他人交流,可以与身边的人攀谈,也可以旁听他人的交谈或是加入他人的交谈。同他人交谈时,应当表现得诚恳虚心。

**3. 交际型聚会要求**

交际型聚会的目的是让参加者之间保持经常交流与接触,它的具体活动形式灵活多样,主要有茶话会、聚餐会、校友会、同乡会、联欢会或舞会等。

参加交际型聚会,既要注意交际,又要注重自身形象,遵守基本的礼仪规范。

参加者应遵守约定,准时到场;仪表整洁、端庄、得体,与聚会主题和自身社交角色相协调;心态平和、情绪饱满。

赴家庭型聚会,应准备适当礼物,一瓶酒、一束鲜花均可。

参加讨论会和专题座谈会这类较为严肃的学术性聚会,应事先准备发言提纲,对提出的观点做认真的推敲,既不能无的放矢、文不对题、条理不清,也不能故弄玄虚、哗众取宠,更不能旁若无人,"以我为中心",对他人的发言充耳不闻。发言时间要严格控制,不能话题一出去就收不回来,影响其他人发言。

聚会是一个最佳社交场所,在轻松的气氛中,人人心情愉快,对他人的防备心理甚低,此

## 第4章 交往礼仪

时应主动扩大自己的交际范围,更多地认识新朋友,不要一味地盯着熟人、上司、嘉宾不放。与人交谈,要诚恳虚心,音量、音速、语速应保持适中,不可手舞足蹈,唾沫横飞。行为举止要自信、自然,给参加者留下良好印象。

**4. 休闲型聚会要求**

休闲型聚会形式多样,常见的有游园会、郊游会、联欢会、俱乐部聚会等等。它们与交际型聚会相比,同样也具有社交的功能,只不过休闲性、娱乐性相对来说更突出。有一位颇有成就的西方大企业家曾说过:"我的成功,主要不是来自谈判桌上,而是来自乡间别墅或是俱乐部里同对手的友好接触。"他的话,对休闲型聚会的功能,作了最通俗的表达。

虽然对商界人士来说,在休闲型聚会里的应酬,与正式场合的社交在实质上并无二致,但商界人士在休闲型聚会里的表现,必须与在交际型聚会里的表现有所区别。总的来讲,在休闲型聚会的表现,应当以玩为主,生动、随意、自然。具体要求则可分为3点。

(1) 突出休闲特点

在休闲型聚会里,应当表现得像玩。所谓像玩,就是要求"轻装上阵",脱下西装套装、套裙、时装、礼服和磨人夹脚的皮鞋,卸下表明地位与身份的首饰,洗去脸上厚重的铅华,换上与休闲型聚会的具体环境相适应的牛仔装、运动装、休闲装,穿上舒适、方便的运动鞋,实实在在地进入自己此时此地的角色之中。

(2) 善于休闲

在休闲型聚会里,应当表现得会玩。所谓会玩有两层含义,一是指对玩的内容的选择,二是指玩的技巧。

玩的内容应当既高雅脱俗,又使人轻松、愉快。总之,是要又能玩、又好玩,而且还要力争做到大家大都会玩。一般来讲,打桥牌、下象棋、打网球、郊游会或是举办小型音乐会,都是休闲型聚会宜于优先选择的玩的内容。注意休闲内容的选择必须严守国家法律、严守社会公德,绝不可与"黄、赌、毒"三字沾边。玩的内容应体现品味,且合乎身份。

要具备一定的休闲技能,如球技、牌技、歌艺等,即不仅要会"玩",还能"玩"得有一定水平。

(3) 以休闲为主

在休闲型聚会里,应当表现得以玩为主。切记应当以"休闲"为主,以"交际"为辅,不要随便将二者倒置,不能以交际、事务、应酬掩盖了休闲本色,不能表现得过于急功近利。

该办的事自然要办,该说的话当然要说,只不过一定要选择最佳的时机。要是玩完之后,或是过上一两天再谈正事,往往可能比在玩的时候"转移话题"更易于奏效。

### 4.5.2 舞会礼仪

舞会是人们增进交往和友谊的一种社交活动。参加舞会,可以锻炼身体、陶冶情趣、结识朋友、扩大交际、沟通信息,它是社交活动中一种集娱乐与交往为一体的方式。舞会礼仪涉及到多方面的内容,大体可分两方面:一是舞会的策划和主办者应注意的礼仪问题,涉及到举办舞会的目的、主办单位与主持人的确定、舞会的规模、时间、场地、音乐等。二是舞会的参加者应当注意遵守的礼仪规范问题。这里,我们只探讨后一个问题,因为这些与社交活动有着更为密切的关系。

**1. 仪容仪表**

（1）保持良好的精神状态

参加舞会一定要保持良好的精神状态，切忌面带倦意，以免影响整个舞会的气氛。如果身体确有不适，则应谢绝参加。在舞会上，参加者要时刻注意自己的言谈举止，要态度和蔼，与人跳舞自然得体，谈吐文雅，不说脏话，跳舞时不吸烟、不戴口罩和墨镜。

（2）保持整洁的仪容

由于跳舞时舞者距离比较近，因此，在参加舞会前最好洗澡、洗发，清除身体的异味。不要吃葱、蒜、韭菜、腐乳之类气味经久不散的食物，也不要饮酒，如果吃了这些食物，应漱口，或嚼一点茶叶、口香糖以去味。男士要刮胡子，女士要化妆。舞会妆应比日妆浓一些，并与服装、首饰搭配，但也不能过于浓妆艳抹，以免给人轻浮之感。女士长发应向上盘好，或梳理服帖，否则在转圈时头发甩到男士的脸上会很尴尬。在舞场上下，都不要吸烟，不要为消除异味而大嚼特嚼口香糖。

（3）选择合适的服装

参加舞会时，所有的男士、女士都必须穿着得体。在西方，对舞会服装的要求比较高，如果是正式舞会，请柬上一般都会注明服饰要求。在我国，虽然没有太严格的限制，但一般讲应端庄、得体。男士宜穿西服套装或长袖衬衫配长裤或高档便装，不要穿牛仔服、运动衣、背心等；鞋子要选择皮鞋，不要穿旅游鞋、布鞋，更不能穿拖鞋。女士服装比较丰富多彩，但一般应以裙装为宜。舞会上不要穿过紧、过露、过短的衣服，要系好衣扣，不要当众更衣或脱下外衣。如果参加"迪斯科专场"舞会，装扮就不必受以上约束。

如果有一些小物品要随身带，可以备一小包，放在寄存物品处。有些人喜欢将一大串钥匙别在裤腰上，叮当作响，这与舞会气氛不协调，应注意避免。

**2. 邀舞礼仪**

（1）邀舞顺序

正式的舞会，第一支舞曲是主人夫妇、主宾夫妇共舞；第二支舞曲是男主人与女主宾，女主人和男主宾共舞。接下来，男主人须依次按照礼宾顺序，邀请第二、第三位男主宾的女伴共舞，而这些女士的男伴应适时邀请女主人共舞。男宾也应主动邀请女主人和主人方的其他女士共舞。

男女结伴参加舞会，依惯例第一支舞曲应一起跳，舞会的最后一支舞曲，如有机会两人也应同跳。但是整个舞会，同舞应以两次为限，不能两人从舞会开始一直跳到舞会结束，而应有意地交换舞伴，以扩大自己的交际面。对于被介绍给自己的人，如果有可能也应相邀一次。

（2）邀舞礼仪

① 根据惯例，在舞会上邀请舞伴时，男士应当主动邀请女士。女士也可以主动邀请男士跳舞。不同的是，女士可以拒绝男士的邀请，男士不能勉强，而男士一般不得拒绝女士。

② 舞曲响起后，男士可庄重地走到拟邀跳舞的女士面前，先跟与她一起在座的男士或其他人点头示意，然后向邀舞女士点一下头，或者欠身施礼，目视对方轻声说："请您赏光！"或"可以请您跳舞吗？"欠身弯腰以15°左右为宜，不能过分，过分了反而会有不雅之嫌。女

士邀请男士的具体做法与此类似。

③ 当想邀请的舞伴在一群人当中,邀舞时可用视线接触,确定对象,以免每个人都以为自己是被邀请的对象。

④ 在邀请别人跳舞时,邀请者的表情应自然、谦恭、有修养,不要紧张、做作,更不能流于粗俗。

⑤ 有时当两位男士不约而同去邀请同一女士共舞时,男士请勿打退堂鼓,说:"你先,你先"那样可能令女士感到不悦。较理想的做法是,让女士自己选择这支曲与谁共舞,而有风度的女士应该把下一支曲留给另一位男士。男士不要与别人争舞伴,对于其他男士邀请自己的女伴,要表现得宽容大度。

⑥ 在正式的舞会上,不宜单独跳舞,更不宜同性共舞,尤其是有外宾参加的舞会,这是最基本的规矩。在西方人看来,同性共舞有同性恋的嫌疑,尤其是男性共舞。且男性共舞还意味着他们不愿意邀请在场的女士,这是对女性的不尊重。

⑦ 要服从社交任务,顾全大局。因此,邀请舞伴时不能单凭个人好恶,还须兼顾社交任务和工作需要,遵守如下规范:有意识地多交换舞伴,扩大社交面;主人要重点照顾好自己的主要客人;作为来宾,在邀请舞伴时有较大的选择,但应当抽时间主动邀请一下主人,而不一定等待对方来邀请自己。

**3. 拒邀礼仪**

参加舞会,邀请者固然应当彬彬有礼,受邀者也应当落落大方,彼此都应表现出良好的修养和高雅的文化素质。

① 一般情况下,女方最好不要拒绝别人的邀请。如果确实不愿意同某位邀请者跳舞,或不熟悉某种舞步而不想出丑,或确实想休息一会儿,可以借一些理由推托,如:"对不起,我觉得有些累,想坐一会儿",或说,"真对不起,我不会跳舞",或"谢谢,不过我的朋友正在找我,我只好失陪了",以此来求得对方的谅解。

② 如果女士已经答应和别人跳这支舞了,则应向其他邀请者表示歉意:"对不起,已经有其他人向我邀请了,等下一曲好吗?"

③ 已经婉言谢绝别人的邀请后,在一曲末了时,女士应不要同别的男士共舞,否则会被认为是对前一位邀请者的蔑视,是不礼貌的表现。

**4. 共舞礼仪**

① 共舞时应注意上场、下场的规矩,给舞伴应有的尊重。上场时,男士应主动跟在女士身后,让对方来选择跳舞地点。下场时,不宜在舞曲未完之际先行离去。音乐结束时,男士应该将女士送到其原来的座位,待其落座后,说一声:"谢谢,再会!"然后离去,切忌在跳完舞后,不予理睬。

② 舞姿要端正、优美、大方、活泼、轻盈,给人以快乐感,整个身体应始终保持平、正、直、稳,保持好重心,身体不要摇晃。

③ 通常为男士领舞,领舞与伴舞者之间不宜相距过近,双方胸部应有30厘米左右间隔。男士不要因为紧张而把舞伴搂得太近,或把舞伴的手握的太牢,这样容易引起误会。

④ 男士不要在旋转时把女士拖来扯去,或是腿部过分伸入女方两腿之间。女士不要把

双手套在男士的脖子上,也不要把头部主动俯靠在对方的肩上。

⑤ 不要目不转睛地凝视舞伴,以免引起误会和反感。

⑥ 在双方共舞过程中,一般不可以中途退场或一方任意离去。

⑦ 要按逆时针方向行进,不要旁若无人,横冲直撞。行进中如碰到舞伴脚部或冲撞了别人,要有礼貌地向对方至歉。

### 5. 其他应注意的礼节

① 邀请舞伴时无论是男士还是女士,单独在远离人群的地方,就不要去打扰。

② 舞间休息时不要吸烟、乱扔果皮,不宜高声谈笑、随意喧哗。对于自己不熟悉的舞伴,除非对方主动致意,否则不宜向其问长问短,闲聊不止。如果对方已同别人谈话,应主动回避。舞会开始时,不宜穿越舞场,应该顺边绕行。

③ 舞会结束后,或中途退场,应向主人辞行。辞行时应向主人表示舞会举办得很成功,玩得很愉快,并向主人表示感谢。有时还可以在一两天后寄上一封简短的感谢信表示谢意。这对主人来说,会是莫大的报答。

④ 除了向主人辞行外,在舞会上结识的新朋友或旧相识,若方便的话,均应向他们道别,并说些客套话:"真高兴认识您""有机会的话再好好聊聊"等等。

⑤ 舞会结束后,男士一般应送自己的舞伴回家,除非对方已有人送或是不愿意让自己送。女士在拒绝对方时,可以简单地说:"谢谢,已有人送我了"。但如果女士想要男伴送自己回家,她随时有权利要求对方这么做。即便是舞会没有结束,女士如果觉得自己玩得不痛快想早点回去,也可以跟男伴说自己"累了"或是"不舒服"来请他送她回家。

## 知识拓展

### 交谊舞知识

交谊舞,又称为社交舞或交际舞。它是一种适合于社交场合的舞蹈,是人们用以进行交际活动的一种社交方式。有人说:"交谊舞是人们沟通情感的一种形体语言,是任何语言都无法代替的艺术。"。

交谊舞是起源于西方的一种男女双人舞蹈,正规名称应为舞厅舞或舞会舞。14 至 15 世纪产生于意大利,17 世纪流传到欧美。19 世纪 20 年代,英国皇家舞蹈教师协会(I、S、T、D)召开了三次国际性会议,一批优秀的舞蹈家将华尔兹、探戈、狐步、快步四大舞种的舞姿、舞步、技法进行了规范,统一标准,命名为"国际标准交谊舞(International style of Ballroom Dancing)"。

交谊舞的分类

第一类:现代舞(摩登舞)

1. 华尔兹(Waltz)

2. 探戈(Tango)

3. 狐步(Slow Foxtrot)

4. 快步(Quick Step)

5. 维也纳华尔兹(Viennese Waltz)

第二类:拉丁舞

1. 伦巴(Rumba)
2. 恰恰(Cha Cha)
3. 桑巴(Samba)
4. 斗牛(Paso Double)
5. 牛仔舞(Jive)

## 本章小结

会面、拜访、探视、接待、馈赠、聚会是人类社会最基本、最经常的人际交流活动,它体现着人类群体性、社会性的特点,也蕴含着人际交往的许多礼仪规范,能映照出每个社交活动者的品德、涵养和人生修养,也同时衡量着每个人的社交水平和人际关系能力。

会面礼仪是人们会面时约定俗成互行的礼仪,好印象从见面开始。握手是最常见的见面礼节,是交际的一部分。握手时的力量、姿势与时间的长短往往能够表达出握手者对对方的不同礼遇与态度,同时显露自己的个性,给人留下不同印象,也可通过握手了解对方的个性,从而赢得交际的主动。握手礼最关键的是要把握握手的顺序、握手的方式和握手的禁忌等。此外还有鞠躬、欠身与点头、亲吻与拥抱、举手、拱手与合十等见面礼。

初次相识,往往要互呈名片。名片是当代社会不论私人交往还是公务往来中最经济实惠、最通用的介绍媒体,被人称作自我的"介绍信"和社交的"联谊卡"。

拜访是指前往他人的工作单位或住所去会晤、探望对方,进行接触与沟通;按不同目的可分为礼节性拜访和事务性拜访两类。

拜访前的准备是必不可少的,它影响到拜访成功与否。不管哪种拜访,都应遵循一定的礼仪规范。要事先预约,不做不速之客;如期而至,不做失约之客;悉心准备,不做冒失之客;适时告辞,不做难辞之客;彬彬有礼,不做粗俗之客。

探视是拜访的另一种形式,当亲戚朋友因病住院时,适时探视有雪中送炭之功效。

接待是社会组织与外界沟通联系的第一环节,接待工作的好坏直接影响组织的形象及组织与公众的关系。接待是一项细致而重要的工作,包括迎客、待客、送客三个环节。接待的总礼仪原则是"热情周到、宾至如归"。

馈赠是指人们为了向他人表达自己的情意,而将某种物品不求报偿、毫无代价地送给对方。"礼品是人际交往的通行证",馈赠是社交活动中不可缺少的重要内容。随着交际活动的日益频繁,馈赠礼品因为能起到联络感情、加深友谊、促进交往的作用,越来越受到人们的重视。礼品的选择是馈赠的首要环节,"投其所好"是赠送礼品最基本的原则。此外,馈赠的时机与场合也应予高度重视。

"礼尚往来"是中华民族的传统美德。接受他人礼品之后,应铭记在心,在适当的时刻,以适当的方式,向对方回赠礼品。回(还)礼时,重点要注意把握好还礼的时间和还礼的形式这两个问题。

赠送鲜花已成为一种特殊的馈赠形式和一种时尚。赠送鲜花首先要懂得"花语",要了解习俗、爱好,还要懂得不同数字所包含的"语意"。

在社交活动中,聚会是一种经常的、极为流行的交际形式,它形式自然、内容灵活、品位高雅,可以帮助人们增进彼此了解、加强沟通。根据人们在聚会中所讨论的中心话题或进行的主要活动可以将聚会分成许多类型。按社交礼仪的要求程度不同,也可以将聚会分为交际性聚会和休闲型聚会两种。聚会通常对举办的地点、时间、形式、主人、参加者和筹备有一定之规。

在实际生活中,人们经常会参加各种不同性质的聚会,不同性质的聚会有着各自不同的"游戏规则",只有熟悉和掌握相应的礼仪规范,才能自如地扮演好自己的"角色",充分展示自身魅力,进而树立良好的社交形象。

舞会是社交活动中一种集娱乐与交往为一体的活动方式。参加舞会一定要保持良好的精神状态、整洁的仪容和得体的服饰。邀舞、拒邀和共舞时要遵循一定的礼仪规范,邀舞者彬彬有礼、受邀者落落大方,拒绝邀请时礼貌、婉转,显示出良好的修养和高雅的文化素质。

## 案例分析

**案例一:**

棉纺厂和甲公司有着多年的合作关系,两家单位也很重视双方的合作。甲公司的副总过几天又要到棉纺厂洽谈一项业务。为表示合作的积极与热情,棉纺厂拟仍按照以往的习惯,由单位徐总经理接待这位副总。事有凑巧,与棉纺厂刚刚谈定一合作项目的乙公司的一位副总也要来访,而且是与甲公司同一天。因为与乙公司是第一次合作,棉纺厂决定由徐总接待乙公司的人,而老朋友甲公司改由一位副总接待。

事情当天,甲公司副总知道这一情况后,显得很生气,虽然棉纺厂一再解释,但他还是愤然离去,多年的合作关系划上了一个句号。

**分析:** 在接待来访过程中,接待规格非常重要。一般来说,应采用对等原则接待。但如果是老朋友来访,则要按照以往的接待规格来接待。例中虽然棉纺厂的副总接待甲公司副总属于对等接待,但是因为对方已经习惯了以往的高规格接待(即由徐总亲自接待),自然对这一对等接待表示不满。

另外,如果因为特殊原因确实不能做到按以往规格接待,要事先向对方解释清楚,以得到对方的谅解。不过例中的原因不但不能得到对方谅解,反而会让人觉得棉纺厂厚此薄彼、重新轻旧。

**案例二:**

在日本,有一个流传很广且很受用的商务礼仪故事。有一个部门主管在餐厅里与客户谈项目的时候,邻桌专门安插了一个公司的职员,这位职员不是来吃饭的,而是来记录上司与客户谈话的,但是用心记而不是用笔录。当上司旁敲侧击地问出对方及其家人的喜好时,这位职员立马行动,出去张罗礼物。当双方的会谈愉快结束之时,这位职员又不失时机地出现,拎着送给客户一家大小的礼物。客户当然喜笑颜开了,不仅自己有礼物,家人也有,且都是大家喜欢的东西,结果自然不言而喻,他们的合作很成功。可见商务活动中,因人而异馈赠的重要性。

**分析:** 馈赠礼品看起来事小,其实如果馈赠得体,会收到意想不到的效果。能很好地表达对客人的尊重及主人的诚意,有助于商务活动的顺利开展。

**案例三:**

某公司新建的办公大楼需要添置一批办公家具,价值数百万元。公司的总经理决定向A

# 第4章 交往礼仪

公司购买这批办公家具。

这天，A公司销售部负责人打来电话，说想要上门拜访总经理。总经理打算等对方来了就在订单上盖章，定下这笔生意。

不料对方比约定的时间提前了2个小时，原来对方听说这家公司的员工宿舍也要在近期内落成，希望员工宿舍需要的家具也能在自己公司购买。为了谈这件事，销售负责人还带来了一大堆资料，摆满了台面。总经理没料到对方会提前到访，刚好手边又有事，便让秘书请对方等一会儿。这位销售人员等了不到半小时，就开始不耐烦了，一边收拾起资料一边说："我还是改天再来拜访吧。"

这时，总经理发现对方在收拾资料准备离开时，将自己刚才递上的名片不小心掉在了地上，对方却并没有发觉，走时还无意从名片上踩了过去。这个不小心的失误，令总经理改变了初衷，A公司不仅没有机会与对方商谈员工宿舍的设备购买，就连要到手的数百万元生意也告吹了。

分析：本来可以到手的订单为什么"飞"走了？A公司销售人员有哪些失礼之处？

## 角色扮演

### 1. 拜访客户礼仪

你所在公司生产的食用油出现了技术难题。为了解决这个难题，技术部人员讨论了好几天，研究了几个方案都没有成功，最后终于打听到有一位专家可以解决这个问题，你（你是营销总监）决定前往拜访。请分角色扮演拜访的全过程。（人物：你、专家张教授；地点：张教授家）

### 2. 见面礼仪

在公司见到同事、上司、客户时的见面问候礼仪，要求有称呼、握手、递接名片、给其他同事介绍等口头语言和身体语言。（人物：同事1人、上司1人、客户1人；公司环境等自定。）

# 第5章 宴请礼仪

**学习目标**

知识目标:掌握中、西餐礼仪的基本内容,明确不同宴请的礼仪规范。

能力目标:具有根据各种宴会提出并做出不同礼仪规范的能力,在中西餐宴请中能够符合礼仪规范。

素质目标:能够在宴请活动中符合礼仪标准,体现较高的宴请礼仪素质。

**导课案例**

什么后果

阿尔戈英雄珀琉斯和海洋女神忒提斯宴请众神参加自己的婚礼时,单把掌管争执不和的女神厄里斯漏掉了。厄里斯一怒之下,便到筵席上投下了一只刻着"送给最美的女神"的金苹果。天后赫拉、智慧女神雅典娜、爱与美的女神阿佛洛狄忒(相当于罗马神话中的维纳斯)都自以为最美,便争执起来。于是,宙斯派神使赫尔墨斯去请特洛伊王子帕里斯公断。赫拉、雅典娜、阿佛洛狄忒分别承诺给帕里斯财富、智慧和美女,但帕里斯愿得美女,便把金苹果判给了阿佛洛狄忒。于是,阿佛洛狄忒帮助这位风流王子诱走了斯巴达王墨涅拉俄斯的妻子海伦,从而引发了长达十年之久的特洛伊战争。

宴请是社会交往常见的活动。无论是新朋友还是老朋友,都可以在轻松和谐的宴会中,交流思想、加深感情、增进了解。宴请或参加宴会对于每个人都是不可避免的。如果不熟悉宴请礼仪,举止粗俗无礼,不但损害个人形象,甚至组织形象,而且也不能达到交友目的。

## 5.1 宴会种类与组织

### 5.1.1 宴会的种类

宴会是按照一定规格和程序隆重招待宾客的一种社交应酬活动。宴会种类复杂,名目繁多。按设宴目的,可以划分为欢迎宴会、答谢宴会、节庆宴会、告别宴会、招待宴会等;按举办时间可以划分为早宴、午宴、晚宴,以晚宴档次最高;按宴会餐型可以划分为中餐宴会、西餐宴会、中西合餐宴会；按宴会规格可以划分为国宴、正式宴会、便宴、家宴等。一般情况下，宴会持续时间为两个小时左右。

### 1. 国宴

国宴是国家元首或政府首脑为欢迎外国元首、政府首脑来访或在重要节日招待各界人士而举行的规格最高的正式宴会。

举行国宴的宴会厅内要悬挂主客双方国旗，并由乐队演奏国歌和席间乐。国宴由国家元首或政府首脑主持，席间由主人和主宾致辞和祝酒。国宴的礼仪要求最为严格，参加国宴者必须着正装，座次按礼宾次序排列。

### 2. 正式宴会

正式宴会是相对于非正式宴会而言的，其规格与标准仅次于国宴，通常是政府或人民团体有关部门，为欢迎应邀来访的宾客或来访宾客为答谢主人而举行的宴会。除了不挂国旗、不奏国歌以及出席人员的规格不同外，其余的安排大体与国宴相同。礼仪要求也比较严格，宾主按身份排座次和席次，许多国家还在请柬上注明对客人的服饰要求。席间一般也有致辞和祝酒，有时也设乐队演奏席间乐。正式宴会对服务人员以及餐具、酒水和菜肴的道数均有一定的要求，宴会一般控制在 1.5 小时左右。

### 3. 便宴

便宴即便餐宴会的简称，不属于正式宴会，故比较亲切、随便，多用于招待熟悉的亲朋好友。便宴形式灵活，菜肴可以根据主人的实力和客人的喜好而定，偏重人际交往，而不注重规模、档次；可以不排座次，不做正式讲话致辞。

### 4. 家宴

家宴是在家中以私人名义设宴招待客人。家宴往往由女主人亲自下厨烹调，家人共同招待客人，气氛亲切自然，不讲究严格的礼仪，菜肴多少不限，宾主席间随意交谈，轻松、活泼而自由。

### 5. 茶会

茶会又称为茶话会，是一种比较简单的招待方式。多为人民团体举行纪念和庆祝活动所采用。举行的时间多在下午4时左右。茶会通常设在客厅，而不用餐厅。厅内设茶几、坐椅，不排座次。席间一般只摆放茶点、水果和一些风味小吃。宾主共聚一堂，饮茶尝点心，形式比较随便自由。茶会对茶叶和茶具的选用应有所讲究，一般用陶瓷器皿，而不用玻璃杯。有时席间还安排一些短小的文艺节目助兴，使气氛更加喜庆、热烈。在商务谈判中，许多时候和场合都使用茶会的形式招待对方。

### 6. 冷餐会

冷餐会，又可以叫自助餐宴会，是西方国家较为流行的一种宴会形式，其特点是用冷餐（也可有热菜）、酒水、点心、水果来招待客人。冷餐会可在室内、庭院或花园等地举行。可设小桌、椅子自由入座,也可不设椅子站立进餐。举办时间在中午12时至下午2时或下午5时至7时。菜点和餐具分别摆在菜台上,由宾客随意取用。宾客应按量取食,不可浪费。餐会进行中,宾主均可自由走动、敬酒、交谈。

冷餐会有三大优点。

① 可以安排更多的客人同时进餐,不受餐位的限制。

② 不因缺乏招待人员而影响进餐,客人可自己拿取食物。

③ 不受任何正宴礼仪上的约束,无论是用餐前还是用餐中,客人都可以自由活动。目前,冷餐会已成为社交活动中比较受欢迎的一种进餐方式。

## 相关链接

### 神秘的中国国宴菜谱

国宴的菜,汇集了全国各地的地方菜系,经几代厨师的潜心整理、改良、提炼而成,主要考虑到首长、外宾都能吃,像国宴的川菜,少了麻、辣、油腻,苏州、无锡等地的菜,少放了糖。我们来看看国宴的餐桌上都摆放着那些名菜。

**国宴法式焗蜗牛。**这是法国前总统希拉克最喜爱的一道国宴菜,此菜选用优质进口上等蜗牛和黄油、蒜茸烤制而成,口感独特,营养丰富。

**国宴酥皮鱼翅盅。**俄罗斯前总统叶利钦对此菜有很高的赞誉。此菜选用上等鱼翅和国宴顶级浓汤制作而成,口感独特,营养丰富。

**国宴狮子头。**这是周恩来总理最喜爱的一道国宴菜。此菜选用肥四瘦六的五花肉手工切成小粒,和国宴顶级清汤制作而成,形态丰满,犹如雄狮之首,因此得名"狮子头"。周恩来总理赞誉此菜"清淡不淡,肥而不腻"。

**国宴乌鱼蛋汤。**这是毛主席最喜爱的一道国宴汤菜。此汤被誉为钓鱼台台汤。它精选高级乌鱼蛋和国宴顶级清汤制作而成,微酸微辣,妙不可言。

**国宴开水白菜。**这是胡锦涛主席最喜欢的国宴精品菜,也是一道非常有名的经典国宴菜。此菜精选东北大白菜心和国宴顶级清汤制作而成,看似朴实无华,却尽显国宴制汤功夫,汤色淡黄清澈,香醇爽口,沁人心脾。

**国宴佛跳墙。**这是一道极品国宴菜。此菜精选鲍鱼、鱼翅、辽参、鱼肚、干贝、鲍菇、鸽蛋、裙边等八种顶级原料,配以国宴顶级浓汤制作而成,浓汤制作时间长达三天三夜,开坛飘香,味道鲜醇,营养丰富,养生保健,是各国领导人都喜爱的一道国宴菜。

**罐焖三宝鸭。**这是一道非常名贵的经典国宴菜,此菜选用优质填鸭与板栗、小枣、莲子炖煮后,装入国宴专用特制紫砂罐内蒸熟,具有很好的养生保健功效。

**蒜籽烧裙边。**这是一道经典国宴菜,裙边为八珍之一,此菜选用上等裙边和国宴顶级浓汤烧制而成,有滋阴、补血和润肤功效,是国宴中的上菜。

**红花鱼翅捞饭。**此菜是一道极品国宴菜。它选用大金勾翅和国宴顶级浓汤配以名贵补品藏红花精制而成,营养丰富,具有很好的养生保健功效。

### 5.1.2 宴会的组织

宴会是一种非常重要的社交活动,对宾客来说是一种礼遇。宴请者务必根据宴会的规

## 第5章 宴请礼仪

范和礼仪要求认真组织好。为使宴请活动取得圆满成功,宴会前要做好如下准备工作。

**1. 确定宴请目的、名义、对象、范围与形式**

（1）确定宴请目的

宴请目的多种多样,既可以为某个人举行,也可以为某件事举行,如庆祝节日、纪念日、迎送外宾、某项工程动工或竣工、会议开幕或闭幕等。举办宴会的目的一定要明确,师出无名会对宴会和活动的举办者带来不良的影响。

（2）确定宴会以谁的名义邀请和被邀请的对象

确定邀请者与被邀请者的主要依据是宾主双方的身份,也就是说主客身份应对等。以谁的名义举办宴会关系着宴会的档次,身份低会使对方感到冷淡,身份过高亦无必要。对外举办宴会,如邀请主宾偕夫人出席,主人应以夫妇的名义发出邀请。国内的宴会,邀请客人时,可以主办宴会的单位最高负责人的名义或主办单位的名义。

（3）确定宴请范围

宴请范围是指宴请哪方面的人士出席、多少人赴宴、什么级别、主方需要多少人出席等。确定宴请的范围,主要取决于宴请的性质、主要的身份、国际惯例、双方的关系及主方习惯做法等。多边活动要考虑相互关系,对对立国、对立方人士发出邀请尤其要慎重。宴请的范围一经确定,即应草拟具体邀请名单,被邀请人的姓名、职务、称呼等一定要准确,并适时向客人发出邀请。

（4）确定宴请形式

以何种形式举办宴会,要视具体情况和本单位的习惯做法而定。一般而言,正式、规格高、人数少的以宴会的形式为宜;人数较多则以冷餐会或酒会的形式更为合适;妇女界活动多用茶会。我国的宴会基本上采用中餐宴会。目前礼宾工作都在简化,宴请范围趋向缩小,形式也更为简便,冷餐会被广泛采用。

**2. 确定宴会的时间、地点**

宴会的时间应对宾主双方都合适,尤其要照顾来宾方面。按国际惯例,晚宴被认为是规格最高的。安排宴会的时间要注意避开重要的节假日、重要的活动日和双方或一方的禁忌日。如对西方人士,不要选13日,更不要选13日且同时是星期五;伊斯兰教在斋日内白天禁食,宴请宜在日落后进行。宴请活动时间要与主宾单位商量,主宾同意后,确定时间,再邀请其他宾客。

宴请的地点要根据活动的性质、规模、宴请的形式、主人的意愿以及实际可能性而定。越是隆重的活动越要讲究环境和条件,因为它体现了对对方的礼遇。官方正式的宴会应安排在政府、议会大厦或高级宾馆内。民间的宴请可以在酒店、宾馆,也可以安排在具有独特风味的餐馆。

**3. 发出宴请**

各种正式的宴请活动,一般均应向客人发出请柬。既是礼貌,也是对客人的提醒和备忘。请柬一般提前一周或两周发出,以便被邀请人早作安排。请柬上要将宴会活动的目的、名义、邀请范围、时间、地点等写清楚,重大的活动还要注明着装的要求及其他附加条件。口头约定的活动,也应补送请柬,并在请柬右上方或左下方注上"备忘"字样。需要安排座位的宴请活动,为确切掌握出席情况,以便做好准备,还要求被邀者答复是否出席,请柬一般注明"请答复"。如只需要不出席者答复,则注明"如不能出席请答复",并注明电话号码,以备联系。请柬发出后,也可以用电话询问对方能否出席,主办方要及时落实出席情况,调整安排好座位。

#### 4. 确定宴请规格

宴请目的、范围等确定以后,就要考虑宴请规格。宴请规格与种类是密切联系、互相影响的,它们都受宴请目的的影响和制约。

宴请规格对礼仪效果的影响是十分明显的。宴请规格的确定,首先应考虑宾主双方谁是这次宴会活动的主动者,以及主办者的身份、地位如何。假如是客户突然来访,主人举行宴会,那么就应以来访者身份地位最高者作为这次宴会活动规格的基本参数。主方出席人员的地位与身份应当和对方相等或略高于对方。若是个别部门的业务交往需要,或者只是部门之间的友情宴会等一般是以主方活动的性质和准备出席的人的最高身份或客方可能应邀出席的身份地位来确定宴会的规格。规格过低显得失礼,过高没有必要。

规格基本确定以后,就要根据规格和公关活动的性质、内容、目的来选择宴请的活动种类。

#### 5. 安排席位

正式宴会,应事先为每个赴宴者安排好桌次和位次,并且事先通知到每个人,以便使其心中有数;也有的只安排部分主宾的席位,其他人只排桌次或自由就座。不同形式的宴会,席位的排列也不一样,排列的依据主要是国际惯例和本国的礼宾顺序,除此之外,还应考虑到客人之间的政治关系、身份地位、语言沟通、专业兴趣等因素。

中式宴会通常8～12人一桌,人数较多时也可以平均分成几桌。宴会不止一桌时,安排桌次的原则:以右为上,当餐桌分为左右时,以面门为据,居右之桌为上;以远为上,当餐桌距离餐厅正门有远近之分时,以距门远者为上;居中为上,多张餐桌并列时,以居于中央为上。在桌次较多的情况下,上述排列常规往往交叉使用。同一桌上,席位高低以离主人远近而定,右高左低。中式宴会的席次安排的原则是:面门为上,即主人面对餐厅正门,有多位主人时,双方可交叉排列,离主位越近地位越尊;主宾居右,即主宾在主位(第一主位)右侧;好事成双,即每张餐桌人数为双数,吉庆宴会尤其如此;各桌同向,即每张餐桌的排位均大体相似。国外的习惯,男女穿插就座,以女主人为准,主宾在女主人右上方,主宾夫人在男主人右上方。我国的习惯按职务排列以便于谈话,如夫人出席,常常把女士排在一起,译员一般安排在主宾旁边。如遇特殊情况,还可以灵活处理。

为了保证全体赴宴者临场不乱,都能迅速找到自己的席位,应在请柬上注明桌次;还可以在宴会现场悬挂桌次图,在每张餐桌上放置桌次牌、座次牌或姓名牌。宾客入场时,安排领台员引导客人入座。

#### 6. 布置宴会现场

宴会成功与否,不仅仅取决于菜肴的质量,环境和气氛也是至关重要的。如果环境不佳、气氛不好,往往会直接降低宴会的档次,影响宾客的食欲,影响宾主之间的交流,宴会的效果就会大打折扣。

宴会现场的布置取决于活动的性质和形式。官方的正式宴会布置应该严肃、庄重、大方,可以少量点缀鲜花、刻花等,不要用红红绿绿的霓虹灯做装饰。宴会环境要安静、高雅、有文化气息,同时要整洁卫生。要注意宴会厅色彩的运用和灯光的调节。如果有席间音乐,乐声宜轻,以便身心得到调节和放松。

### 7. 宴请的程序及服务

宴会组织者要安排好工作人员,尽可能周到地做好宴会的各项工作,为来宾提供完善的服务。宴会开始前,主人一般应在门口迎接客人。如果规格较高,还要由少数主要官员陪同主人排列成迎宾线,其位置宜在客人进门存衣之后、入休息厅之前,双方相互握手后,由工作人员引入休息室或直接进入宴会厅,有些国家官方的隆重场合,客人到达时,设有专人负责唱名。休息室内应有相应身份的人员照料客人,并有服务人员送饮料。主宾到达后,由主人陪同进入休息室与其他客人见面。如客人没有到齐,迎宾先不撤,代表主人迎接客人。

主人陪同主宾进入宴会厅,全体客人就座,宴会即开始。如果休息室较小,宴会规模大,也可以请主宾以外的客人先入座,主宾最后入座。

正式讲话有时没有,如果有各国安排的时间也不尽一致。一般正式宴会可在热菜之后、甜食之前,先由主人讲话,然后客人讲话;也有的一入席,双方即讲话。

吃完水果,主人与主宾起立,宴会即告结束。

国外日常宴请在以女主人为第一主人时,要以她的行为为准。入席时,女主人先坐下,并由女主人招呼客人开始进餐。餐毕,女主人起立,邀请女宾与之共同退出宴厅,男宾随后进入休息室。

宴会结束后,主宾告辞,主人送至门口。主宾离去后,按原迎宾人员顺序排列,与其他客人握手告别。

## 知识拓展

### 中国八大菜系简介

中国是一个餐饮文化大国,长期以来在某一地区由于地理环境、气候物产、文化传统以及民族习俗等因素的影响,形成有一定亲缘承袭关系、菜点风味相近、知名度较高并为部分群众喜爱的地方风味菜系。其中,鲁、川、苏、粤、闽、浙、湘、徽菜,享称为"八大菜系"。

**川菜:** 川菜由重庆、成都及川北川南的地方风味名特菜肴组成,烹制方法有煎炒、爆、熘等近40种3000余种,以麻辣、鱼香、家常、怪味、酸辣、椒麻、醋椒为主要特点。

代表菜品:鱼香肉丝、麻婆豆腐、宫保鸡丁、樟茶鸭等。

**鲁菜:** 鲁菜历史悠久,影响广泛,善于以葱香调味,以其味鲜咸脆嫩,风味独特,制作精细享誉海内外。注重实惠,花色多样,善用葱姜。

代表菜品:糖醋鱼、锅烧肘子、葱爆羊肉、葱扒海参、锅塌豆腐、红烧海螺、炸蛎黄等。

**苏菜:** 江苏菜用料以水鲜为主,刀工精细,注重火候,追求本味,清鲜本和,咸甜醇正。制作精细,因材施艺、四季有别,浓而不腻,味感清鲜,讲究造型。

代表菜品:烤方、淮扬狮子头、叫花鸡、火烧马鞍桥、松鼠桂鱼、盐水鸭等。

**浙菜**:杭州菜制作精细,变化多样;宁波菜鲜咸合一,注重保持原味;绍兴菜入口香酥绵糯,汤鲜味浓。讲究刀工、制作精细、变化较多、富有乡土气息。

代表菜品:西湖醋鱼、龙井虾仁、干炸响铃、油焖春笋、西湖莼菜汤等。

**粤菜**:粤菜主要由广州、潮州、东江三种风味组成,选料广泛、广博、奇异,善用生猛海鲜,刀工干练,清淡爽口。讲究鲜、嫩、爽、滑、浓。

代表菜品:龙虎斗、脆皮乳猪、咕噜肉、大良炒鲜奶、潮州火筒炖鲍翅、蚝油牛柳、冬瓜盅、文昌鸡等。

**湘菜**:湖南菜简称湘菜,以品种丰富,味感鲜明而富地方特色,名师辈出,自成一系而闻名于世。以熏、蒸、干炒为主,口味重于酸、辣,辣味菜和烟熏腊肉是湘菜的独特风味。

代表菜品:麻辣子鸡、辣味合蒸、东安子鸡、洞庭野鸭、霸王别姬、冰糖湘莲、金钱鱼等。

**闽菜**:闽菜经历了中原汉族文化和当地古越族文化的混合、交流而逐渐形成清爽、鲜嫩、淡雅、偏于酸甜的风格。以福州和厦门菜为主要代表。制作细巧、色调美观、调味清鲜是闽菜的主要特点。

代表菜品:佛跳墙、太极明虾、闽生果、烧生糟鸭、梅开二度、雪花鸡等。

**徽菜**:皖南菜向以烹制山珍海味而著称,擅长炖、烧,讲究火功。芡大油重,朴素实惠。善于保持原汁原味。

代表菜品:红烧果子狸、火腿炖甲鱼、雪冬烧山鸡、符离集烧鸡、蜂窝豆腐、无为熏鸭等。

## 5.2 赴宴礼仪

### 5.2.1 准备赴宴

应邀出席宴会,要讲究礼节,做一位懂礼貌、有教养的赴宴者。接到宴会邀请(无论是请柬还是邀请信)后,能否出席都应尽早回复,以便主人安排。一般来说,对注有 R.S.V.P.(请答复)字样的请柬或邀请信,无论出席与否,均应迅速答复。对注有"不能出席请复"字样的请柬还是邀请信,则不能出席时才回复。若是已经口头约妥后再发来的请柬,上面一般注有"备忘"字样,只起提醒作用,可不必答复。答复对方,可打电话或复以便函。

一旦接受邀请,不宜随意改动。万一遇特殊情况不能出席宴会,尤其是主宾缺席,应尽早向主人解释、道歉。应邀出席宴会前,要核实宴请时间和地点、是否邀请配偶、有无服装要求等,以免搞错。

### 5.2.2 掌握出席时间

出席宴会,根据各地的习惯,正点或晚一两分钟到达。在我国则是正点或提前两三分钟到达。出席酒会,可在请柬上注明的时间内到达。

有事需提前退席,应向主人说明后悄悄离开;也可事先打招呼,届时离开。

抵达宴请地点,先到衣帽间脱下大衣、帽子,然后前往迎宾处,主动向主人问好,并根据活动内容表示祝贺等。赴宴时,可按宴请性质和当地习惯赠送花束或花篮,赴家宴可以酌情赠送女主人少量鲜花。

进入宴会厅之前,要先了解自己的桌次和座位,入座时进行核对,不要随意乱坐。如邻座是长者或妇女,应主动为其拉开椅子,协助他们先坐下。

如果你到达时,宴会已经开始了,应悄悄入席,不要惊动其他客人,以免干扰宴会进行。

### 5.2.3 文雅进餐

入座后,主人招呼,即开始进餐。在中国是男主人为主,西方是女主人为主。招呼的方法是:将餐巾拿起来,意思是"可以进餐了"。可用餐巾擦嘴,不可用其擦汗或抹桌子。

取菜时,不要盛得太多。盘中食物吃完后,如不够,可以再取。如由服务员分菜,遇到不爱吃的菜肴,可取少量放入盘内。对不合口味的菜,勿显露出难堪的表情。

进餐时要文雅,吃东西时应闭着嘴细嚼慢咽,不要舔嘴唇或咂嘴发出声音。如汤、菜太热,待稍凉后再食用,不要用嘴吹。吃剩的菜,用过的餐具、牙签及鱼刺、骨头等,都要放入骨盘内,勿置桌上。剔牙时,要用手或餐巾遮口。

进餐过程中,由于不慎或用力过度,使刀叉撞击盘子,发出声响,或餐具掉落地上,或打翻酒水等,应沉着冷静。餐具碰出声音,可轻轻说声"对不起";餐具掉落后,可请服务员另送一套;酒水溅到邻座身上,应道歉并协助擦干;如对方是女士,则递上干净餐巾或手帕,由她自己擦干。

任何宴会都是借用餐的名义沟通信息和交流感情。因此,在宴会上,吃是第二位,而交谈则是第一位。

## 知识拓展

### 民间用筷忌讳

碗口筷——即把筷子平放在碗口上。如果主人这样做,那等于在奚落客人是来讨饭的;如果客人在吃完饭后这么做,表示还没吃饱,是对主人招待不周的抗议。最忌讳这样放的还要数海边渔民,因为这意味着行船要搁浅。

截筷——有两重情况:一是主人热情好客,把菜夹给客人,客人中途用筷子接过来或推给主人;另一种情况是两个人同时伸向同一盘菜,四根筷子相截"打架"。截筷预示着会发生纠纷。

泪筷——夹菜时,一路上滴滴答答掉个不停,像泪水一般。

丁当筷——即用筷子敲打盆、碗。这是表示肚子饿或是没有吃饱,是很不礼貌的行为。

死人筷——即将筷子插在饭里。只有给死去的人上祭祀品时,才这样做。

## 想想议议

### 宴会上的洗手水

温莎公爵除了不爱江山爱美人的大传奇外,还有许多鲜为人知的小故事。

有一次,英国王室为了招待印度当地居民的首领,在伦敦举行晚宴,其实还是"皇太子"

的温莎公爵主持这次宴会。

宴会中,达官贵人们觥筹交错,相与甚欢,气氛融洽。可就在宴会结束时,出了这么一件事。侍者为每一位客人端来洗手盘,印度客人们看到那精巧的银制器皿里盛着亮晶晶的水,以为是喝的水,就端起来一饮而尽。作陪的英国贵族们目瞪口呆,不知如何是好,大家纷纷把目光投向主持人。

温莎公爵神色自若,一边与客人谈笑风生,一边也端起自己面前的洗手水,像客人那样"自然而得体"地一饮而尽。接着,大家也纷纷效仿,本来要造成的难堪与尴尬顷刻释然,宴会取得了预期的成功,当然也就使英国国家的利益得到了进一步的保证。

**想想**:你明白了什么?

**议议**:任何时刻都不要让你的重要客人在小事上陷于尴尬境地而出丑,否则,你就会在大事上出丑。

### 5.2.4 祝酒

主人或主宾致辞、祝酒时,应暂停进餐和交谈。奏国歌时应肃立。主人和主宾致辞后往往到各桌敬酒,各桌宾客应起立举杯。碰杯时,主人和主宾先碰,人多时可同时举杯示意,不一定碰杯。主桌未祝酒时,其他桌不可先起立或串桌祝酒。宴会上互相敬酒,可以活跃气氛,但要适可而止,不能强人所难。

异地参加宴会,应事先了解对方的祝酒习惯,即应为何人祝酒、何时祝酒等,以便做好必要的准备。

**相关链接**

#### 喝酒为什么要碰杯

目前有两种说法。一种说法是古希腊人创造的。传说古希腊人注意到这样一个事实,在举杯饮酒之时,人的五官都可以分享到酒的乐趣:鼻子能嗅到酒的香味,眼睛能看到酒的颜色,舌头能够辨别酒味,而只有耳朵被排除在这一享受之外。怎么办呢?希腊人想出一个办法,在喝酒之前,互相碰一下杯子,杯子发出的清脆的响声传到耳朵中。这样,耳朵就和其他器官一样,也能享受到喝酒的乐趣了。

另一种说法是,喝酒碰杯起源于古罗马。古代的罗马崇尚武功,常常开展"角力"竞技。竞技前选手们习惯于饮酒,以示相互勉励之意。由于酒是事先准备的,为了防止心术不正的人在给对方喝的酒中放毒药,人们想出一种防范的方法,即在角力前,双方各将自己的酒向对方的酒杯中倾注一些。以后,这样碰杯便逐渐发展成为一种礼仪。

## 5.3 西餐礼仪

### 5.3.1 刀叉的使用

刀叉是西餐餐具的主角。刀叉既可以分开使用,也可以共同使用。由于在更多的情况下，二者要共同使用，所以，人们在提到西餐餐具时，往往将二者相提并论。正确地使用刀叉，要做到以下几点。

### 1. 正确区别刀叉

在正规的西餐宴会上，讲究吃一道菜换一副刀叉。吃每道菜，都要使用专门的刀叉，既不能乱拿乱用，也不能从头到尾仅使用一副刀叉。

吃西餐正餐时，摆在每位就餐者面前的刀叉有：吃黄油用的餐刀、吃鱼用的刀叉、吃肉用的刀叉、吃甜品和水果用的刀叉等。各种刀叉形状各异，摆放的位置也不一样。吃黄油用的餐刀一般应横放在就餐者左手的正前方，距主食面包不远处。吃鱼和肉用的刀叉，应当餐刀在右，餐叉在左，分别纵放在就餐者面前的餐盘两侧。由于刀叉的数目同上菜的道数是相等的，有时餐盘两侧摆放的刀叉会有三副之多。取用刀叉的基本原则是：每上一道菜依次从两边由外侧往内侧用刀叉。如果没有经验、把握不准，不妨比别人慢半拍，看一下别人怎样使用。吃甜品和水果用的刀叉，一般横放在就餐者餐盘的正前方。

### 2. 正确使用刀叉

刀叉的使用主要有两种：一种是英国式的，要求在进餐时，始终右手持刀，左手持叉，一边切割，一边用叉食之，叉背朝着嘴的方向进餐，这种方式比较文雅；另一种是美国式的，先右手刀左手叉，把餐盘的食物全部切割好，再品尝，这种方法比较省事。

刀可以用来切食物，也可用来把食物拨到叉上；叉用来取食物，也可以用它摁住食物，使之用刀切割时不滑脱。使用刀叉时要注意：不要动作过大，影响他人；切割食物时，不要弄出声响；切下的食物要刚好一口吃下，不要叉起来再一口一口咬着吃；不要挥动刀叉讲话，也不要用刀叉指点他人；掉落到地上的刀叉不可拾起再用，应请服务员另换一副。

### 3. 明白刀叉暗示

如果就餐过程中，需暂时离开一下或与人攀谈，应放下手中的刀叉，刀右、叉左，刀口向内，叉齿向下，呈"八"字形式摆放在餐盘上。它表示：此菜还没有用完。

如果吃完了或者不想吃了，可以刀口向内、叉齿向上，刀右、叉左并排放在餐盘上。它表示：不再吃了，可以连刀叉带餐盘一起收走。

切记不要把刀叉摆放在桌面上，尤其不要将刀叉交叉放成"十"字形，这在西方人看来，是令人晦气的图案。

## 5.3.2 餐巾的使用

西餐的餐巾是一个重要的角色。同中餐巾相比，虽有许多用途、用法相似，但也有更严格特殊之处，需多加注意。

### 1. 餐巾的铺放

西餐餐巾通常会叠成一定的图案放置在就餐者的水杯中，有时直接平放于就餐者的右侧桌面上或就餐者面前的垫盘上。形状有长方形和正方形之分。

餐巾应平铺在自己并拢的大腿上。如果是正方形的餐巾，应将它折成等腰三角形，下角朝向膝盖方向；如果是长方形餐巾，应将其对折，然后折口向外平铺在腿上。餐巾的打开、折放应在桌下悄然进行，不要影响他人。

### 2. 餐巾的用途

餐巾对服装有保洁作用，防止菜肴、汤汁落下来弄脏衣服；也可以用来揩拭口部，通常用其内侧，但不能用其擦脸、擦汗、擦餐具；还可以用来遮掩口部，在非要剔牙或吐出嘴中的东西时，可用餐巾遮掩，以免失态。

### 3. 餐巾有暗示作用

西餐以女主人为第一主人，当女主人铺开餐巾时，暗示用餐开始；当女主人把餐巾放于桌上时，暗示用餐结束。就餐者如果中途离开，一会儿还要回来继续用餐，可将餐巾放在本人所坐的椅面上；如果放在桌面上，则暗示：我不想吃了，可以撤掉。

## 5.3.3 西餐用餐方法及礼仪

西餐同中餐的吃法相比有很大的不同。享用西餐，掌握正确的吃法，才能既吃好，又吃出品位。

### 1. 开胃菜

开胃菜既可以是色拉，也可以是由海鲜、蔬菜组成的拼盘，如果均匀割好，则用餐叉食用即可。

### 2. 面包

面包一般放在自己的左前方，可以吃第一道菜时开始食用，正确的做法是：左手撕下一块刚好可以一次吃下的面包，用黄油刀涂上黄油或果酱，再送入口中。不能拿起一大块面包，全部涂上黄油，双手托着吃；不能用叉子叉着面包吃；不能用刀叉切开吃；也不能把面包浸在汤内捞出来再吃。

如果是烤面包片，则不要撕开。甜食上来后，最好就不要再吃面包了。

### 3. 汤

喝汤时，要用右手拇指和食指持汤匙，从汤盘靠近自己的一侧伸入汤里，向外侧将汤舀起。注意不要将汤匙盛得太满，身子也不要俯得太近。当盘内剩下的汤不多时，可以用左手将盘子内侧稍稍托起，使其外倾，用右手持汤匙取余汤来喝。

喝汤时，一不要端起汤盘来喝汤；二不要喝汤时发出"嘶嘶"的声音；三不要身子俯得太低，趴到汤盘上去吸食；四不要嘴吹或用汤匙搅拌降温。

### 4. 主菜

西餐的主菜品种繁多，冷菜中的冻子、泥子，热菜中的鱼、鸡肉等最为多见。冻子是用煮熟的肉、鱼等食物和汤汁冷却凝结而成的一种菜肴；泥子是以虾、蟹或动物的肝、脑为主料，配以鸡蛋、蔬菜，加上佐料搅拌而成的菜肴，一般用刀叉吃。在吃鱼时，可以用餐刀将其切开,将鱼刺、骨剥出后,再切成小块,用叉吃;吃鸡时,也应切下一块,用叉取食,直接用手上去撕扯是失礼的。肉菜指的是西餐的猪、牛、羊肉,平常人们所说的主菜,一般都是指肉菜。在肉菜中,猪排、羊排,尤其牛排,是西餐中的"重中之重"。吃肉菜时,要用叉子摁住食物,用餐刀切下一小块,吃完后再切第二块。

### 5. 点心甜品

西餐中的蛋糕、饼干、三明治、土豆片等,可以用手拿着吃。

通心粉,又叫意大利面条,吃时不能一根一根挑着吃或吸着吃,应该右手握叉,在左手用汤匙的帮助下,把面条缠绕在餐叉上,然后送入嘴中。

### 6. 水果

对西餐中常用水果的食用办法应有所了解。

(1) 苹果

最正规的吃法,是将一个苹果用刀切成大小相仿的4块,然后去皮,去核,再以刀叉食用。现在生活中,最普遍的做法,是用手拿着去皮的小块苹果直接吃。

(2) 香蕉

正规的吃法,是先用刀子将香蕉皮纵向割一条线,再用刀叉把皮撑开,切成小块食用。一般不用手整个拿着香蕉一边剥皮一边咬着吃。

(3) 草莓

普通的草莓,可用手取食。吃带调味汁的草莓,要用餐匙。

(4) 葡萄

可取一小串,一粒一粒用手揪下来吃。其皮、核先吐入手中,再放入餐盘内。吃餐盘内不成串的单粒葡萄时,则应用餐叉取食。

(5) 菠萝

应用餐刀切成一小块,用餐叉取食,不要用手拿着吃。

### 7. 咖啡和红茶

在西餐中,饮用咖啡和红茶也是大有讲究的。

(1) 杯的持握

一般要用右手的拇指和食指握住杯耳,轻轻端起杯子,慢慢品尝。不能双手握杯,也不能用手端起碟子去吸食杯子里的咖啡。用手握住杯身、杯口,托住杯底,或用手指穿过杯耳,都是不正确的持握方法。

(2) 碟的使用

咖啡是盛入杯中,放在碟子上一同端上桌的。碟子是用来放置咖啡匙,并接盛溢出杯子的咖啡的。喝咖啡时,如果离桌子近,只需端起杯子,不要端起碟子;如果离桌子较远或站立、走动时,则可用左手将杯、碟一起端起,至齐胸高,用右手持杯饮用。

(3) 匙的使用

咖啡匙只是用来在加入牛奶和糖之后,加以搅拌,使其融合和融化的。如果咖啡太热也可以用匙轻轻搅动,使其变凉。除此之外,不要做其他使用。咖啡匙的使用尤其忌讳两条:

一是不能用匙去舀咖啡来饮用,二是不能把匙放在咖啡杯中。不用匙时,应将其平放在咖啡碟中。

（4）饮用的数量

饮用咖啡不能多多益善。一般情况下一杯足矣,最多不应超过三杯。饮用时,不能大口吞咽,更不能一饮而尽,而应一杯咖啡喝上10分钟左右,一小口一小口细细品尝,才能显示出品位和高雅。

（5）配料的添加

饮用时,可根据自己的爱好,往咖啡中添加一些牛奶、方糖之类的配料。添加时应当互相谦让,添加适量。加牛奶或伴侣时,不能弄得满桌都是。加糖时,要用专用的糖夹和匙去取,不要用自己的咖啡匙,也不要用手直接去取。

（6）取食甜点的要求

喝咖啡时,有时要备小甜点。取食甜点时,要先放下咖啡杯。饮用咖啡时,手中也不能拿着甜点品尝。双手左右开弓,一手执杯,一手持甜点,吃一口、喝一口交替进行是非常不雅的。

## 知识拓展

### 饮咖啡的礼仪

咖啡可以是自己磨好咖啡豆以后用咖啡壶煮制的,也可以是用开水冲饮速溶的。国外一般认为自制的咖啡档次较高,而速溶咖啡只是节省时间罢了。

饮用咖啡时可以加入牛奶和糖,称为牛奶咖啡;也可以不加牛奶和糖,称为清咖啡。加入咖啡的糖通常都用方糖,放在专门的器皿里。取用时先用糖夹子把方糖夹在咖啡碟的近身一侧,再用咖啡匙把方糖加在杯子里。如果直接用糖夹子或手把方糖放入杯内,可能会使咖啡溅出,弄脏衣服或台布。若是砂糖,可用咖啡匙舀取,直接加入杯内。

咖啡匙是专门用来搅拌咖啡的,饮用咖啡时应当把它取出来。不要用咖啡匙舀着咖啡一匙一匙地慢慢喝,也不要用咖啡匙来捣碎杯中的方糖。如果刚煮好的咖啡太热,可以用咖啡匙在咖啡杯中轻轻搅拌使之冷却,或者等待其自然冷却,然后再饮用。用嘴把咖啡吹凉是不合礼仪的动作。

餐后饮用的咖啡,一般都是用袖珍型的杯子盛装。盛放咖啡的杯碟也是特制的,应把它们放在自己的面前或右侧,杯耳应指向右方。

咖啡杯的正确拿法,应是拇指和食指捏住杯把将杯子端起。喝咖啡时,用右手拿咖啡杯耳,左手轻轻托着咖啡碟,慢慢地品尝,避免发出响声。不宜举杯大口吞咽,或俯首去吸咖啡。有时也会遇到一些不方便的情况,例如,坐在远离桌子的沙发中,不便双手端着咖啡饮用,此时可用左手将咖啡碟置于齐胸的位置,右手端着咖啡杯饮用,饮毕,立即将咖啡杯置于咖啡碟中,不可将二者分别放置。添加咖啡时,也不要把咖啡杯从咖啡碟中拿起来。

### 8. 西餐的酒水搭配

在正式的西餐宴会上,酒水是主角,十分讲究与菜肴的搭配。一般来讲,每吃一道菜便要换上一种酒水。宴会上所用的酒水可以分为餐前酒、佐餐酒和餐后酒三种,每种酒又有许多具体的分类。

(1) 餐前酒

餐前酒也叫开胃酒,是在用餐之前饮用,或在吃开胃菜时饮用。开胃菜有鸡尾酒、味美思、威士忌和香槟酒。

(2) 佐餐酒

佐餐酒是在正式用餐期间饮用的酒水。西餐的佐餐酒均为葡萄酒,而且多为干葡萄酒或半干葡萄酒。选择佐餐酒的一条重要原则是"白酒配白肉,红酒配红肉"。白肉指的是鱼肉、海鲜,红肉指的是猪肉、牛肉、羊肉,即白葡萄酒配海鲜类菜,红葡萄酒配肉类、禽类菜。

(3) 餐后酒

餐后酒是在餐后用以帮助消化的酒水。常用的有利口酒、白兰地酒。饮用不同的酒水还要用不同的专用酒杯。在每位就餐者餐桌右边、餐刀的前方,都会横排着三四个酒水杯,它们分别为香槟酒杯、白葡萄酒杯、红葡萄酒杯及水杯。取用时,也要按照由外侧向内侧的顺序依次取用,也可根据女主人的选择而紧随其后。

此外,宴会上如果主人为每个出席者准备了小纪念品,可以在活动结束时带走,并对主人表示感谢。但宴会上的招待品,如糖果、水果、香烟及其他食品等则不应带走。

出席私人的宴会后,往往应在三日内向主人致函或用名片表示感谢。

## 本章小结

宴会是按照一定规格和程序隆重招待宾客的一种社交应酬活动。按宴会规格可以划分为国宴、正式宴会、便宴、家宴等。国宴是国家元首或政府首脑为欢迎外国元首、政府首脑来访或在重要节日招待各界人士而举行的规格最高的正式宴会。正式宴会是相对于非正式宴会而言的,其规格与标准仅次于国宴,通常是政府或人民团体有关部门,为欢迎应邀来访的宾客或来访宾客为答谢主人而举行的宴会。

宴会是一种非常重要的社交活动,为使宴请活动取得圆满成功,宴会前要做好如下准备工作:确定宴请目的、名义、对象、范围与形式;确定宴会的时间、地点;发出宴请;确定宴请规格;安排席位;布置宴会现场;安排宴请的程序及服务。

## 案例分析

案例一:

郭晓丹是一位外贸公司的业务经理。有一次,郭先生因为工作上的需要,在国内设宴招待一位来自英国的生意伙伴。有意思的是,那一顿饭吃下来,令对方最为欣赏的,倒不是郭先生专门为其准备的丰盛的菜肴,而是郭先生在陪同对方用餐时的一处细小的举止表现。用那位英国客人当时的原话来讲就是:"郭先生,你在用餐时一点儿响声都没有,使我感到你的确具有良好的教养。"

看了这个案例你明白了什么?

案例二:

郝小姐是某高职院校一名大三学生,学习成绩很好,目前在一家外贸公司的业务部试用。日前,为替公司的外国客户庆祝节日,公司举办了大型的西式自助餐会,邀请了不少国外客户及公司员工。

因为很少吃西餐,郝小姐在餐会上出了不少"洋相"。餐会一开始,郝小姐端起面前的盘子去取菜,之后却发现那是装食物残渣的骨盘。为节省取食的路途,郝小姐从离自己最近的水果沙拉开始吃,而此时同事们都在吃冷菜,郝小姐只得开玩笑地说自己"减肥"。因为刀叉位置放得不正确,她面前还没吃完的菜就被服务员给收走了……一顿饭下来,郝小姐感到很沮丧。

案例三:

### 狐狸和鹤的宴会

有一天,狐狸送了一张邀请卡给鹤。"晚上请来舍下用餐。""哇!真罕见!狐狸先生会准备什么酒菜请我呢?"鹤很高兴地前去狐狸的家。"呀!鹤先生,欢迎!欢迎!请不用客气!"狐狸取出的酒菜只有放在大平盘里的汤而已。"我最喜欢喝汤啦!谢谢你呀!"鹤很想喝汤,可是,因为自己长着一个长嘴巴,所以费了好大的劲,也只能闻到味道而已。盘内的汤,一滴也喝不到。可是狐狸却叽里咕噜地一下子就把汤喝完了。而且嗤嗤地笑着,觉得很有趣。"真不够意思,你在捉弄我!"鹤恨恨地回家去了。

不久,鹤也送邀请卡给狐狸。"晚上请客,请你一定要来喔!"狐狸是个贪吃鬼。"是什么样的食物呢?"狐狸暗暗地想着。不久以前的事,狐狸忘得一干二净,高高兴兴地到鹤的家。"狐狸先生,欢迎!欢迎!别客气,尽管用吧!"鹤拿出的东西都是什么呢?原来是装在细颈水瓶里的汤啊!"谢谢!"狐狸将嘴伸进水瓶里,但是怎么吃也吃不到一口汤,只能闻到鲜美的味道,鹤则将长嘴巴轻轻松松地伸近瓶底津津有味地吃着!狐狸肚子饿坏了,眼前的美食却一口也吃不到。

## 角色扮演

**背景**:大学毕业十年后,你决定在家中举办一次大学同学聚会,邀请5位大学同学,包括他们的配偶,即10位客人。另外你家也两口人(你和你的配偶),现共有12个人。

1. 请柬上要写些什么内容?
2. 你将如何迎接客人?
3. 对于早到的客人,你会如何接待?
4. 你家用的是圆桌,你将如何安排桌位?
5. 席间,你会如何斟酒、敬酒?
6. 你会如何送客?

# 第6章 职场礼仪

**学习目标**

知识目标：熟悉并掌握求职面试礼仪和办公室礼仪规范。

能力目标：具备应用求职面试礼仪顺利应聘的能力，具有在办公室与同事和谐相处、高效工作的能力。

素质目标：在求职面试时展示自我良好修养，在工作中展示组织良好形象。

## 导课案例

### 他们为什么落聘

王先生来到面试单位，进入面试场地后很自然地坐到考官对面，身体往背靠椅上一靠，眼睛盯着考官。随后在一系列的应答中，声音铿锵有力，内容有条不紊，令考官频频点头。可结果两周以后，他没有接到录用通知。打电话去问，答复只有一句：我们害怕您，您还是另请高就吧。而另一个求职者去参加面试，因为心里准备不足而十分紧张。刚一落座，主考官问："你是一个人来广州求职的吗？"由于紧张，他竟答非所问道："不，火车上人很多。"结果现场的人都大笑不止，他才发现自己答错了话，情绪一下子低落到极点，结果自然被淘汰。

新世纪，人才竞争日益激烈，市场经济把大学生直接推向了社会，大学生将面对社会及用人单位的挑选。以什么样的形象才能取悦社会，才能受到用人单位的认同和接纳，这已成为当今大学生尤其是毕业生不得不考虑的现实问题，求职礼仪也因此而显得异常重要。

## 6.1 求职礼仪

### 6.1.1 求职信和简历的书写礼仪

求职信和简历是求职必备的资料，是求职应聘的敲门砖，是求职者给用人单位的第一印象，对成功就业至关重要。

**1. 求职信的书写礼仪**

（1）求职信的书写格式

求职信也叫自荐信，是求职者在应聘时以书面形式向有关单位举荐自己，提出供职的请求和愿望,希望得到任用的一种专门书信。一封真诚而有说服力的求职信,会赢得用人单位的好感,使求职者有一个良好的开端。

求职信的基本格式与书信一样,主要包括收信人称呼、正文、结尾、署名、日期和附件六方面的内容。

① 求职信称呼。求职信的称呼比一般书信的称呼要正规。一般来说,收信人应该是单位里有权录用你的人,要特别注意此人的姓名和职务,称呼要准确而有礼貌。求职信往往是首次交往,未必对用人单位有关人员的姓名熟悉,所以在求职信件中可以直接称呼职务头衔,在实际书写时要区别对待:如果写给国家机关、事业单位的人事部门领导,则用"尊敬的××司长(处长、负责人等)"称呼;如果对"三资"企业老板,则用"尊敬的××董事长(或总经理)先生";如果给各类企业厂长、经理写求职信,则可以称之为"尊敬的××厂长(或经理)";如果写给大学校长或人事处长的求职信,则称之为"尊敬的××教授(或校长、老师等)"。

称呼之后应有问候语(承启语),向对方问候一声,是必不可少的礼仪。问候语可长可短,即使就"您好"两字,也可体现出写信人的真诚。

② 求职信正文。这是求职信的主体和中心部分,其形式多种多样,一般都要求说明求职信息来源、应聘岗位、本人基本情况、工作能力和工作成绩等内容,表达个人愿望与求职要求。正文内容要精炼,突出精华部分,要用最少的话把最得意的、最实质的内容写清楚。要充分展示自己的特点,包括专业知识、工作经历、个人经历、自身特长等。针对不同类型的单位,使用不同的表述,重点表述背景材料中与未来雇主最有关系的内容,把自身与企业职位之间最重要的信息表达清楚。

③ 求职信结尾。求职信结尾一般包括两部分内容:希望对方给予答复,并盼望能有机会参加面试;写上简短的表示敬意、祝愿之类的祝颂语。祝颂要热诚,如"祝贵公司兴旺发达"、"祝您安康"、"深表谢意"等,也可用约定俗成的句式,如"此致,敬礼"之类的通用词。祝颂语一般分两行书写,上一行前空两格,下一行顶格。

④ 求职信署名。署名应注意与信首的"称呼"相一致。给用人单位领导写信,可写"求职者"或"您未来的部下",也可直接签上自己的名字。在国外一般都在署名前加上一些"你诚挚的××、你依赖的××、你忠实的××"之类的形容词。

⑤ 求职信日期。一般写在署名右下方,最好用阿拉伯数字写,并把年、月、日全写上。

⑥ 求职信附件。求职信一般都要求同时附上简历和一些有效证件,如学历证、学位证、职称证、身份证、资格证书、获奖证书等复印件以及近期照片等,最好在正文左下方一一注明。这样做,一是方便招聘单位审核,二是给对方留下一个"有条不紊、很负责任、办事周到"的好印象。

## 求 职 信

尊敬的××经理:

您好!我从招聘网站上获悉贵酒店欲招聘一名经理秘书,特冒昧写信应聘。

非常感谢您在百忙中翻看我的自荐信,真诚希望能得到您的支持和认可。我是××学院商务秘书专业毕业生,今年22岁,身高1.66m,容貌端庄,气质清雅。在校期间,我严格遵守学校规章制度,尊敬师长、团结同学,有很强的集体荣誉感;学习认真刻苦,成绩优秀,曾多次获得院奖学金；我还担任过宣传委员、话剧社长等职，具有较强的组织协调能力。

　　四年的大学教育让我有了商务秘书专业方面的理论知识，半年多的秘书实习使我有了较丰富的实践经验，也增强了自己适应环境的能力。在校期间我顺利通过了国家英语四级等级考试、江苏省计算机二级等级考试和秘书资格考试，并具有机动车驾驶证（C）照，普通话一级甲等证书，能够熟悉各种办公室软件的操作。

　　"良禽择木而栖，贤臣择主而事。"尊敬的领导，雄鹰展翅急需一方天空，良马驰骋尚待一方路径。贵酒店所开创的业绩和远大的开拓前景我仰慕已久，我热爱文秘工作，我会用自己勤勉的汗水与同仁一起为贵酒店的发展奉献我的热忱和才智！我真诚希望能成为贵酒店的一员。

　　此致
敬礼！

真诚的求职者<br>2012年6月2日

附：
1．个人简历一份
2．身份证、毕业证书复印件各一份
3．秘书证、普通话证、英语和计算机等级证复印件各一份
4．获奖证书复印件三份

（2）求职信的礼仪要求与注意事项

　　在制作求职信的过程中，有许多细节需要注意，包括称呼、语气、内容、格式等方面。求职信的礼仪要求与注意事项主要有以下几点。

　　① 书写规范，实事求是。包括字迹工整、内容正确、格式规范、条理清楚、版面整洁。电脑打印编辑的求职信，显得美观大方；而用手书写的求职信，则可起到以诚动人的效果。求职信要实事求是地介绍自己的求职条件、优势，尽量把自己的优势量化，避免自吹自擂和假、大、空描述。

　　求职信中的错字、别字和病句一定要努力消灭干净。文字性错误在打印的求职信中尤为常见。求职信是展示语言文字水平的绝好机会，而且许多单位对这方面的要求相当高。因此，在写完求职信后，一定要仔细检查，确保万无一失。

　　求职信中尽量不要缩写，如"中国人民大学"不要写成"人大"，"中山大学"不要写成"中大"。在许多情况下，你认为对方应当知道的缩写对方未必就知道，即使对方知道，充斥着诸如"人大"、"中大"等缩写的求职信也显得不严肃和没礼貌。

　　求职信不要堆砌辞藻，也不要过于煽情，要实事求是，以诚感人。

　　求职信一般应选用纸质较好的A4纸，所用的纸张通常要与个人简历一致。除非专业所需，如设计专业，否则不要把求职信设计得过于花哨。

　　② 态度诚恳，谦恭有礼。求职信既要表现出对所求职位的渴望，又要表现出胜任这份工作的自信，所以态度要诚恳。求职信中应适当选用一些谦词、敬语，如"恳请"、"敬请"、"您"、"贵公司"等，字里行间要显现出自谦和敬人之意，体现彬彬有礼的态度和良好的个人教养。求职信中要杜绝以下表现。

　　盲目自大。在求职信中咄咄逼人。例如，"我是××大学的毕业生，我相信贵单位会考

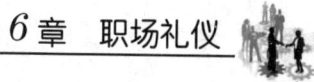

虑我,否则将是你们的损失。"

不够自信。求职信里不可有悲观、自卑的语气,谁会喜欢一个缺乏自信的员工呢?在求职信中常常有人这样写道:"我深深知道我的资历不及他人,但是我能努力做好。""虽然我现在没有什么经验,但是我会尽量以学习来弥补。"等,在气势上首先就输给了他人。

威胁对方。例如,"我已经收到了几个公司的面试通知,请贵公司尽快给我答复。""目前已经有两家公司等我签约,请你单位尽快决定。"要知道,少了你,地球照转不误,用人单位不会因没有你就无法运转。

限定时间。例如,"我本周五将去外地,请在此之前给我答复。""请在××月××日前给我答复,否则我很有可能无法收到贵单位的面试通知。"

此外,如果不是对方在招聘广告里要求必须要写明目标薪水,不要在求职信里提及薪水方面的要求。

**2. 简历的书写礼仪**

要想在众多的简历中,首先引起"考官"的注意,并且在有限的空间说清楚,这可是一门不小的学问。简历不清楚,或者内容有欠缺,都会对应聘产生直接不良的影响。

(1) 简历的内容

① 基本情况介绍。包括姓名、性别、年龄、身高、籍贯、政治面貌、毕业学校等。

② 教育背景(学习情况)介绍。包括毕业学校、专业、获得的学位,总的学习情况、平均成绩、主攻方向。分类列出自己的所学科目,如经济学方面、市场学方面、金融学方面、财会学方面、外语方面等,重点介绍所应聘职业涉及的课程,获得的技能证书和资格证书等。

③ 工作经历(实习实践)情况。着重介绍最近的工作经历,一般来说,雇主只对10年以内的工作经历感兴趣。一份好的简历,看起来就像一座倒金字塔,最近的经历最详细、占地儿最多,其他早期的工作经历只需简单的提一下。现代社会强调实践经验,单纯学习好的学生不一定能获得用人单位赏识,因此强调这一方面对应聘是很有益处的。实习实践情况包括自己发表的文章、在企业实习和参加社会实践情况等。

④ 专长爱好。找准自己的定位,这是简历里面最核心的内容。什么都可以干,什么都不突出,能力和期望混为一谈,会造成应聘筛选中的极度困难。要选择有说服力的,尤其是针对用人单位需求列举自己的特长,但不可弄虚作假。可列出参加过的比较重要的社团活动。

⑤ 科研活动情况。

⑥ 获奖情况。

⑦ 通讯地址、电话及 E-mail。

(2) 简历的格式选择

① 时序型简历格式。时序型的简历格式按时间倒序描述工作经历,从最近的职位开始,然后回溯,着重强调责任和突出的成就。这种格式适用于有无可挑剔的工作经历的求职者。

② 功能型简历格式。功能型的简历格式在简历的开始部分就强调求职者的成就和非凡的资质,但是并不将它们与特定的雇主联系在一起。因此,对于就业记录空白者不宜采用这种格式。

③ 综合型简历格式。综合型的简历格式同时借鉴和综合了功能型格式和时序型格式的优点,是一种强有力的写作格式。在简历的开始部分介绍求职者的价值、资信和资质(功能部分),随后的工作经历部分提供了支持性的内容(时序部分)。

(3) 写简历的礼仪要求

① 实事求是。根据用人单位的需要和性质有选择地填写自己的经历,充分展示自己的特长,但不夸大自己的情况。

② 简单明了。写简历应避免使用大块的段落文字,内容应尽量精简,重点突出,层次分明;用字要精确恰当,不能有错别字或遗漏字。简历忌讳太短或太长,以整一页为佳。

此外,简历还应版面设计合理、新颖、美观、制作精良,用标准格式的优质纸张打印。

### 6.1.2 求职面试仪表礼仪

求职注意个人的仪表美,既是自尊自爱,也是尊重他人。许多大学生风尘仆仆往来于各种招聘会,来不及整理仪容仪表,使个体形象受损,给招聘单位留下不好的印象。如今的用人单位既重视大学生知识结构、专业基础、能力水平、综合素质等,也不忽略个体形象。在其他条件基本合乎要求的情况下,具有良好的个体形象就会更容易受到用人单位的青睐,而个体形象不理想则难免被用人单位拒之门外。

#### 1. 仪容整洁

① 保持面部清洁,尤其注意眼角、耳后、脖子等易被人们忽略的局部卫生。

② 女生淡妆美化,使面部清新、淡雅,以精神、干练、自然、协调、美观、大方为原则,脸部化妆要与发型、服装、饰物等相配,形成协调的整体美,体现大学生的热情、活泼、质朴、清纯、聪慧等个性特征。

③ 男生修面刮胡,避免无精打采,邋里邋遢。

④ 必须清除异味,勤洗澡,不抽烟,求职面试前不吃大蒜等有强烈异味的东西,以免口气熏人。

#### 2. 发型适宜

许多大学生认为头发只要干净就好,不注重发型,忽略了发型的设计。其实,发型在整个仪表美中,占有很重要的位置,总的要求是端庄、文雅、自然,避免太前卫、太另类。

① 发型要与个人的脸型、个性特点和当时的服饰相配。

② 发型应与所要申请的职位要求相宜。例如,秘书要端庄、文雅,营销人员要干练,与机器打交道则要求要短发或盘发。

③ 发型还要注意符合面试的特殊要求。

④ 在面试时,头发切忌遮住脸庞,除非是为了掩饰某种生理缺陷,否则会让主考官对你印象模糊;男生的发型以短发为主,做到前不覆额,侧不遮耳,后不及领。

#### 3. 服饰得体

服饰的功能早已不局限于御寒、遮羞,它还包括展现体形、显示性格、反映心情、区别职业、区分性别和年龄、烘托气氛等。服饰体现个体的经济状况、审美水平、个性特征、兴趣爱好、文化品位。一位人力资源部经理曾说过:"你不可能仅仅因为打了一根领带而获取某个职位,但你肯定会因戴错了领带而失去一个职位。"由此可见,服饰得体对求职的顺利进行有着不容忽视的作用。

(1) 清新自然

许多同学误以为求职时的服装要高档、华丽、时髦,其实学生装自然纯真的本色才是它最大的魅力,年轻人蓬勃的朝气、清新脱俗的风格,都可以从中显露出来。学生装淳朴、朝气、谦诚,透着文化人的气息,很容易赢得主考官的青睐。

(2) 整洁大方

整洁意味着你重视这份工作,重视这个单位。整洁要求洗得干净、熨烫平整,尽可能舍弃各种装饰,如繁杂的花边、色彩鲜艳的刺绣、叮当作响的配饰等。大方要求忌那些过短、过紧、过透和过露的衣服。女生一般以样式简洁的套装、套裙、连衣裙等为主,男生则清爽的衬衣、平整的夹克或西服都可以。

(3) 颜色适宜

过于鲜艳夺目或跳跃度过大的颜色都不宜穿,一般柔和的颜色具有亲和力,深色显得比较庄重。体型肥胖者宜着深色、竖条纹、单色或柔和色的服装,起到消除臃肿感觉,在上下装色彩的搭配上,以上装比下装色彩略深为宜;体型瘦小者宜着浅色、鲜艳的色彩及横条纹的服装,有横向扩充感,显得丰满些,以上装比下装的色彩浅一些为宜;身材矮小者宜着中性色彩,上下装反差不大的合体服装或套装,使人有挺拔感。根据所求职位的要求,选择不同的色系,讲究艺术性、合理性、协调性,体现个体的审美修养,并对不理想的体型起到掩盖和修饰的作用。

(4) 饰物搭配

尽量不要戴太贵重的和一走动就发出响声的饰物,配饰一定要与服装统一;穿裙子时,一定不要光着腿,宜穿肉色长筒丝袜;鞋子不能穿类似拖鞋的后敞口鞋,皮鞋要擦拭干净,不能带灰带泥。

总之,求职前应好好审视自己的仪容仪表,做到整洁、大方、端庄、得体。注重仪表不一定保证能找到工作,但有助于求职的成功。而不注重仪表,不修边幅、邋邋遢遢则难以找到工作。

## 6.1.3 求职面试举止礼仪

**1. 必须准时赴约**

守时是美德,是礼貌,也是一个人良好素质修养的表现。因此,面试时一定要准时守信,既表示求职的诚意,也能给对方以信任感。迟到,既是一个人随随便便、马马虎虎、缺乏责任心的表现,同时也是一种不礼貌、对主考官不尊重的行为。特别是外资企业,随时会解雇不守时的员工。在答应面谈的时间后,应做好充分的时间安排,准时或提前到达。如果确实因病或其他不可抗拒的因素而无法赴试,应事先通知对方,以便及时调整时间或另行安排时间面试。求职者一般提前15~20分钟到达,这样既可以熟悉考场周围的环境,也有时间调整自己的心态,做一些简单的礼节准备,稳定情绪,以避免仓促上阵。

### 2. 尊重接待人员

到达面试地点后,应主动向接待人员问好,并做自我介绍,同时要服从接待人员的统一安排,有些单位的考核从这一刻就已经开始。面试单位若有引导员,可在引导员带领下到达考场门口,应对引导员说"谢谢你""辛苦了"等感谢的话。

### 3. 重视见面礼仪

进入应聘室之前,应关掉通讯工具,有节奏地敲门,即使房门虚掩,也应礼貌地敲三下。快慢轻重要适度,太快会给考官很轻慢的感觉;太慢给人懒洋洋的印象;太轻给人胆小、紧张、过分谦卑的判断;太重易使人惊吓,给人野蛮的感觉。得到允许后才轻轻推门而进,顺手将门再轻轻地关上,整个过程要自然流畅,不要弄出大的声音,以显示个人良好的习惯。见面时要向招聘者主动打招呼,问候致意或鞠躬致意,同时说"您好""各位好""早上好"等问候语,然后主动进行自我介绍。双手将个人的应聘材料递给招聘主管,同时说"这是我的应聘材料,请多关照"。当对方说"请坐"时,一定要说了"谢谢"后,方可在指定的位置轻稳地坐下。

### 4. 保持良好坐姿

坐姿要端正,胸部挺直,坐在椅子的三分之二即可,不要仰靠,不要战战兢兢只坐一个椅子角。脚放在本人座位下,两膝并拢,将手放在膝上。两腿不要任意伸直,切忌跷二郎腿或不停抖动,两臂不要交叉在胸前,更不能把手放在邻座椅背上,否则会给别人一种轻浮傲慢有失庄重的印象。

### 5. 注意表情礼仪

表情可以传递信息,一个人的喜、怒、哀、乐、悲、苦、愁、烦都可以通过表情反映出来。表情礼仪要求的关键是"微笑"。"微笑"是一种良好心情的表露,是乐观开朗的表现。微笑向对方传达一种友好、亲和、热情、尊重的信息,透露出自信、善良、积极、敬业的个性。有人说"微笑是一份永恒的介绍信","是通向五大洲的护照"。微笑也是自我推销的法宝,是美好动人的无声语言。面试的时候,大多数人都会很紧张,这会使应试者的表情不自然。其实,保持自信的微笑,从容镇定,把自己的真挚和热情"写"在脸上,才能让人产生值得信赖的好感。另外面试时的目光也很重要,应试者应当与主考官保持目光接触,以表示对主考官的尊重。目光接触的技巧是,盯住主考官的鼻梁处,每次15秒左右,然后自然地转向其他地方。例如,望向主考官的手、办公桌等其他地方。然后隔30秒左右,又再望向主考官的双眼、鼻梁处。切忌目光犹疑,左顾右盼,躲避闪烁,这是缺乏自信的表现,让人怀疑你的诚意。

### 6. 适时起身告退

当考官有意结束面试时,要适时起身告辞,面带微笑地表示谢意,与考官等人道别,离开房间时轻轻带上门。出场时,别忘了向接待人员道谢、告辞。结束面谈通常由招聘者决定,应聘者如能自己掌握火候,主动而愉快地告退,那么应切实把握适时,过早告退事情还未讲清,面谈效果未达到理想的程度;告退过迟又易令人生厌,产生不好的印象。其实,招聘者往往都有"面谈已结束"的暗示,如"今天就谈到这里""和你交谈,感到很愉快""感谢你对我们工作的关注"等话语,此时应当敏锐地起身,礼貌地告辞。

#### 7. 试后致信道谢

面试结束后,为给对方加深印象,或弥补面试时的不足,最好再给主考人员写封感谢信,篇幅要短,在信中一方面致谢,另一方面可再次表达对该单位的向往之情。

## 礼仪佳话

### 福特的应聘经历

美国福特公司名扬天下,不仅使美国汽车产业在世界占据鳌头,而且改变了整个美国的国民经济状况,可谁又能想到该奇迹的创造者福特当初进入公司的"敲门砖"竟是"捡废纸"这个简单的动作。那时候福特刚从大学毕业,他到一家汽车公司应聘,一同应聘的几个人学历都比他高,在其他人面试时,福特感到没有希望了。当他敲门走进董事长办公室时,发现门口地上有一张纸,很自然地弯腰把它捡了起来,看了看,原来是一张废纸,就顺手把它扔进了垃圾篓。董事长对这一切都看在眼里。福特刚说了一句话:"我是来应聘的福特。"董事长就发出了邀请:"很好,很好,福特先生,你已经被我们录用了。"

从此以后,福特开始了他的辉煌之路,直到把公司改名,让福特汽车闻名全世界。

在我们的人生历程中一次大胆的尝试,一个灿烂的微笑,一个习惯性的动作,一种积极的态度和真诚的服务,都可以触发生命中意想不到的起点,它能带来的远远不止于一点点喜悦和表面上的报酬。

## 想想议议

### 最好的介绍信

一位先生登报招聘一名办公室勤杂工。约有50多人前来应招,但这位先生只挑中了一个男孩。他的一位朋友问他:"你为何喜欢那个男孩?他既没带一封介绍信,也没有任何人推荐。""你错了,"这位先生说,"他带来许多介绍信。他在门口蹭掉了脚下带的土,进门后随手关上了门,说明他做事小心仔细。当他看到那位残疾老人时,就立即起身让座,表明他心地善良、体贴别人。进了办公室他先脱去帽子,回答我提问时干脆果断,证明他既懂礼貌又有教养,其他所有人都从我故意放在地板上的那本书上迈过去,而这个男孩却俯身捡起它并放回桌子上。他衣着整洁,头发梳得整整齐齐,指甲修得干干净净。难道你不认为这些就是最好的介绍信吗?"

**想想**:你明白了什么?

**议议**:这一事例充分说明了行为修养在求职应聘中的重要性。

### 6.1.4 求职面试谈话礼仪

求职应聘中交谈、询问、对话是招聘和应聘双方心理沟通的过程。对应聘者来说,这是

# 第6章 职场礼仪

一次自我推销的机会,应紧紧把握这次机会,利用语言交流来加深对方对你的良好印象以吸引对方对你的注意和兴趣。

### 1. 礼貌用语贯穿求职应聘始终

求职应聘应该注意用语的礼貌,切忌出现不文明的语句。礼貌用语不仅反映了应聘者对对方的尊重,也体现了应聘者本人的修养。不论自己是否被录用,礼貌用语都要贯穿始终。以"您好"开场,以"再见"收场,称对方公司时要用第二人称的尊称"贵",如"贵公司",也可以直接称"我们公司"。另外,"请""谢谢"等礼貌用语要常挂在口,在整个交谈过程中忌说粗话、脏话,少说或不说口头禅,更不能出言不逊,贬低他人,要显现出大学生彬彬有礼的风度。

### 2. 回答问题把握重点谦恭诚实

回答问题时,对方问什么答什么,问多少答多少,切忌问少答多、问多答少,注意把握谈话的重点,不要离题、啰嗦,一个说话不得要领的人,也是一个思路不清晰的人。回答任何问题都要谦恭诚实,准确客观,以实事求是的态度对待。当遇到自己不知、不懂、不会的问题时,采取回避不答、牵强附会或不懂装懂的做法都是不可取的。诚恳坦率地承认自己的不知或不足,反而会赢得考官的信任与好感。编造谎言、夸夸其谈、炫耀自己,会令人心生反感。有的大学生到用人单位自我介绍:我是××大学毕业的高材生,我是要来当经理的。这种话会使对方觉得你既不识时务,也不知天高地厚,其结果可想而知。假如一到某个单位开口就问:"你们单位有大学生吗?""你们单位需要什么人才呀?"言下之意自己就是人才,这只会给对方留下清高、狂妄、傲气的印象。

### 3. 谈话形式方面应注意的问题

求职应聘应该用普通话对答,要求发音准确,吐字清楚,语速适中,语调不宜过高,声音不能太小;不要咄咄逼人,如果自己要提一些要求,也尽量使用商量的语气;切忌随意打断考官的谈话,喧宾夺主、随意插话是极不礼貌的行为;注意聆听别人的谈话,当考官在说话的时候,一定要善于倾听,集中精力,准确理解考官提问的核心、要点和实质,以便有针对性地做出积极的反应。善于倾听就要做到专注认真、积极思考,答得中肯、坦率、巧妙,这将极有利于提高面试效果。回答问题时不能东张西望,毫不在意。

### 4. 求职面试过程应答、提问技巧

(1) 应答技巧

自信是成功应答的首要条件。面试前要熟悉常见的考题,事先演练。面试中常见的考题:告诉我有关你自己的情况,你为什么申请这项工作?你了解这项工作和这家公司吗?你对工作的期望是什么?你的主要特长是什么?你为什么希望到我们公司来?这个工作为什么吸引你?这些年来你最大的成就(或错误)是什么?你是如何克服那些问题的?五年内你希望自己有何发展?你对成功的定义是什么?你如何描述自己做事的风格?你的生活目标是什么?空闲时你都做些什么?你的朋友多吗?为什么他们愿意和你来往?你是如何对待那些你不喜欢的人?你能为我们提供什么帮助吗?如果你被聘用,你有哪些要求?你希望

挣多少钱？如果达不到你的要求你还会在这里工作吗？

（2）提问技巧

在求职面试中，应聘者除了要接受考官的提问外，常常也有自己提问的机会。考官往往通过求职者的提问，了解求职者的目标、业务水平、看问题的角度及深度等。遇到这个环节，一定要抓住机会，最后给考官留下完美的印象。那么，究竟什么问题该提，什么问题不该提呢？一是不要提常识性问题，这样会显出求职者缺乏准备和无知，如"公司有多少年的历史？""有多少员工？"等；二是少提以自我为中心的问题，这样会显出求职者太急功近利，视野狭隘，如"工资多少？""福利有哪些？""休假有多少天？"等。应注意多问与职位相关的问题，如"这个职位还有其他的要求吗？""我们这个部门近期的工作目标是什么？"除此之外，还可以针对一些专业的特殊要求来设计问题，这样的问题既能反映出求职者敬业精神，也能够反映出求职者业务水平和思考能力，同时考官们也很乐意回答，这会为求职者应聘成功奠定坚实的基础。

## 想想议议

### 待遇问题

一次某公司招聘，王先生向主考官介绍完自己的情况和应聘意向后，主考官问王先生还有什么问题要问，王先生立即抓紧机会问了一些有关职位待遇方面的问题："能否介绍一下这个职位的工作范围？""这个职位向谁负责？职衔是什么？""这一职位是新增加的还是补缺的？""单位为员工提供什么福利？""若入职这一职位薪酬大约多少？""未来几年公司有什么发展大计？"

而李小姐应聘时提问的是："请问这个职位薪酬大约是多少？""这一职位要做什么具体工作？""升职机会如何？""公司有没有安排住房？"

**想想：** 王先生和李小姐的提问会收到什么样的效果？

**议议：** 王先生和李小姐两人提问的侧重点不同，反映了各自关心的利益和追求的不同，收到的效果也就不同。

## 知识拓展

### 应聘绝招：重点突出你的优势

以下是一个毕业生到咨询公司应聘的面试对答，希望大家从中得到启发并举一反三地加以运用。

面试官：你为什么想进本公司？

毕业生：咨询业在国内是一个比较新的行业，发展前景很是广阔。而且贵公司早在10年前就独具慧眼，在上海建立了分公司，现在已经是最著名的咨询公司之一。如果我有幸加入贵公司，也是对我个人能力的一种肯定。另一方面我也曾经听一位前辈介绍说现在上海的咨询业竞争很激烈，我是一个喜欢接受挑战的人，所以很想进贵公司。

## 第6章　职场礼仪

面试官:那么你具体对哪一个工作最感兴趣?

毕业生:我最想进的是咨询服务部,这个部门很富有挑战性,也可以学到很多东西。现在国内很多企业都不是很景气,如果能帮助它们走出困境,也是一件很好的事情。

点评:以上是面试中最常见的两个问题,一定要精心准备。该同学明确地表达了对公司以及具体岗位的兴趣。如果不详细了解公司的情况是无法从容地回答这样的问题的。

面试官:如果其他公司和本公司都录用你时,你怎么办?

毕业生:对我而言,能同时被几家公司录用,是一件让我高兴的事情。我想,对公司而言是希望招聘到优秀的学生,同样对我而言,也希望自己能做出一个正确的选择,我会仔细比较各公司的特点,包括公司的待遇、工作环境等,并结合我的兴趣和专业,努力找到一个最佳结合点,做出最优化的选择。但说实话,这确实是一件比较难办的事情,不知道您能不能给我一点建议。

点评:这个问题是公司在试探你加入的意愿是否很强烈,一定要给出明确的回答。该同学的回答显得玲珑有余而主见不够。

面试官:你觉得你的哪些方面可以在本公司得到发挥?

毕业生:我想每一个求职者都希望能发挥自己的所有潜能,而并不仅仅是使用学校里所学到的专业知识。如果我的潜能得不到发挥的话,对公司而言是一个损失,对我个人也是损失。潜能包括对工作的热情、自信,对现代公司理念的理解和实践,以及人际关系处理能力,高效率的工作能力,处理危机的能力等,这是我的理解。就我来讲,如果有幸加入贵公司,会努力锻炼自己,发展自己,为公司发展做出贡献。另一方面,也希望公司能提供这样一个环境。我在大学里担任校团委宣传部长,负责过一些大型活动的宣传工作,在公共关系方面积累了一些经验。

面试官:请具体谈一谈。

毕业生:去年我参加了八届全运会组委会与校团委举办的八运自愿者校园招募活动。我们首先利用海报、校园广播做了宣传,然后开了一个情况介绍会,邀请组委会领导和学校领导出席,又由以前的志愿者介绍了经验。效果很好,出色地完成了任务。

点评:以上两个问题是了解你的能力和工作兴趣的问题,应实事求是地回答,注意充分表现自己的信心和能力,但千万不要夸大其词,否则可能自食其果。

面试官:你准备怎样把大学里学到的知识用到工作中去?

毕业生:大学里学到的知识主要是书本知识,当然也有一部分实践知识。这些要用到工作中去,一定要结合公司的实际,每个公司都有自己的特点,比如会计,我相信每个公司都有自己的内部会计制度,所以在工作中也要不断学习。事实上,我认为我在大学里学到的书本知识并不是我最大的收获,而是自学能力的培养和分析问题的方法,这个对我很重要,我想在工作中也是如此。

点评:这是个可以自由发挥的问题,阐述自己的看法并以令人信服的理由说明就可以。注意言简意赅,条理清楚。

面试官:一个人工作与团体合作,你喜欢哪一种?

毕业生:这个问题我想没有固定的答案,要看工作的具体内容而定。如果是简单的、一个人可以做的工作,大家一起做的话,反而会增加工作的复杂性,在这种情况下,我倾向于一个人工作。反之,在大多数情况下,我愿意团体合作。这个世界的变化很大、很快也很复杂,而一个人的工作能力有限,团体合作将更有助于有效地实现一个目标。

点评:无论用什么样的方法回答这个问题,一定要记住一点:缺乏团体合作及集体精神的人是不能被企业或公司接受的。

面试官:你以前在学校里有没有团体合作的经历?

毕业生:我曾经在学校里参加过戏剧节里边的一个戏剧的具体节目。一个节目首先要有创意,同时也要由校方提供条件,这就有个协调和合作的过程。我的具体职务就是协调人。创意要由编剧化为剧本,然后有一个挑选演员的过程,进而是角色的分配。这里往往也有矛盾。譬如说谁演主角,谁演配角。只有大家一起团结协作,才能使角色之间达到平衡。编剧和演员之间更要合作,因为每一个人对剧本都有他自己的理解,只有当大家对剧本有一个统一的理解以后,才能把戏真正演好。

面试官:你对自己在出主意、提建议方面有信心吗?

毕业生:一般来说,没有信心我是不会轻易出主意或提建议的,一个人如果对他自己的主意或建议都没有信心的话,是不可以做好这个工作的。我会尽力把主意和建议阐述清楚,同时听取意见。如果是好的会坚持,不好的就放弃。但不好不等于没有信心。

点评:一个有信心的人在竞争中始终是能够占据上风的,但是要注意:自信不等于自大。面试成功与否,归根结底还是取决于一个人的综合素质。面试技巧只能帮助同学们少走弯路,更好地展现自己的优势,以便更顺利地找到适合自己的工作。面试技巧的成功运用是建立在对自己的充分了解和合理定位的基础上的。

## 相关链接

### 求职礼仪自我检视清单

**一、求职面试前的礼仪**

1. 头发干净自然,如要染发则注意颜色和发型不可太另类。
2. 服饰大方整齐合身。男女皆以时尚大方的套服为宜。
3. 面试前一天修剪指甲,忌涂指甲油。
4. 不要佩戴比较奇特的装饰物。
5. 选择平时习惯穿的皮鞋,出门办事前一定要擦拭干净。

**二、求职面试过程的礼仪**

1. 任何情况下都要注意进房先敲门。
2. 待人态度从容,有礼貌。
3. 眼睛平视,面带微笑。
4. 说话清晰,音量适中。
5. 神情专注,切忌边说话边整理头发。
6. 手势不宜过多,需要时适度配合。
7. 进入面谈办公室前,可以嚼一片口香糖,消除口气,缓和稳定紧张的情绪。

**三、求职面试结束时的礼仪**

1. 礼貌地与主考官握手并致谢。

2．轻声起立并将坐椅轻手推至原位置。
3．离开公司时对接待小姐表示感谢。
4．24小时之内寄送书面感谢信。

## 6.2 办公室礼仪

办公室是一个处理组织业务的场所，办公室礼仪不仅是对同事的尊重和对组织文化的认同，更是组织内部个体为人处事，礼貌待人的最直接表现。在办公室遵守礼仪，是组织对其个体的基本要求。尽管时代在前进，人类在发展，生活在变化，但是我们遵守礼仪规范的思想不能动摇。办公室礼仪包括个体仪表、电话、接待、会议、网络、公务、公关、沟通等各式各样的礼仪。有些与前面的阐述大同小异，就不再重复，这里仅简要说明办公室语言、环境、举止、相处等礼仪。

### 6.2.1 办公室语言礼仪

俗话说"一句话说得让人跳，一句话说得让人笑"，在办公室里与同事们交往离不开语言。同样的目的，表达方式不同，结果也不一样。

**1．办公室"五不说"**

（1）不说炫耀自己的话

在办公室里，如果个人专业技术很过硬，领导非常赏识，是该组织的红人，也不要把自己当作骄傲的孔雀，当众炫耀。骄傲使人落后，谦虚使人进步。再有能力，在职场生涯中也应该小心谨慎，避免招来别人的嫉恨。

（2）不说私人生活的事

办公室是办公场所，与工作无关的事不要在办公室诉说。虽然向别人倾吐心中的秘密，很能拉近人与人之间的距离，但心理学家研究证明只有1%的人能够严守秘密。把同事当知己可能会给自己添麻烦，职场是竞技场，每个人都可能成为对手，即便是合作很好的搭档，也可能突然变脸，他越了解你，越容易攻击你。职场上风云变幻，险象环生，害人之心不可有，防人之心不可无。不轻易让同事涉足自己心中的秘密是明智之举，是竞争压力下的自我保护。

（3）不说单位的人和事

人事关系最微妙，有人升迁，有人被炒。不是领导，不知原委就免开尊口。至于像"公司福利不好""公司老让加班，不给加班费"之类的话，与同事说也白说，传来传去，被人添油加醋，最后传到领导那里，被炒鱿鱼了，连解释的机会都没有。认真上班，努力工作这才是职场王道。

（4）不说薪金之类的话

同事之间工资往往有不小差别，很多公司不喜欢员工之间打听薪水。同工不同酬是很多公司常用的手法，用好了，是奖优罚劣的一大法宝。但它是把双刃剑，用不好，就容易引发员工之间的矛盾，最终会将矛头直指领导，这当然不是领导想要的结果，所以领导对"包打听"之类的人总是格外防备。所以当有人把话题往工资上引时,要尽早打断或委婉回避。

(5) 不说个人雄心壮志

个人远大的人生理想,用个褒义词是雄心,用个贬义词就是野心,野心可有不可露。因为野心人人都有,但是位子有限。公开自己的进取心,就等于公开向公司里的同事挑战。僧多粥少,树大招风,何苦被人处处提防,被同事或上司看成威胁。低姿态做人,是自我保护的好方法。一个人的价值体现在做多少事上,而不在大话上,在该表现时表现,不该表现时就算韬晦一点也没什么不好。

**2. 办公室"五说"**

(1) 多说文明礼貌用语

为了提升组织的形象,加强人与人之间的交流沟通,在办公室里应大力宣传推广办公文明礼貌用语,如"您好""谢谢您""请坐""对不起"等。

(2) 多说赞美人的话

德国历史上的"铁血宰相"俾斯麦为了拉拢一位敌视他的议员,便有计划地在别人面前说那位议员的好话。俾斯麦知道,那些人听了自己对议员说的好话后,一定会把话传给那位议员。后来,两人果然成了无话不说的朋友。人往往喜欢听好听的话,即使明知对方讲的是奉承话,心里还是免不了会沾沾自喜。最有效的好话还是在他人面前说。当接赞美对方时,对方极可能以为那是应酬话、恭维话,要是通过第三者来传达,效果截然不同,当事者必定认为那是真的赞美,没有半点虚假,从而感激不尽。多在他人面前说人好话,是使大家和睦相处、关系融洽的最有效方法。

(3) 多说宽容鼓励的话

说话的方式多种多样,同样的意思,说话很有艺术的人说出来别人容易接受,有些人说出来就很不中听。每个人的思想、想法不同,我们在说话时要学会多说宽容的话,宽容是智者;多说尊重的话,尊重增加了解;多说关怀的话,关怀获得友谊;多说商量的话,商量促进沟通;多说鼓励的话,鼓励发挥力量。

(4) 多说独立见解的话

在办公室里不乱说话不等于不说话,而是要看场合说话。比如,部门主管征询意见时,不说就不妥;或者开讨论会时,该发言就不能闷着,否则会给领导留下没主见的印象。说话时不要人云亦云,要学会发出自己的声音,敢于说出自己的想法。领导都赏识那些有主见的员工。

(5) 试着说下面的话语

当感到自己的情绪不稳定、暴躁、易怒时,为避免在这种状态下不小心冒犯上司或同事,我们不妨可以这样说话:"是,我们是应该讨论一下""我不确定这样是不是能够实行""我觉得这应该不会有问题""或许你可以去询问一下别人的看法""我会试着把这件事情插进工作进度中""我当然也很开心""嗯,这很有意思""我手边的工作量可能有一点过重了""不好意思,我并没有参与这项计划""我喜欢接受挑战""你可能还不太了解""他可能不太熟悉这件事情"……

总之,说话要分场合、要有分寸、要得体。懂得语言的艺术,能够娴熟地使用语言,会让自己的职场生涯更成功。

### 6.2.2 办公室环境礼仪

舒适、和谐的工作环境是办公室工作顺利运转的重要保障,办公室环境从侧面反映了整个组织的管理和实力。同时,办公环境与工作效率也是紧密相连的。

#### 1. 保持办公室整洁

办公室内,每一位工作人员都要讲究卫生,勤于清理,尤其是烟灰、纸屑要处理好,不可随意乱扔垃圾;个人办公区要保持办公桌位清洁,饭盒等非办公用品不外露,信笺、信封、胶水、笔、软盘等小件物品不要摊放在桌面上,办公桌上一般可以放电话、记录本和笔、日程表、常用资料、电脑、便笺等主要用品,但桌面物品要摆放合理、方便、整齐;文件、报纸要归档放好;当有事离开自己的办公座位时,应将座椅推回办公桌下。保持办公室环境的干净、整洁是最起码的要求。

#### 2. 室内应通风换气

办公室的窗户要经常打开,适时通风换气,可适当摆放一些盆花、盆景,在净化空气的同时,也起到点缀的作用,但要及时将已枯萎的花、叶扔掉;有的公司会安排员工在办公室内用午餐,用完午餐,应立即清新空气,避免餐食的气味弥漫整个办公室,一旦有客人来访,会影响公司的形象;同时还要注意不在公共办公区吸烟,否则既污染办公室内的空气,对女性同事也是一种不尊重的表现。

#### 3. 装饰物要有气势

办公室应体现主人的权威性、企业的文化,以利于决策的贯彻执行与占据商业谈判的有利之势。沙发、挂画、装饰品要选有气势的,让外来客人仰视而不可俯视。室内的一切装饰、设施,包括一个花盆、一个挂件都要体现为我所用的原则。沙发的摆放应围成一个 U 字形,凹口朝着主人,形成一个向心力与凝聚力。一般不要摆放私人相片及悬挂美女挂历。

#### 4. 注重节约与安全

在办公室要提倡节约水电。饮水时,如不是接待来宾,应使用个人的水杯,减少一次性水杯的浪费;不得擅自带外来人员进入办公区,会谈和接待应安排在洽谈区域;下班离开办公室前,使用人应该关闭所用机器的电源;最后离开办公区的人员应关电灯及室内总闸。

办公室优雅的环境不仅能够反映出在这个环境中工作的人的精神风貌、审美情趣以及工作作风等,同时也能给来访者留下深刻良好的印象。

**相关链接**

公司员工礼仪守则

第一条  员工必须仪表端庄、整洁。

1. 头发。员工头发要经常清洗,保持清洁,男性员工头发不宜太长。

2. 指甲。指甲不能太长,应经常注意修剪。女性员工涂指甲油要尽量用淡色。

3. 胡子。胡子不能太长,应经常修剪。

4. 口腔。保持清洁,上班前不能喝酒或吃有异味食品。

5. 女性员工化妆应给人清洁健康的印象,不能浓妆艳抹,不宜用香味浓烈的香水。

第二条 工作场所的服装应清洁、方便,不追求修饰。

1. 衬衫。无论是什么颜色,衬衫的领子与袖口不得污秽。

2. 领带。外出前或要在众人面前出现时,应佩戴领带,并注意与西装、衬衫颜色相配。领带不得肮脏、破损或歪斜松弛。

3. 鞋子应保持清洁,经常清洗。

4. 女性员工要保持服装淡雅得体,不得过分华丽。

第三条 在公司内员工应保持优雅的姿势和动作。

1. 站姿。两脚脚跟着地,脚尖离开约45度,腰背挺直,颈脖伸直,头微向下,两臂自然下垂,不耸肩,身体重心在两脚中间。

2. 坐姿。坐下后,应尽量坐端正,把双腿平行放好,不得把腿向前伸、向后伸或俯视前方。要移动椅子时,应先把椅子放在应放的地方,然后再坐。

3. 公司内与同事相遇应点头行礼表示致意。

4. 握手时用普通站姿,并目视对方眼睛。握手时脊背要挺直,要大方热情,不卑不亢。

5. 出入房间的礼貌。进入房间,要先轻轻敲门,听到应答再进。进入后,回手关门,不能大力、粗暴。进入房间后,如对方正在讲话,要稍等静候,不要中途插话,如有急事要打断说话,也要看住机会。而且要说:"对不起,打断您们的谈话"。

6. 递交物件时,如递文件,要把正面、文字对着对方的方向递上去;如是钢笔,要把笔尖向自己,使对方容易接着;至于刀子或剪刀等利器,应把刀尖向着自己。

7. 走通道、走廊时要放轻脚步。无论在自己的公司,还是在访问的公司,在通道和走廊里不能一边走一边大声说话,更不得唱歌或吹口哨等。在通道、走廊里遇到上司或客户要礼让,不能抢行。

### 想想议议

**一口痰"吐掉"一项合作**

《文汇报》曾有一篇报道,题目是《一口痰"吐掉"一项合作》。说某医疗器械厂与外商达成了引进"大输液管"生产线的协议,第二天就要签字了。可当这个厂的厂长陪同外商参观车间的时候,习惯性地向墙角吐了一口痰,然后用鞋底去蹭。这一幕让外商彻夜难眠,他让翻译给那位厂长送去一封信:"恕我直言,一个厂长的卫生习惯可以反映一个工厂的管理素质。况且,我们今后要生产的是用来治病的输液皮管。贵国有句成语:人命关天!请原谅我的不辞而别……"一项已基本谈成的项目,就这样被"吐"掉了。

**想想**:你明白了什么?

**议议**:一个人的举止风度不仅仅代表自己的形象,体现自己的教养,在一定的场合,个人的行为代表组织行为,个人形象代表组织形象。所以,必须养成良好习惯,提高个人修养,从

# 第6章 职场礼仪

小处做好,商机才不会溜走。

## 本章小结

求职礼仪异常重要,求职应注意个人的仪表美,力求仪容整洁、发型适宜、服饰得体,服饰应清新自然、整洁大方、颜色适宜、饰物搭配。注重仪表不一定保证能找到工作,但有助于求职的成功。而不注重仪表,不修边幅、邋邋遢遢则难以找到工作。

求职面试举止礼仪包括:必须准时赴约、尊重接待人员、重视见面礼仪、保持良好坐姿、注意表情礼仪、适时起身告退、试后致信道谢。

求职面试谈话礼仪主要有:礼貌用语贯穿求职应聘始终、回答问题把握重点谦恭诚实、谈话形式方面加以注意、掌握求职面试过程应答、提问技巧。

办公室礼仪包括个体仪表、电话、接待、会议、网络、公务、公关、沟通等。

办公室"五不说":不说炫耀自己的话、不说私人生活的事、不说单位的人和事、不说薪金之类的话、不说个人雄心壮志;办公室"五说":多说文明礼貌用语、多说赞美人的话、多说宽容鼓励的话、多说独立见解的话、可以试着说一些礼貌的话。

舒适、和谐的工作环境是办公室工作顺利运转的重要保障,要保持办公室整洁、室内应通风换气、装饰物要有气势、注重节约与安全。办公室优雅的环境不仅能够反映出在这个环境中工作的人的精神风貌、审美情趣以及工作作风等,同时也能给来访者留下深刻良好的印象。

## 案例分析

**案例一:**

一家公司招聘行政助理,几个应聘者在一楼大厅接待处办好手续,接待人员让他们一起到三楼人力资源部去面试。在上楼梯时,一位怀抱文件的工作人员急匆匆下来,与他们撞了个正着,文件散落一地,只有一个应聘者停下来帮着捡起地上的文件,而其余的人都毫不犹豫地直奔三楼。结果,这位帮着捡起文件的小伙子被录取了。

提示:人们常说:"一屋不扫何以扫天下"。从一件小事、一个细节,就可以看出一个人的本性。"小处不可随便",即使招聘者故意设置陷阱,只要有良好的习惯,就能顺利过关,得到施展才华的机会,迈向成功之路。

**案例二:**

一个外商考察团来某企业考察投资事宜,企业领导高度重视,亲自挑选了庆典公司的几位漂亮女模特来做接待工作。并特别指示她们身着紧身上衣,黑色皮裙,领导说这样才显得对外商的重视。

但考察团上午见了面,还没有座谈,外商就找借口匆匆走了,工作人员被搞得一头雾水。后来通过翻译才知道,他们说通过接待人员的着装,认为这是个工作以及管理制度极不严谨的企业,完全没有合作的必要。

原来,该企业接待人员在着装上,犯了大忌。根据着装礼仪的要求,工作场合女性穿着紧、薄的服装是工作极度不严谨的表现;另外,国际公认的是,黑色的皮裙只有妓女才穿……

提示:着装也是一种无声的语言,它显示着一个人的个性、身份、角色、涵养、阅历及其心理状态等多种信息。在人际交往中,着装直接影响到别人对你的第一印象,关系到对你个人形象的评价，同时也关系到一个企业的形象。

案例三：

### 小黄的最后面试失败了

小黄去一家外企进行最后一轮总经理助理的面试。为确保万无一失，这次她做了精心的打扮。一身前卫的衣服、时尚的手环、造型独特的戒指、亮闪闪的项链、新潮的耳坠，身上每一处都是亮点，简直是无与伦比、鹤立鸡群。况且她的对手只是一个相貌平平的女孩，学历也并不比她高，所以小黄觉得胜券在握。但结果却出乎意料，她并没有被这家外企所认可。主考官抱歉地说："你确实很漂亮，你的服装配饰无不令我赏心悦目，可我觉得你并不适合干助理这份工作。实在很抱歉。"

**提示**：我们应该时刻注意自己的衣着和配饰，并分清场合。对于配饰，宜少不宜多，否则给人一种张扬、压抑、零乱、不稳重的感觉。

案例四：

### 硕士落选记

某公司要招聘一位市场部经理，一位名校硕士的简历吸引了老总的目光。他有相关理论著述，而且在两家单位任过职，有一定经验。于是通知他三天后来公司面试，面试结果呢？竟然没能通过。老总后来说，那次面试是他亲自主持的。他发现那位先生有个特点，就是不管什么时候都是锁着双眉，不会微笑，显示出很沉闷的样子。他说，这种表情的人是典型的不擅做沟通工作。而作为市场部的负责人，沟通本来就是重要的工作内容……

**提示**：一个人的表情在人际交往特别是初次交往中很重要，千万不可小看。心理学家珍·登不列说："假如顾客的眼睛往下看，脸转向一边，就表示拒绝你了；假如他的嘴唇放松，笑容自然，下颚向前，可能会考虑你的建议；假如对你的眼睛注视几秒钟，嘴角到鼻翼部位都显出轻松、热情的微笑，这项买卖就做成了。"这段话可以得出两个启示，一是如果想有良好的人际关系，就要注意表情或神态礼仪；二是面部表情最传神表意的笑容，是决定面部表情礼仪的关键。

案例五：

### 李强为什么落选

李强、谭大伟是住在同一宿舍的大学生，所学专业都是市场营销。在毕业前求职期间，他们在学校的食堂前看到了一家外企的招聘启事，便分别寄去了自己的求职材料。后来，他们都顺利地通过了笔试，并同时收到了面试通知。面试时，主考官问了李强一些关于市场营销方面的问题。李强对答如流，并不时提出自己的新见解，受到了主考官的赞赏。在另一个会议室里，谭大伟的面试也进行得很顺利，主考官对他的回答也表示十分满意。在面试就要结束时，主考官向李强、谭大伟分别提出了同样的问题："对不起，我们公司的电脑出了故障，参加面试的名单里没有你，非常抱歉！"胜利在望的李强听到了主考官的话后，马上就变得没有风度，质问主考官为什么会出现这样的事。"我在学校里每次考试都是第一名，为什么居然不能进入面试？这是公司成心在耍我。"主考官对他说："你先别生气。其实，我们的电脑并没有出错，你以第一名的成绩进入了我们的面试名单。刚才的插曲只不过是我们给你出的最后一道题。面对竞争激烈的就业，你感到惶恐和不安是正常的。但是，你的心理应变能力实在太差了，市场营销部是全公司经历风险最多的部门，作为这个部门的高级人员，需要

有良好的心理素质。我们希望你能找到更适合的工作。"李强愣住了:煮熟的鸭子飞了！没想到这也是一道考题！在另一间会议室,谭大伟在听完了同样的问题之后,面带微笑,十分镇定地说:"我对贵公司发生的这个错误十分遗憾,但是我今天既然来了,就说明我和公司有缘分。我想请您再给我一次机会。对公司来说,它或许能够意外地选择一个优秀的员工。"主考官露出满意的神情:"你真是一个不错的小伙子！我们愿意给你这个机会。"

### 角色扮演

结合面试的仪容和服饰礼仪的要求,请分别设计到以下几个单位去应聘时的形象。

1．到学校应聘教师。
2．到一家美国人办的外企公司应聘秘书。
3．到酒店去应聘接待人员。

# 第7章 会议仪式和民俗礼仪

## 学习目标

**知识目标**：掌握会议、商务活动（开业典礼、剪彩、签字等）的礼仪规范的基本内容。了解一些国家的礼俗。

**能力目标**：掌握商务活动礼仪的方法和技巧；符合商务活动礼仪的基本要求，具有组织商务仪式（活动）的能力；具有根据不同国家的礼俗，灵活开展商务活动的能力。

**素质目标**：具有比较完整的会议和商务活动方面的礼仪知识，能够在会议和商务活动中正确地把握自我，树立个人和组织的良好形象；具有较丰富的宗教和民俗礼仪知识，在国际交往中能够入乡随俗。

## 导课案例

### 香港迪斯尼乐园的开幕庆典活动

2005年9月10日至12日，香港迪斯尼安排了为期三天的开幕庆典活动。有近1 000名世界各国及各地的嘉宾和900多名中外传媒人士参加了乐园的开幕典礼。乐园向各嘉宾发出了"童话式"请柬，由一个金色大礼盒装载，内有请柬、立体式设计的乐园简介以及一个开幕纪念章。

作为中国首个迪斯尼乐园，乐园特别将开幕庆典定在9月10、11及12日举行，并为3日定下不同的主题，分别为：9月10日的"Welcome the Magic"——"欢迎神奇"；9月11日的"Experience the Magic"——"感受神奇"；9月12日的"Celebrate the Magic"——"庆祝神奇"。

9月10日11时30分，位于香港大屿山的迪斯尼乐园举行了盛大的开幕仪式。时任国家副主席曾庆红、香港特别行政区行政长官曾荫权亲临开幕现场并致辞。

随后，4名主礼嘉宾为舞狮队举行了点睛仪式。来自美国加利福尼亚庭庭州、佛罗里达州，日本东京，法国巴黎四个迪斯尼主题乐园的小朋友表达了对香港迪斯尼加入大家庭的美好祝愿。

12时20分，"名誉大使"张学友和"亲善大使"杜艾乐分别出现在睡公主城堡前面。在米老鼠的见证下，4位主礼嘉宾为香港迪斯尼剪彩，全球最小的米老鼠家园开业迎宾了。

9月11日上午9时，随着"轰、轰、轰"三声巨响，五彩缤纷的礼花在香港迪斯尼乐园上空冲天怒放。喇叭里一声"奇妙世界开始了"，宣告乐园里最受欢迎的游乐项目"飞越太空

山"正式启动。以此为标志,香港迪斯尼乐园所有游乐设施全面启动,开始迎接游客的到来。

12日中午11时45分,香港迪斯尼乐园正式揭幕。乐园在下午1时正式对外开放。

**分析**:香港迪斯尼乐园的开业典礼举办了三天,很隆重、也很得体,是开业典礼仪式的一个典范。从10日的红地毯入场仪式,到11日的贵宾体验活动,都体现了开业典礼中要把单位最具特色的一面展现给来宾的要求。

举办开业典礼,既是本单位工作的一个良好开端,也能引起社会对本单位的普遍重视,提高单位的知名度。香港迪斯尼乐园正是通过这样的开业典礼扩大了影响,为以后的工作奠定了基础。

## 7.1 会议礼仪

据载,会议起源于原始社会晚期的部落民主议事制度。古希腊、古罗马时期,会议已有了较大的发展,并且形式繁多,百人团会议、元老院会议、平民会议、法庭论辩会议、胜利庆功会议、体育竞赛会议等。近代以来,还有各种类型的纪念性会议、新闻发布会、记者招待会、产品博览会、订货会以及座谈会、茶话会、报告会、联欢会等。

会议,通常是指将特定范围的人员召集在一起,对某些专门问题进行研究、讨论,有时还需作出决定的一种社会活动的形式。会议属于工作性群体聚会,它是为实现一定的组织目标,由会议组织者召集一定规模的公众共同参与的一项事务性活动。会议礼仪,是召开会议前、会议中、会议后及参会人应注意的事项。要保证会议成功召开,顺利达到既定目标,无论是组织者还是参加者都必须遵守会议特有的礼仪规范。

### 7.1.1 会议筹备礼仪

会议的前期会务工作是会议能否达成预期目标的首要条件,要遵守常规、讲究礼仪,做好缜密而细致的准备组织工作。

**1. 确定会议主题与目标**

在准备会议之前,首先要明确会议的主题是什么?所谓主题就是本次会议的核心议题,主题应鲜明、具体,避免造成歧义或误解。

任何会议都有一定的目标,或是就某个主题征求各方意见,或是寻求一个统一的解决方案,也有的是通过会议形成或落实某个决策方案。会议主持者应牢牢把住这个目标,使会议能有序进行。

**2. 确定会议时间和地点**

应按照主题及会议目的要求确定会期(开始时间、结束时间),有些综合性带有休闲性质的会议则须充分考虑休闲的时间要求。

关于会议地点,小型意见碰头会、讨论会可以座谈的方式展开,正规性会议则要有专用的会场。会议地点选择的关键是参加者人数。如果在异地开会,则应兼顾会议主题、与会者交通便利程度及休闲要求三方面。

#### 3. 确定参会人员

（1）与会人员的确定应与会议主题密切相关

或者是会议主题的解答者,或者是会议主题的接受者,或者是会议主题的相关感兴趣者

（2）与会人员的确定应与会议目的密切相关

开放性议题的会议可以邀请一些持不同意见者,以达到集思广益的效果;需形成决议的会议则只限于权力级别。

（3）与会人员的确定应与会议内容的机密等级要求相关

例如,董事会就只能董事会成员参加,涉及企业重大决策的则应以核心层人员参与为宜。

（4）与会人员的确定应与会议成本预算相关

即尽量精简与会人员,降低会议成本。

#### 4. 确定会议议程

会议议程是指在会议上要考虑的事务。制定会议议程是主席的职责,要求在会议举行前就将要讨论的事务内容和顺序做出安排。会议议程上应标明如下几点内容。

① 会议的时间和地点。

② 会议的目的。

③ 会议议题的顺序。

美国通用汽车公司前总裁托马斯·墨菲是一位成功的公司领导人,他说:"会议的议程必须事先准备妥当,并分发给与会者,这样可以使他们心中有数,做好倾听、发言的准备。必要时还可以向与讨论议题有关的部门收集信息,以便会上提出准确的数据和资料。"确实,会议议程有着重要的作用,它有利于提高会议效率。

#### 5. 确定会议主持人

主持人一般由领导担任。主持人的关键职责是控制会议议程、把握会议气氛、掌握会议进度及时间。

会议结束时主持人应请指定发言人作总结性发言,或者主持人自己作概略性总结发言。

#### 6. 准备会议有关资料

① 会议日程安排(含会议具体时间、地点及食宿规定)。

② 会议议程。

③ 重要会议应有领导讲话的相关文字资料。

④ 需要与会者讨论、学习的有关资料。

⑤ 需要使用的幻灯片、录像带、光碟等。

#### 7. 其他准备工作

① 后勤、会务、保安、服务礼仪人员准备。

② 根据会议的规定,与外界搞好沟通。例如,向有关新闻部门、公安保卫部门进行

## 第7章 会议仪式和民俗礼仪

通报。

③ 礼品、赠品准备。

④ 桌椅、座位牌、签到簿、名册、白板、辅助器材、茶水(矿泉水)、食宿、交通及与会者需要的笔、纸、笔记本等会议用品准备。

签到簿的作用是帮助会议组织者了解到会人员的多少、分别是谁。一方面使会议组织者能够查明是否有人缺席,另一方面能够使会议组织者根据签到簿安排下一步的工作,如就餐、住宿等。印刷名册可以方便会议的主席和与会人员尽快地掌握各参加会议人员的相关资料,加深了解,彼此熟悉。

⑤ 如果会议属于业务汇报或者产品介绍,那么有关的资料和样品也必不可少。

⑥ 对于开会时所需的各种音响、照明、投影、摄像、摄影、录音、空调、通风设备和多媒体设备等,应提前进行调试检查。

**8. 拟发会议通知**

举行正式会议均应提前向与会者下发会议通知,会议通知是指主办单位发给所有与会单位或全体与会者的书面文件,及向有关单位或嘉宾发的邀请函件。大型会议一般应至少提前一周发出会议通知并设法保证及时送达,以便与会者及早安排和准备。

会议通知一般应由标题、主题、会期、出席对象、报到时间、报到地点及与会要求等七项要点组成。拟写通知时,应保证其完整而规范。会议通知上,还可增加会议回执的期限、会议主办者的联络电话和会议场所导向图等。

张贴通知或黑板通知要讲究称呼的准确性。在通知上可用"请"等礼貌用语。口头通知包括电话通知,讲话更要礼貌称呼,"请"字当先。通知时要做到"充分",一是与会人员都要通知到,否则会使漏掉的人产生被轻慢的感觉;二是开会内容、时间、地点无一遗漏,如果通知事项不全,给他人增添麻烦,也是失礼的。

**9. 编制会议费用预算**

对于所需的总费用有一个大致的估算,并有计划地分配会议的各项费用,防止超支和浪费。商务会议的费用通常包括场地租金、工作人员费用、联络及交际费用、差旅费、住宿费、宣传费、礼品(纪念品)费、器材租金等,要根据会议所要达到的效果来考虑这些费用的标准。

### 7.1.2 会场布置

会场布置一方面直观传达着本次会议的主题、主办方对本次会议的重视程度;另一方面形成一定的会议氛围,督促与会者集中精神参加好会议。因此,会场布置工作也是会议礼仪的重要内容。

**1. 会场选择与场内设备检查**

选择会场时,要考虑与会者的人数,同时照顾与会者到会是否方便。另外,选定会场时还要考虑以下因素:会场是否符合与会者的身份、等级;会场是否有噪音;照明、空调设备是否完好;会场地点对与会者来说交通是否便利、停车是否方便;会场外的其他服务条件如何等等。

场内设备检查是会议进行的必要程序,包括:会场的桌椅及装饰设备,会场的通风条件,会场的冷、暖气设备或空调设备,讲话扩音设备;主席台或讲台,会场的采光或灯光条件,银幕、放映室或投影仪、幻灯设备;电源、电线、黑板、指示棒、插图、粗笔及书写用笔,闭路电视系统;姓名牌、记录纸、烟灰缸、大衣架、水及其他有关设备。

2. 会场布置

（1）标记布置

主题横幅应悬挂在主席台正上方。会标应在主席台正背上方,按照要求可在两侧或四周布置一些带有鼓舞性、号召性的口号标语(横幅)。

大型会议可在会场外架起拱门,悬挂彩球、直幅,以示隆重。

（2）座位布置

会场座位布置最好能适合会议的主题风格和气氛,主要有以下几种方式。

① 剧场式。这种方式因酷似戏院、剧场而得名,即设一个主席台,少数人在主席台上,绝大多数人在台下,类似观众。这种方式适合于与会人数较多的正式会议。

② 教室式。这种方式类似于学校的教室,适合于讲解、说明的场合,也便于与会者做记录。

③ 讨论式。比较适用于商谈和讨论问题,也便于看清黑板及放映幻灯或录像片。它可分为设主席台的或不设主席台的,有反U型、V型等多种形式。

（3）座次安排

① 环绕式。就是不设立主席台,把座椅、沙发、茶几摆放在会场的四周,不明确座次的具体尊卑,而听任与会者在入场后自由就座。这一安排座次的方式,与茶话会的主题最相符,也最流行。

② 散座式。散座式排位,常见于在室外举行的茶话会。它的座椅、沙发、茶几四处自由地组合,甚至可由与会者根据个人要求而随意安置。这样就容易创造出一种宽松、惬意的社交环境。

③ 圆桌式。圆桌式排位,指的是在会场上摆放圆桌,请与会者在周围自由就坐。圆桌式排位又分下面两种形式:一是适合人数较少的,仅在会场中央安放一张大型的椭圆形会议桌,而请全体与会者在周围就坐。二是在会场上安放数张圆桌,请与会者自由组合。

④ 主席式。这种排位是指在会场上,主持人、主人和主宾被有意识地安排在一起就坐。座次的排列包括主席台座次和其他与会者座次。主席台座次,以上主席台人员的职务(或社会地位、声望等)高低排列,最高的排在主席台第一排的正中间,其余按高低顺序,以正中间座位为点,面向会场,依左为上、右为下的原则排列。若有几排座位,其他各排的座位可灵活安排。座位上要摆置姓名牌,座次须报领导审定。其他与会者面向主席台,座次排列既要服从会议目的,又要体现平等精神。

**知识拓展**

**圆桌会议**

圆桌会议指围绕圆桌举行的会议,圆桌没有主席位置,亦没有随从位置,人人平等。据

# 第7章 会议仪式和民俗礼仪

说,这种会议形式来源于英国亚瑟王的传说。5世纪,英国国王亚瑟在与他的骑士们共商国是时,大家围坐在一张圆形的桌子周围,骑士和君主之间不排位次。圆桌会议由此得名。至今,在英国的温切斯特堡还保留着一张这样的圆桌。关于亚瑟王和圆桌骑士的传说虽然有着各种各样的版本,但圆桌会议的精神则延续下来。第一次世界大战之后,这种形式被国际会议广泛采用。

圆桌会议是指一种平等、对话的协商会议形式,是一个与会者围圆桌而坐的会议。在举行国际或国内政治谈判时,为避免席次争执、表示参加各方地位平等,参加各方围圆桌而坐,或用方桌但仍摆成圆形。

今天"圆桌会议"已成为平等交流、意见开放的代名词,也是国家之间以及国家内部,一种重要的协商和讨论形式。

## 7.1.3 主持人礼仪

主持人是整个会议的中心,其礼仪表现对会议能否圆满成功有着重要的影响。他(她)应像宴会中的主人一样,能很好地控制会议的气氛和进程,并促使会议达到预期的目标。

一般来说,主持人都是由具有一定职位的人担任,不管是什么性质、什么规模的会议,主持人都应承担起以下几方面职责。

① 事先准备好一份会议的议程,并严格按照议程进行。
② 提醒与会者注意本次会议的目的,并使会议始终不偏离主题。
③ 请与会者轮流发言,并保持会场的秩序。
④ 确定会议的时间,按时开始,按时结束。

**1. 主持人的基本礼仪**

主持人的服装、修饰、走姿、落座、发言等,都应符合身份,大方庄重。

主持人一般应着工作服,男士可着西装或中山装、衬衫、长裤与皮鞋,女士以连衣裙、套裙、套装为主;颜色、式样要搭配得体,让人感觉稳重、沉着,不奢侈;男士理发剃须,女士化工作淡妆,工作场合不宜戴首饰(戒指除外)。切忌不修边幅,邋里邋遢。

主持人走向主持位置时,应表现出沉稳、自信的风度,步伐稳健有力,视会议性质决定步伐的缓急、步幅的大小,例如,紧急会议可加快、加大步伐;而纪念、悼念类会议,则应步幅略小、节奏放慢。这样做的目的并不是因为时间的缘故,而是主持人营造会场气氛的一种方式。

重要会议开始前,主持人步入主持位置过程中不要与熟人打招呼,更不能寒暄闲谈,可点头、微笑致意。

主持人一般应在会议开始前5分钟左右抵达会场,如果因故来迟,不要匆忙小跑、大喘粗气,应快速得体入席。入席后首先向等候者致歉并说明原因,然后立即开始会议。

会议主持人由于其特定的身份,他的仪态将直接影响着与会者对会议的看法。因此,主持人在整个会议中的坐姿、站姿和谈吐,必须表现得令人信服。入席后,如果是站立主持,应双腿并拢,腰背挺直,身体不可晃动。若有讲稿,以右手或双手持稿,与胸等高,在读稿的同时,目光应间隔性地扫视与会者。如果是坐姿主持,应保持上身端正,腰部挺直,双腿自然下垂,不要跷腿或抖动。双手在会议桌上对称平摆呈"八"字形。主持过程中,精神饱满,面部

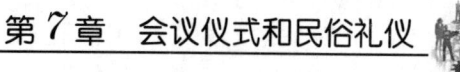

表情从容冷静,目视前方,余光兼顾全场。切忌出现搔头、揉眼等不雅动作。

主持人讲话时一般不要有手势,即使有,动作也不可过大。讲话应口齿清晰,简明扼要。主持人应思维敏捷,善于引导和把握会议节奏,根据会议性质调节会议气氛,或庄重、或幽默、或沉稳、或活泼,使会议不冷场。

**2. 主持人的主持技巧**

(1) 事先宣布会议的起始和结束时间

事先宣布会议的起始和结束时间,让所有与会者在出席会议之初就心中有数,有利于专心、安心开会,提高会议效率。

(2) 遵守会议的时间规定

准时开会,按时结束。如有人迟到应明确告诉他"你迟到了",如迟到者的议程已过就直接留到最后,看是否有时间让其补充发言。迟到者看到即使他们不来,会议依然准时开始,就会让他们汲取教训。相反,如果因为有人晚到,会议就推迟开始,原先准时的人下次也会让人等。

(3) 采取措施尽可能减少干扰

告诉所在部门员工,在会议进行过程中不要打扰。把会议举行的场所选定在比较安静的房间里。如果房间中装有电话,在会议期间可以切断。

(4) 按照主次先后安排会议议程

先讨论紧急事项,后讨论次要议题。以防时间不够时,次要议题可留在以后再说。

(5) 事先分发会议议程表

事先分发会议议程表,可使与会者心中有数,做好倾听、发言的准备。即使是临时召开的会议,也应尽可能做些筹备,以使会议效果更好。

(6) 设定每一个议程的时间

估计每个议题所需要的时间,掌握整个会议的进度,避免无休止的讨论,适时地引导与会者归纳、总结并作出决议。

(7) 不要偏离议题

保证会议各项目的讨论循序渐进,每一项议程都能在会议上逐一讨论。

(8) 掌控会场气氛

主持人的言谈要根据不同的会议气氛或庄重、或幽默。要处处尊重他人的发言和提问,口齿清楚、思维敏捷。调节、控制会场气氛,出现僵局冷场时要及时引导。

(9) 鼓励与会者积极参与

主持人尤其应该要求那些腼腆的会议成员谈谈他们对一些问题的看法,同时提醒那些发言过多的人把时间让给别人。主持人应该像催化剂那样能使会场气氛活跃起来,自己的发言时间不要超过整个会议时间的25%。

(10) 安排好会议记录的任务

会议记录必须明确讨论的要点、已经达成的决议、将要采取的行动及定下的最后期限。主持人应安排好会议记录的任务,做好会议记录。

(11) 尽量避免让与会成员进行投票表决

(12) 会议结束后将会议内容编写成会议简报,分发给所有与会者

## 第7章 会议仪式和民俗礼仪

### 7.1.4 与会者礼仪

参加会议应懂得遵守必要的礼仪,会议本身也包含了一定的礼仪内容,带有一定的礼仪色彩。不同类型的会议,礼仪要求也不同。一般而言,参加会议应遵守如下礼仪要求。

① 准时入场,不迟到、不早退。进出有序,遵守会议各项准则和要求。

② 服饰得体,注意仪容、仪表、仪态,举止大方自然,待人彬彬有礼。

③ 虚心听取别人发言,不随便打断别人谈话,万不得已要插话,应使用礼貌用语。

④ 讲话力求突出重点、简洁明快。

⑤ 营造民主、自由、平等的会风,以协调、讨论、沟通为要旨,切忌死气沉沉,或者以势压人。

⑥ 不能在会议进行过程中随便离开会议室。当确实有事、需要离开时,应轻手轻脚,以不引起大家的注意、不影响会议进行为原则。离开会议室后,应尽快简单地处理完事务,然后及时返回参加会议。

⑦ 集中注意力。开会时认真听讲,不私下小声说话或交头接耳,不打瞌睡,不翻阅无关资料,不玩弄手机。

⑧ 有序就座。一般来讲,开会都有组织者座位和其他与会者座位,所有与会者都应按序就坐,以保证会议的顺利进行。

⑨ 积极发言。如果有讨论最好不要保持沉默,积极表达自己的观点;与别人持不同意见时,应待对方讲完再阐述自己的见解,别人反驳自己时要虚心听取,不要急于争辩。若是表决性质的会议,要求与会人员对议题发表赞成或反对的意见时,态度要明确,不能含糊。不能给别人留下无主见、无魄力的印象。

⑩ 尊重主人。与会者作为客人,应服从会议组织者的安排。在会场,与会者应该听从主持人的安排,并对主持人的提议作出积极的回应;报告结束,与会者应报以热烈的掌声,以此对演讲人表示赞赏和感谢。

### 知识拓展

#### 会议发言礼仪

会议发言有正式发言和自由发言两种,前者一般是领导报告或经验介绍,后者一般是讨论发言。

正式发言者,应衣冠整齐,走上主席台应步态自然、刚劲有力,体现一种成竹在胸、自信自强的风度与气质。发言时应口齿清晰,讲究逻辑,简明扼要。如果是书面发言,要时常抬头扫视一下会场,不能始终埋头读稿,旁若无人。发言完毕,应对听众的倾听表示感谢。

自由发言则较随意,但要注意,发言应讲究顺序和秩序,不能争抢发言;发言应简短,观点应明确;与他人有分歧时,应态度平和、以理服人。要听从主持人的指挥,不能只顾自己。

如果有会议参加者对发言人提问,应礼貌作答。对不能回答的问题,应机智而礼貌地说明理由。对提问人的批评和意见应认真听取,即使提问者的批评是错误的,也不应辩论、争论,言行失态。

## 7.2 商务仪式和活动礼仪

### 7.2.1 开业典礼

开业典礼是各类公司、商场、酒店等企业在成立或开张时,为表示庆贺或纪念,按照一定程序隆重举行的专门仪式。它是企业向社会公众的第一次"亮相",借此可树立形象、扩大影响、提高知名度、招揽顾客。因此,开业典礼是主办单位非常重视的一项活动,要精心计划,周密安排,以保证典礼的顺利进行。

**1. 开业典礼的准备工作**

开业典礼的基本要求是热烈、欢快、隆重。其准备要遵循"热烈、节俭、缜密"三条原则。

(1) 选择时间

首先,要关注天气预报,了解近期天气情况。最好选择阳光明媚的良辰吉日,天气晴好,更多的人才会出家门,走上街头。天气情况良好是典礼活动能够顺利进行的因素之一。

其次,选择主要嘉宾、重要领导和大多数目标公众能够参加的时间,以保证参加人员的规模。同时,要考虑周围居民生活习惯,避免因过早或过晚而扰民,一般安排在上午9:00至10:00之间最恰当。如果外宾为本次活动主要参与者,则更应注意各国不同节日的不同风俗习惯、民族审美趋向,切不可在外宾忌讳的日子里举办开业典礼。若来宾是印度或伊斯兰国家的人则要更加留心,他们认为3和13是忌数,当遇到13时要说12加1,所以确定开业日期和时间时应避开这两个数字。

(2) 布置现场

开业典礼场地多在开业现场正门外的广场或是正门内的大厅。根据惯例,举行开业典礼时宾主一律站立,故一般不设主席台或坐椅。为显示隆重与敬客,可在来宾尤其贵宾站立之处铺设红色地毯。

开业典礼的场地环境要精心布置,仪式现场四周悬挂横幅、标语、气球、彩带等,在醒目处摆放来宾赠送的花篮、牌匾,在适当位置放好签到簿、本企业的宣传材料、待客的饮料等。例如,在大门两侧各置中式花篮20个,花篮飘带上的一条写上"热烈庆祝××开业典礼"字样,另一条写上庆贺方的名称。在正门外两侧,设充气动画人物、空中舞星、吉祥动物等造型,营造喜庆、热烈的气氛。

(3) 邀请宾客

首先要确定邀请对象。开业典礼影响的大小,往往取决于来宾身份的高低与其数量的多少。邀请对象要尽量全面,并考虑到今后单位的发展。邀请对象应包括:上级领导、社会名流、新闻界人士、同行业代表、社区负责人等。邀请上级领导以提升档次和可信度;邀请工商、税务等直接管辖部门,以便今后取得支持;邀请潜在的、预期的未来客户是企业经营的基础;邀请同行业人员,以便相互沟通合作。

其次要做好邀请工作。为了体现对来宾的尊重,请柬应认真书写,派人提前送达,给有名望的人士或主要领导的请柬可由企业主要负责人登门邀请,以示诚恳和尊重。邀请工作应该提前一周完成,以便被邀者及早安排和准备。

(4) 舆论宣传

举办开业典礼的主旨在于塑造企业的良好形象,因此,就要借开业良机对其进行舆论宣传。企业可运用报纸、杂志、电台、电视台等大众传播媒介进行集中性的广告宣传,或在告示栏中张贴开业告示,以吸引社会各界对企业的关注,提高典礼的知名度,争取社会公众对企业的认可接受。

广告或告示的内容一般包括开业典礼举行的日期、地点、企业的经营范围及特色、开业的优惠情况等。开业广告或告示一般宜在开业前的3～5天内发布。企业还可邀请一些传媒界人士,在开业典礼举行之时到现场采访、报道,予以正面宣传。

(5) 物质准备

① 礼品准备。举行开业典礼赠予来宾的礼品,一般属于宣传性纪念品。可选用本企业产品,或带有组织标志、广告用语、产品图案及开业日期的文具品和其他日常用品。那些与众不同、具有本企业鲜明特色并体现对来宾的尊重和关心的纪念品会受到人们的青睐。

② 设备准备。音响、录音录像、照明设备以及开业典礼所需的各种用具、设备,由技术部门进行检查、调试,以防在使用时出现差错。

③ 交通工具准备。接送重要宾客、运送货物等。

④ 就餐准备。人数、座次、食物、就餐用具等。

⑤ 庆典活动所需用品的准备。如剪彩仪式所需的彩带、剪刀、托盘等;工作人员服装的统一定做;留作纪念或用以宣传的礼品、画册、优惠卡、贵宾卡的定做。

**2. 开业典礼的程序**

开业典礼活动所用的时间不长,但事关重大,所以对典礼活动的程序安排要求很严格,一般情况下典礼程序有以下几项组成。

(1) 迎宾

宾客到来前,要安排年轻、精干、身材和相貌较好的迎宾人员在会场门口恭候来宾。来宾到来时,应微笑、亲切相迎,请其签到,引导来宾入场。来访贵宾则由企业的主要负责人亲自出面迎接。

(2) 典礼开始

主持人宣布开业典礼正式开始。全体起立(不设座位站立时,应立正),奏乐,宣读重要嘉宾名单。

(3) 致辞

由企业负责人致辞,主要是向来宾及祝贺单位表示感谢,并简要介绍本单位的经营特色和经营目标等。

(4) 致贺词

由上级领导和来宾代表致祝贺词,主要表达对开业企业的祝贺,并寄予厚望。对外来的贺电、贺信等不必一一宣读,但对其署名的单位或个人应予以公布。

(5) 揭牌

由上级领导或嘉宾代表和本单位负责人揭去盖在牌匾上的红布,宣告企业的正式成立。在场全体人员在音乐声中热烈鼓掌祝贺。在不限制燃放鞭炮的地区可燃放鞭炮庆贺。

**(6) 参观**

引导来宾参观,介绍本单位的主要设施、特色商品及经营策略等。

**(7) 迎客**

揭牌后,商品零售企业会有大批顾客随主人及来宾一同进入店内。为此,应有企业领导人、部或柜组负责人和营业员一起,恭敬地站在门口,欢迎顾客的光临。对于首批顾客,营业员更应注意服务礼仪,要主动征求顾客意见、热情介绍商品、感谢顾客惠顾、欢迎顾客经常光顾。此外,还可以准备一些印有本店经营范围、地址、电话等字样的购物袋赠送给顾客作为纪念。

**(8) 结束**

如有必要,可安排来宾就餐、看文艺表演等。

总之,开业典礼的整个过程要紧凑、简捷,避免时间过长、内容杂乱。

**3. 开业典礼的礼仪要求**

开业是企业的大喜事,无论是组织者还是来宾都应注意遵循相应的礼仪规范。开业典礼的礼仪要求即指在典礼仪式过程中举办方和宾客方应该遵循的礼仪规范。

**(1) 举办方礼仪**

对典礼的组织者来说,整个仪式过程都是礼待宾客的过程,企业每个人的仪容仪表、言谈举止都关系到企业的形象。为此,作为开业典礼的举办方,应注意如下礼仪。

① 保持良好的个人形象

仪表整洁。组织方参加人员,事前应适当修饰仪容仪表。女士化淡妆,男士应理发剃须。

服饰规范。有条件的企业最好统一着装,显示企业特色和实力。否则,男女都应穿颜色庄重的套装,配饰和谐。

举止文明。典礼过程中,主办方人员要注意言行举止,不得嬉笑打闹,或精神不振、垂头丧气,不得心不在焉,做与典礼无关的事。要热情饱满、精力集中,注意典礼每个细节。

② 准备周全

做好各项准备工作,如及时发放请柬,按礼宾次序(一般按来宾的身份与职务确定)接待来宾等。

③ 遵时守约

典礼要严格按规定的仪式起止时间进行,以向社会证明本企业言而有信。企业方每个人员都要准时出席,不得迟到、无故缺席或中途退场。

④ 礼遇宾客

遇到来宾要主动热情地问好,对来宾提出的问题予以友善的答复。当来宾发表贺词后,应主动鼓掌感谢,不随意打断来宾讲话,更不能向来宾提出挑衅性问题。

**(2) 宾客礼仪**

参加开业典礼的宾客应尽量做到以下几点。

① 准时参加,为主办方捧场。如有特殊情况不能到场,应尽早通知主办方,并表示歉意。

② 赠送贺礼。宾客参加开业典礼,一般需送些贺礼,如花篮、镜匾、楹联等,以表示对开

# 第7章 会议仪式和民俗礼仪

业方的祝贺,并在贺礼上写明庆贺对象、庆贺缘由、贺词及祝贺单位。

③ 主动道贺。见到主人应向其表示祝贺,多说顺利、发财、兴旺等吉利话。应礼貌地与相邻的宾客打招呼,通过自我介绍、互换名片等方式结识更多的朋友。

④ 贺词到位。致贺词时,感情真挚、态度诚恳。贺词简短精炼,不随意发挥。注意文明用语,不用含义不明的手势。根据典礼进行情况,作一些礼节性的附和,如鼓掌、跟随参观、写留言等。

⑤ 认真听讲。主人讲话时,应认真听讲,表示赞同、点头或鼓掌。不可自顾自地和左右宾客讲话,或闭目养神,更不可剔牙、搓手、长时间地接打手机或发短信等。

⑥ 礼貌告别。典礼结束离去时,应与主办单位领导、主持人、服务人员等握手告别,并致谢意。不可悄悄地不辞而别。

### 4. 开业典礼注意事项

(1) 发放请柬的注意事项

① 提前一周发出请柬。

② 请柬的印制要精美,内容要完整,文字要简洁,措辞要热情,被邀请者姓名书写要正确。

③ 请柬一般应派专人送达,以表示诚恳和尊重。

④ 发放请柬后,在仪式举行的前一两天还应打电话确认宾客是否参加仪式。

(2) 典礼用礼品的挑选

① 宣传性。可选用本单位的产品,也可以在礼品的包装上印有本单位的企业标志、广告用语、产品图案、开业日期等。

② 荣誉性。礼品要具有一定的纪念意义,使拥有者对其珍惜、尊重,并为之感到光荣和自豪。

③ 独特性。礼品应与众不同,具有本单位的鲜明特色,使人一目了然或过目不忘。

开业典礼是一个统称。在不同场合,往往会采用其他一些名称,如开幕仪式、开工仪式、奠基仪式、竣工仪式、通车仪式等。它们的共性是热烈而隆重,个性则表现在仪式的具体运作上存在着一些差异,需要区别对待。

## 想想议议

**去夏威夷太远,请来水上大世界**

某公司新近开了一家露天水上乐园,开业之日,其浩大的声势引起人们的关注,公司安排了10余辆造型逼真的彩车,在市区主要街道巡游。彩车上"去夏威夷太远,请来水上大世界"的横幅标语令人跃跃欲试,音响中播放着动听的乐曲和水上游乐园的介绍。彩车上还分别安排了军乐队演奏、泳装模特表演、歌舞演出等节目,吸引了无数行人驻足观看。彩车队途经市区几处广场时,还停下来集中进行节目表演,并配以礼仪小姐发放宣传材料、赠送招待券等活动,给市民留下了良好的印象。当地多家媒体报道了水上大世界开业的消息。

**想想**:本例中,水上乐园的开业仪式与一般开业仪式有什么不同?对你有何启示?

**议议**:一般开业仪式内容。

## 7.2.2 剪彩仪式

剪彩仪式,通常是指商界的有关单位,为了庆贺公司的设立、企业的开工、商店的开张、银行的开业、宾馆的落成、大型建筑物的启用、道路或航线的开通、展销会或博览会的开幕等而隆重举行的一种礼仪性活动。因其主要活动内容,是约请专人使用剪刀剪断被称之为"彩"的红色绸带,故此被人们称为剪彩。

在一般情况下,在各式各样的开业仪式上,剪彩都是一项极其重要的、不可或缺的程序。尽管它往往也可以被单独地分离出来,独立成项,但是在更多的时候,它是附属于开业仪式的。这是剪彩仪式的重要特征之一。

剪彩仪式上有众多的惯例、规则必须遵守,其具体程序也有一定的要求。剪彩的礼仪,就是对此所进行的基本规范。

**1. 剪彩的准备**

剪彩仪式的准备工作和开业典礼的准备工作大同小异。剪彩的目的也是为了引起更多社会人士的注意,扩大宣传效果,提高企业的知名度。

(1) 剪彩人员的确定

① 剪彩人员

剪彩者是剪彩仪式的关键,其身份地位与剪彩仪式的档次高低有着密切的关系。剪彩者一般由上级领导、主管部门负责人、社会名流、合作伙伴或单位负责人来担任。因此,剪彩者应由举办剪彩活动单位的领导亲自出面邀请或委派代表专程邀请。若要邀请几位剪彩者一同剪彩(一般最多不超过 5 人),应事先征求每位剪彩者的意见,得到同意后才能正式确定下来。

② 助剪人员

助剪人员指的是在剪彩仪式中为剪彩者提供帮助和服务的工作人员,多由东道主一方的年轻女职员担任,也可以到专业组织聘请专业礼仪小姐。礼仪小姐一般要求相貌甜美、身材颀长、气质优雅、反应敏捷,穿着打扮整齐划一。礼仪小姐确定并做好分工后,要进行必要的培训和演练,让她们熟悉礼节,保证剪彩仪式的顺利进行。

剪彩仪式上礼仪小姐的分工如下。

- 迎宾,迎宾任务是在活动现场负责迎来送往。
- 引导,引导任务是在进行剪彩时负责带领剪彩者登台或退场。
- 服务,服务任务是为来宾尤其是剪彩者提供饮料等生活关照。
- 拉彩,拉彩任务是在剪彩时展开、拉直红色缎带。
- 捧花,捧花任务是在剪彩时手托花团。
- 托盘,托盘任务是为剪彩提供剪刀、手套等剪彩用品。

(2) 剪彩仪式用品的准备

剪彩仪式上需要一些特殊的用品,如红色缎带、新剪刀、白色薄纱手套、托盘以及红色地毯等。

① 红色缎带

红色缎带即剪彩仪式中的"彩"。按照传统做法,它应当由一整匹未曾使用过的红色绸缎，在中间结上数朵花团而成。现在为了节约，通常使用长2米左右的红色缎带。一般来说，红色缎带上所结的花团，不仅要醒目硕大，而且具体数目往往同现场剪彩者的人数相关。通常，红色缎带上所结的花团数目较现场剪彩者的人数多一个，使每位剪彩者总是处于两朵花之间，尤显正式。

② 新剪刀

新剪刀专供剪彩者在剪彩仪式上正式剪彩时使用。剪彩者人手一把，而且是崭新锋利的，避免因剪刀不好用而让剪彩者尴尬。因此，剪彩仪式前，要逐一检查，确保剪彩者"一剪破的"，切忌一再补剪。在剪彩仪式结束后，举办方可以将每位剪彩者所使用的剪刀包装好，送给对方作为纪念。

③ 白色薄纱手套

专供剪彩者在剪彩仪式上正式剪彩时使用。在准备白色薄纱手套时，除要确保人手一副外，还需使之大小适度，确保手套洁白无瑕，以示郑重和尊敬。

④ 托盘

专供盛放剪刀、白色薄纱手套使用。最好是崭新洁净的，通常为银色的不锈钢制品，为了显示正规，还可以在使用时铺上红色绒布或绸布。在剪彩时，礼仪小姐可以用一只托盘依次为各位剪彩者提供剪刀和手套，也可以为每一位剪彩者各提供一只托盘，后一种方法尤显正式。

⑤ 红色地毯

主要用于铺设在剪彩者正式剪彩时站立之处，其长度可视剪彩者的人数多少而定，宽度应在一米以上。在剪彩现场铺设红色地毯，主要是为了提升仪式的档次，营造一种喜庆的气氛。

### 2. 剪彩的一般程序

剪彩仪式，通常应包含以下5项基本的程序。

(1) 请来宾就位

在剪彩仪式开始时，即应敬请大家在已经排好顺序的座位上就座。一般情况下，剪彩者应就座于前排，若数人剪彩则应按照剪彩时的具体顺序就座。

(2) 宣布仪式开始

主持人宣布仪式开始，随之奏乐、现场燃放鞭炮，全体到场者热烈鼓掌。随后，主持人向全体人员介绍到场的重要来宾。

(3) 简短发言

东道主单位的代表、上级主管部门的代表、地方政府的代表、合作单位的代表等依次发言。这种发言应充满热情、言简意赅，一般不超过三分钟。

(4) 进行剪彩

在剪彩前，主持人须向全体到场人员介绍剪彩者。主持人宣布剪彩后，礼仪小姐在欢乐的乐曲声中率先登场。拉彩者拉起红色缎带及彩球，托盘者站在拉彩者身后一米左右处，然后在礼仪小姐引导下剪彩者上台剪彩，剪断红绸、彩球落盘时，全体人员报以热烈掌声，必要时还可奏乐或燃放鞭炮。

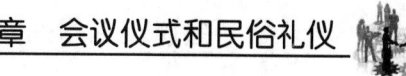

（5）参观现场

剪彩后，主人应陪同来宾参观现场，即参观剪彩的项目。仪式至此宣告结束。随后东道主单位可向来宾赠送纪念性礼品，或设宴款待来宾。

3. 剪彩的礼仪

（1）举办方的礼仪

① 布置好会场。可用会标、彩旗、气球、拱门、花篮、花盆、红地毯等布置会场。

② 做好来宾和剪彩者的引导工作。剪彩者到达后可先安排在休息室休息，等主要人员到齐后再由工作人员引导剪彩者和主要来宾到达剪彩现场。

③ 主办方发言要顾及来参加剪彩仪式的每一位剪彩者，同时要对来宾致以谢意。

④ 助剪人员即礼仪小姐要落落大方、举止优雅、步调一致，体现出良好的素质和风度。

⑤ 剪彩仪式结束后，举办方应组织参观或聚会，并向来宾赠送纪念品，以尽地主之谊。

（2）剪彩者的礼仪

剪彩者是剪彩仪式的主角，其举止直接关系到剪彩仪式的效果和企业形象。因此，作为剪彩者既要有荣誉感，又要有责任感。剪彩者应注意以下几点礼仪要求。

① 仪表整洁、庄重，服饰严肃、正规，容貌适当修饰，看上去容光焕发、充满活力，女性要化淡妆。

② 举止大方文雅。当宣布剪彩开始时，剪彩者要面带微笑，步履稳健地走向待剪的彩带。当礼仪小姐用托盘呈上剪刀、手套时，应微笑致意。剪彩时，要聚精会神、庄重认真地一刀剪断。如果多名剪彩者共同剪彩，应协调一致，力争同时剪断彩带。还应与礼仪小姐配合，让彩球落于托盘内。剪彩完毕，将剪刀放回托盘，举手向四周的人们鼓掌致意。所有来宾、与会人员也应鼓掌响应。

③ 谈笑节制有度。剪彩仪式开始后，剪彩者应全神贯注地听别人发言，关注仪式进展程序，不宜喋喋不休地与人交谈。剪彩完毕，应先和主办单位的代表握手致贺，礼节性地交谈几句，或与其他剪彩者简短交流。

不管是剪彩者还是助剪者在上下场时，都要注意井然有序、步履稳健、神态自然。在剪彩过程中，更是要表现得不卑不亢、落落大方。

**相关链接**

**剪彩的来历**

剪彩的来历有两种传说。

一种传说，剪彩起源于西欧。古代，西欧造船业比较发达，新船下水往往吸引成千上万的观众。为了防止人群拥向新船而发生意外事故，主持人在新船下水前，在离船体较远的地方，用绳索设置一道"防线"。等新船下水典礼就绪后，主持人就剪断绳索让观众参观。后来绳索改为彩带。人们就给它起了"剪彩"的名称。

另一种传说，剪彩最早起源于美国。1912年，美国一家大百货商店将要开业，店主为了阻止闻讯之后蜂拥而至的顾客在正式营业前耐不住性子，争先恐后地闯入店内，将优惠的便宜货争购一空,而使守时而来的人们得不到公平的待遇,便随便找来一条布带子拴在门框上。谁曾料到这项临时性的措施竟然更加激发起了挤在店门之外的人们的好奇心。也凑巧,正当店门之外的人们的好奇心上升到极点,显得有些迫不及待的时候,店主的小女儿牵着一条小狗突然从店里跑了出来,那条"不谙世事"的可爱的小狗若无其事地将拴在店门上的布带子碰落在地。店外不明真相的人们误以为这是该店为了开张志喜所搞的"新把戏",于是立即一拥而入,大肆抢购,小店在开业之日的生意居然红火得令人难以设想。不久,老板又开了一家新店,迷信的他又让其女儿有意把布带碰断。果然又财源广进。于是,人们认为小女儿碰断布带的做法是一个好兆头,群起仿效。后来,人们用彩带代替布带,用剪刀剪断彩带来代替小孩碰断布带,沿袭下来,就成了今天盛行的"剪彩"仪式。

### 7.2.3 签字仪式

签字仪式是商务活动中,合作双方或多方经过业务谈判、协商,就某项重要交易或合作项目达成协议、订立合同后,由双方代表正式在有关协议或合同上签字,并互换正式文本的一种仪式。签字仪式是商务活动中常见的比较隆重的活动,有一套严格的程序,必须依照礼仪规范来进行。

**1. 签字仪式的准备**

(1) 准备签字文本

洽谈双方(或多方)协商,拟定协议或合同条款后,按惯例,应由举行签字仪式的主方负责准备待签合同的正式文本。主方会同有关各方一道指定专人,共同负责合同的定稿、校对、印刷与装订。

待签的合同文本,通常按大八开的规格装订成册,用高档白纸精心印制而成,封面应一般选择真皮、金属、软木等高档材质印刷。

在准备合同文本过程中,应对条款内容进行认真细致的核对;注意遵守相关法律、法规;符合商务交往中的惯例及常识;涉外活动时,要使用官方语言。

(2) 布置签字现场

签字现场布置的总体要求为整洁、庄严、清净。

签字仪式一般选在宽敞的会议室,室内一般铺红地毯,设有一张长桌,横放于室内,桌上铺设深绿色绒毯。签署双边合同时,桌后并排放置两张坐椅,签署多边合同时,桌后仅放一张坐椅,也可为每位签字人各自提供一张坐椅。签字人一般是面对正门就座(按照国际惯例主方在左,客方在右)。

在签字桌上,应事先放好待签的合同文本、签字笔等签字所用的文具。桌子正中摆放鲜花。如果是涉外签约,还需在签字桌的中间插放有关各方的国旗,其位置与顺序应符合礼宾序列。

签字桌后应有一定的空间供参加仪式的双方人员站立,背墙上可挂上"××××(项目)签字仪式"字样的横幅。

**2. 签字仪式的程序**

签字仪式的时间虽然不长,但其程序必须十分规范、庄重而又热烈。

(1) 仪式开始

主持人宣布签字仪式正式开始,双方人员进入签字现场,主签人按序就座,助签人员和随从人员各就各位。

(2) 正式签字

助签人员协助签字人员打开文本,用手指明签字位置。主签人开始在合同、协议或条约的正式文本上签字。签字时,应按国际惯例,遵守"轮换制",即主签人首先在己方保存的合同文本的首位上签字,然后由助签人员互相交换,再接着签署他方保存的合同文本,使各方均有机会居于首位一次,以示机会均等、各方平等。

(3) 交换文本

签字完毕后,文本即已生效。双方主签人应同时起立,交换各自签好的合同文本,彼此热烈握手(拥抱),互致祝贺,并交换各自一方使用过的签字笔,以资纪念。全场人员鼓掌响应,表示祝贺。

(4) 举杯庆贺

交换已签的合同文本后,服务人员递上香槟,有关人员、尤其是签字人应当场干一杯香槟酒祝贺,这是国际上通用的旨在增添喜庆色彩的做法。

(5) 有序退场

退场时,先请双方最高领导者退场,然后请客方退场,主方最后退场。整个仪式以半小时为宜。

### 3. 签字仪式的座次安排仪式

签字仪式一般分为双边签字仪式和多边签字仪式两大类。双边签字仪式通常是指参加签字仪式的主体是甲乙双方,多边签字仪式通常有两个以上的组织。

(1) 签订双边性合同的座次安排

客方签字人在签字桌右侧就座,主方签字人在签字桌的左侧就座。

双方各自的助签人分别站立于己方签字人的外后侧一步,以便随时向签字人提供帮助。

双方其他随员可以按照一定的顺序在己方签字人的正对面就座,也可以按照职位的高低,依次自左向右(客方)或自右向左(主方)列成一列,站与己方签字人的身后。

当一行站不完时,可按照以上顺序遵照前高后低的惯例,排成两行或三行。

原则上,双方人员数量应大体一致。

(2) 签订多边性合同的座次安排

一般仅设一把签字椅。

签字时,按各方事先同意的先后顺序依次上前签字。

助签人站立于签字人的左侧。

### 4. 签字人员的礼仪要求

(1) 服装要求

在出席签字仪式时,按照规定,签字人、助签人员以及随员,应当穿着具有礼服性质的深色西装套装、中山装套装或西装套裙,并配以白色衬衫及深色皮鞋。男士还必须系上单色领带,以示正规。在签字仪式上服务的礼仪人员、接待人员,可以穿自己的工作制服,或者旗袍一类的礼仪性服装。

(2) 行为举止要求

签字人员、助签人员都要落落大方、举止庄重。签字人员要郑重地签字,助签人员要在旁边提供必要的帮助,体现双方人员良好的精神风貌。

## 7.3 宗教礼仪和商务礼俗

### 7.3.1 宗教礼仪

宗教是一种社会意识形态,是支配着人们日常生活的外部力量在人们头脑中的一种反映。宗教信仰者众多,约占世界总人口的2/3,在日常生活里,宗教与人们的风俗习惯相互影响,对人们的思想、文化、道德多有渗透,甚至直接作用到整个社会生活。

宗教礼仪,是指宗教信仰者为对其崇拜对象表示崇拜与恭敬所举行的各种例行的仪式、活动,以及与宗教密切相关的禁忌与讲究。世界上存在着多种宗教,自然也就存在着多种宗教礼仪。在社会生活里,宗教礼仪不仅是各种宗教之间相互区别的显著标志,而且也是各种宗教用以扩大宗教组织、培养宗教信仰的重要的常规性手段。

目前,世界上信徒最多、分布最广、影响最大的三大宗教是佛教、基督教和伊斯兰教。

**1. 佛教**

(1) 佛教简介

佛教是世界上最古老的宗教之一,起源于公元前6世纪至公元前5世纪的古印度,创始人是释迦牟尼。目前主要流行于东亚、南亚、东南亚一带。

佛教认为,人生的本质就是"苦",世间一切皆是苦,即所谓的"苦海无边",主张"因果报应"、"生死轮回"。

佛教的经典是《大藏经》。

(2) 佛教礼仪

① 称谓

佛门弟子及其居所的具体称呼有别。凡出家者,男称为僧,俗称"和尚";女称为尼,俗称"尼姑"。凡不出家者,则一律称为"居士"。僧之居所称为"寺",尼之居所称为"庵",有时统称二者为寺庙。对所有出家者,一律禁止称呼其原有的姓名。故民间有"僧不言名,道不言寿"之说。

在我国,寺院的主要负责人称为"主持"或"方丈",负责处理寺院内部事务的称"监院";负责对外联系的称"知客"。他们都可被尊称为"高僧"、"长老"、"大师"、"法师"等。

② 仪式

合十,或称合掌,是指教徒之间或与他人见面时行的一种礼。行礼时,双手手心相对并拢,手指朝上,置于胸前,口中念道"阿弥陀佛"。

绕佛,围绕佛而右转,即顺时针方向行走,一圈、三圈或百圈、千圈,表示对佛的尊重。

五体投地,也称五轮投地。佛教信徒拜佛时,讲究行顶礼,即所谓"五体投地"。五体是

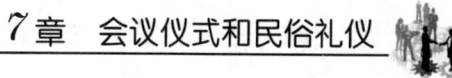

指人的两肘、两膝和头。五体投地为佛教最高礼节。行此礼,先立正合掌,然后右手撩衣,接着膝着地,两肘着地,然后头着地,最后两手掌翻上承尊者之足。恭敬之至,五体投地。

普通的佛教信徒为了"广种福田",通常应向寺庙、僧尼或别人主动赠送财物,此举叫作"布施"。

③ 禁忌

佛教基本的戒律是"五戒"。五戒,就是杀生戒、偷盗戒、邪淫戒、妄语戒、饮酒戒。因此,与出家人共处时,不宜向僧人敬烟、敬酒,或劝吃肉。

对于佛祖、佛像、寺庙以及僧尼,佛教均要求信徒对其毕恭毕敬,非信徒对其不得非议。不准攀登、侮辱佛像,不准触摸、辱骂僧尼,不得与僧尼"平起平坐"。进入寺庙时,宜慢步轻声,不乱动、不乱讲、不乱跑、不拍照。

(3) 佛教的节日

① 佛诞节,此节是纪念释迦牟尼诞生的节日。佛诞节日期各地区不同,汉族为农历四月初八,藏族为农历四月初八至十五日,傣族为清明节后十日。

② 成道节,此节是纪念释迦牟尼成道的节日,时间为农历十二月初八。

③ 涅槃节,此节是纪念释迦牟尼逝世的日子。各国涅槃节的时间也不相同,中国、朝鲜、日本一般定于农历二月十五日。

**2. 基督教**

(1) 基督教简介

基督教,是目前全世界信仰人数最多的一种宗教,主要分布在欧洲、美洲和大洋洲。基督教起源于公元1世纪中叶的巴勒斯坦、小亚细亚一带,相传为犹太的拿撒勒人基督耶稣所创立。基督教主要分为三大派系:天主教(也称罗马公教)、东正教(也称正教)、新教(我国一般称基督教或耶稣教),在具体教义、信条以及分布区域上,三者之间存在一定的区别。

基督教以上帝为崇拜对象,认为世界上一切事物是由上帝创造的。耶稣是上帝的儿子、救世主。

基督教的经典是《圣经》。十字架是基督教的标志。

(2) 基督教礼仪

① 称谓

基督教的称谓有牧师、神甫、主教、大主教、枢机大主教、教皇、修士、修女等。

牧师,原义牧羊人,是新教教派对主持仪式、负责一个教堂教务的职业宗教人员的称呼。

神甫,也称神父,是天主教和东正教对主持一个教堂教务的职业宗教人员的尊称,正式职务是"司铎"。

主教是管理一个教区的负责人。

大主教是管理一个教省的负责人。

枢机大主教,中国人也称"红衣大主教",是天主教中最高首领,由教皇亲自任命。

修士、修女是离家进修会的男女教徒,是终身为教会服务的传教人员。

② 仪式

洗礼是基督教的入教仪式。通过洗礼,意味着教徒的所有罪恶获得了赦免。

礼拜是基督教的主要宗教活动。每周一次,在教堂举行,包括唱诗、读经、祈祷、听讲道

# 第7章 会议仪式和民俗礼仪

和祝福等内容,由牧师主礼。

祈祷,也称祷告,是基督教徒向上帝和耶稣表示祈求、赞美、感谢和认罪的仪式。祈祷时,信徒双手交叉合拢并置胸前,闭上双目,排除杂念,祷告完毕应口呼"阿门"。基督徒用餐时,餐前往往要祈祷。

告解,就是忏悔,这是信徒单独向神父或主教表白自己的过错或罪恶,并有意悔改的宗教仪式。神父或主教对教徒所告诸罪应指定补赎方法,并为其保密。

婚配是指神职人员在教堂内为男女教徒主持婚礼的仪式。

终傅是指神职人员向临终的教徒敷擦圣油并念诵经文的仪式,以此使受敷者减轻痛苦,并被赦免在世间的罪过,安心去见上帝。

③ 禁忌

交往禁忌。忌拜基督教以外的神、偶像,不可拿上帝、圣母、基督耶稣开玩笑,不宜任意使用圣像及其宗教标志。耶稣受难节那一周,不要请基督徒参加私人喜庆活动。

行为禁忌。非基督教徒进教堂后要脱帽,不得妨碍对方宗教活动,教徒唱诗或祈祷时不可出声,全体起立时应跟随起立。

饮食禁忌。基督教一般规定周五和圣诞节前夕只食素菜和鱼菜,不食其他肉类。有些教派的基督徒有守斋之习。守斋时,他们绝对不食肉、不饮酒。在一般情况下,基督徒不食用蛇、鳝、鳅、鲶等无鳞无鳍的水生动物。

馈赠禁忌。避免赠送的礼品上面有其他宗教的神像或其他民族所崇拜的图腾。

数字禁忌。忌"星期五"、"13","666"在基督徒眼里代表魔鬼撒旦,也为不祥的数目。

教堂为基督教的圣殿。它允许非基督徒进入参观,但禁止在其中打闹、喧哗,或者举止有碍其宗教活动。在基督教的专项仪式上,讲究着装典雅、神态庄严、举止检点。服装前卫、神态失敬、举止随便者,均不受欢迎。就餐之前,基督徒多进行祈祷。非基督徒虽然不必照此办理,但也不宜在其前面抢先而食。

(3) 基督教的节日

基督教的主要节日有圣诞节,复活节。

圣诞节是纪念耶稣诞生的节日,定在每年的12月25日。这一天是西方人家庭团聚的节日,人们互赠礼物、举行欢宴,并以圣诞老人、圣诞树来增添节日的喜庆。

复活节是纪念耶稣"复活"的节日,规定在每年春分圆月后的第一个星期(3月21日—4月25日之间)。象征生命的蛋和兔是复活节的吉祥物,节日里人们会自制或购买彩蛋和巧克力制作的兔子,以此作为节日礼物赠送给亲人朋友。

**相关链接**

### 西方人为什么忌讳"13"

西方人为什么忌讳"13"?传说很多,其中有两种说法最为普遍。

其一,最初源于北欧神话。在天国举行的宴会上出席了12位天神,席间突然闯进来一位不速之客——凶神罗基,这第13位来客的闯入使天神宠爱的柏尔特罹难。

其二,传说于耶稣的被害。耶稣受害前与弟子们共进晚餐,其中第13个人是犹大,他为了30块银元把耶稣出卖给犹太教当局,晚餐的日期也恰好是13日,"13"给耶稣带来了苦难和不幸。从此,"13"被认为是不幸的象征,是背叛和出卖的同义词。达芬奇的名画《最后的晚餐》使此传说流传更广。因此"13"成了西方世界最忌讳的数字。

**3. 伊斯兰教**

(1) 伊斯兰教简介

伊斯兰教旧称回教,它也是世界上最重要的宗教之一。主要分布于西亚、北非、中亚、南亚和东南亚等地区。在不少国家,伊斯兰教被定为国教。

伊斯兰教创建于公元7世纪初的阿拉伯半岛,创始人为麦加人穆罕默德。

伊斯兰教以安拉为真主,认为世上的一切事物都是由真主安拉决定的。穆罕默德是真主安拉派下来的使者,教徒必须绝对顺从安拉和他的使者穆罕默德。所有信仰伊斯兰教者均称为穆斯林,意即安位旨意的"顺从者"。穆斯林之间,一般互称"兄弟"。

《古兰经》是伊斯兰教的神圣经典。圣城为麦加。

伊斯兰教的基本教义是:"万物非主,唯有真主。穆罕默德,真主使者。"——此语也称为"清真言",通常要求穆斯林经常吟诵。

(2) 伊斯兰教礼仪

① 称谓

伊玛姆,即教长。逊尼派穆斯林的领袖为伊玛姆,什叶派政教领袖也为伊玛姆。一般常称清真寺的教长为伊玛姆。

阿訇,通常是指伊斯兰教学者、经师。一般主持清真寺教务,而其中担任教坊的最高宗教首领和"经文大学"教师的阿訇,称作"教长阿訇"、"开学阿訇"。

毛拉,是对伊斯兰教学者的尊称。我国新疆地区有些穆斯林对阿訇也称毛拉。

② 仪式

念功。为了表明对安拉的虔诚,穆斯林要经常念"除安拉外别无神灵,穆罕默德是安拉的使者"。

拜功。为了颂扬真主和求得真主的恩赐,穆斯林要每日朝麦加克尔白的方向做五次礼拜。礼拜一般由伊玛姆率领集体举行,也可单独举行。

斋功。伊斯兰教认为其教历9月是最吉祥、最高贵的月份,为了向安拉忏悔和赎罪,穆斯林要在这个月内封斋。斋月期间,从每日破晓直至日落,除病人、旅客、孕妇、哺乳者外,穆斯林要禁止一切饮食和房事。在斋月期间,外人不宜打扰穆斯林。

课功。课功即施舍。这是伊斯兰教的宗教课税,由初期的施舍发展而来。

朝功。朝功即朝觐。每个穆斯林不分男女,凡身体健康者,均应自筹路费,一生中至少一次参加集体朝觐麦加的活动。

③ 禁忌

信仰禁忌。根据"认知独一"的信条,伊斯兰教徒忌任何偶像崇拜,只信安拉。在穆斯林面前,绝对不允许对安拉、穆罕默德信口评论,不允许非议伊斯兰教及其教义,不允许对阿訇无礼。

饮食禁忌。不食不洁之物,包括猪肉、驴肉、马肉、兔肉、无鳞鱼等,牛、羊等必须按清真规定的程序给予宰杀和烹制;《古兰经》规定穆斯林不能饮酒;忌食动物血液;忌食自死之物;

## 第7章 会议仪式和民俗礼仪

忌食一切未按教规宰杀之物。非清真的一切厨具、餐具、茶具,均不得盛放招待穆斯林的食物或饮料。

服饰禁忌。妇女在陌生人面前要戴面纱,不戴面纱的妇女忌进清真寺。

交往禁忌。穆斯林对个人卫生极其讲究,许多地方的穆斯林认为人的左手不洁,所以禁止以左手与人接触,敬茶、端饭、握手必须用右手。

动物禁忌。忌用猪的形象作为装饰图案。

伊斯兰教禁止偶像崇拜。故不应将雕塑、画像、照片以及玩具娃娃赠给穆斯林,并不宜邀请其观看电影、电视、录像、VCD,也不得邀对方参加拍摄。

伊斯兰教禁止妇女外出参加社交活动。在外人面前,不允许妇女的着装暴露躯体,不允许男女共处。与穆斯林打交道时,一般不宜问候女主人,不宜向其赠送礼物。女性前往伊斯兰教国家时,衣着一定要入乡随俗,禁止袒胸、露臂、光腿、赤足。

一名虔诚的穆斯林一般每天要做五次礼拜。在此期间,切勿干扰。清真寺为伊斯兰教的圣殿。进入清真寺后,衣着不宜暴露,不宜追逐、嬉戏或大喊大叫。

(3) 伊斯兰教的节日

开斋节,在我国新疆又称肉孜节。伊斯兰教把每年9月作为斋月,10月1号开斋,称为开斋节,持续三四天。

宰牲节,亦称古尔邦节,是伊斯兰教最重大的节日,时间在教历12月10日。穆斯林每逢此日举行会议,互相拜会,并宰杀牛、羊、骆驼,互相馈赠,以示纪念。

圣纪节,亦称圣忌日,是纪念穆罕默德诞辰的节日,时间在教历3月12日。

### 想想议议

**午餐风波**

一对阿拉伯夫妇乘火车旅游。午餐时,列车员笑容可掬地给他们送来了午餐。列车员右手托盘,左手将餐具、午餐一一礼貌地摆放在他们面前。只见,这对夫妇脸色大变。先生猛地站起来,掀起桌布,将食物摔倒地上,并用阿拉伯语大声地说着什么,表情极为愤怒,夫人则掩面哭起来。而列车员则一脸茫然,不知所措地呆站着。后来,列车长平息了这场风波。

**想想**:这是怎么回事呢?

**议议**:原来都是左手惹的祸。因为,在阿拉伯人看来,左手是不洁之手,忌用左手递物或接货,否则,对别人是莫大的侮辱。

### 4. 道教

(1) 道教简介

道教是中国土生土长的传统宗教,因以道作为其最高信仰而得名。道教奉老子为教祖,尊为太上老君。"三清"即玉清元始天尊、上清灵宝天尊、太清道德天尊三位为道教最高尊神。

神仙是道教信奉的另一类神灵。神仙主要指经过修炼而得道的神人、真人。他们居住天宫琼楼、仙山洞府或海岛神州,有各种神奇本领,能隐身遁形,造物变化,来去自由。道教也供奉一些民间崇拜的俗神,如门神、灶神、财神、三官、土地、城隍、妈祖、东岳大帝等。神仙和俗神崇拜使道教对下层民众更有吸引力,成为他们日常生产娱乐活动和生活风俗的有机组成部分。

老子所著《道德经》是其主要经典。《道德经》中所提出的"道"与"德"是道教最根本的信仰。

八卦太极图是道教的标记。

(2) 道教礼仪

① 称谓

道士,指奉守道教戒规、熟悉各种斋醮祭祷仪式的道教宗教职业者,也称黄冠、羽人、羽士等。出家的道士,一般应尊称为"道长"。

道姑,即女道士,也称女冠。

方丈,即道观首领,可以是本观的,也可以是外请的德高望重者。道教方丈实际上是荣誉职务。

住持,即道观中地位仅次于方丈者,负责道观全部事务,也称监院,俗称当家的。

② 仪式

道教日常宗教活动有诵经礼忏功课、节日的祭神祝祷,以及为信徒做道场祈福消灾、超度亡灵等等。道教内部拜师、授经、传度法箓、日常生活起居、出外云游、修炼打坐等等,皆有复杂的科仪戒律。

斋醮,是道教中较为常见的祭祷仪式,意思是供斋醮神,祈告神灵消灾赐福。斋醮仪式由道士进行,其内容有设坛、摆供、焚香、化符、念咒、诵经、赞颂,并配有烛灯、音乐吹奏程式。

建醮,即做道场。它是道教宫观内举行的最重要的宗教活动,是道教采取的一种为生者祈福消灾,为死者追荐超度亡魂的仪式,也是道众集中的修炼形式。

宫观以外的信徒可以出资聘请道士或道众(人数不限)到家中给祖宗或长辈超度亡魂,或送灵入葬诵经做道场,以祈福消灾,或谢罪,或求寿、求平安等。

③ 禁忌

服饰禁忌。忌秽亵法服,忌法服不洁、形仪慢黩,忌衣服杂色,忌衣饰华美、与俗无别,忌法服借人等。

饮食禁忌。道教特别强调对于酒、肉及五辛之菜等的禁绝。

行为禁忌。道教对常人行拱手礼或行作揖礼,而对神、仙和真人则行叩拜礼。不应与俗人同浴,入浴室不得与别人共语。

交往禁忌。不得无故进入其他宫观及僧院,也不得无故去俗人家;有事去俗人家,办完事即返回,不得久留。

言语礼仪。进入法堂以及上宴席,不应高声言语,也不应大声咳嗽;不得多言,不得与师辈争话;不言人过失;不说俗人家务;不言为媒保事;不与妇人低声密语等。

特殊禁忌。嗽吐水当慢慢引下,不应高声呕吐唾涕;不应把脏水泼溅到别人衣服上;不得在法堂中神像前剔齿唾涕。

(3) 道教的节日

道教以神、仙之诞辰为节日,届时都举行隆重的斋醮。道教各宗派除敬本派祖师外,对

共同尊崇之神的诞生日,也都举行隆重的纪念活动。道教崇奉的神和仙数量极多,加上各派祖师,因此节日也多不胜数。如三清节(冬至日元始天尊圣诞;夏至日灵宝天尊圣诞;二月十五日道德天尊圣诞,也称老君圣诞)、三元节(正月十五上元天官节,七月十五中元天官节,十月十五下元天官节)、王腊节、王母娘娘圣诞、东华帝君圣诞、张天师圣诞、关圣帝君圣诞、财神圣诞等。

### 7.3.2 商务礼俗

礼俗,即礼仪和习俗,是一个国家或地区、民族长期形成的,是具有相对稳定性的礼节、人情、风尚、行为习惯、心理倾向等的总和。商务礼俗是不同国家或地区在商务交往中所独有的礼仪和习俗。

**1. 亚洲主要国家的礼俗**

(1) 日本(Japan)

日本位于亚洲的东部,是太平洋西北部的一个岛国,面积37.77万平方公里。日本主要民族为大和族,主要宗教有佛教、神道教、基督教,有许多人兼信两种以上宗教。日本首都是东京(Tokyo),是世界上人口最多的城市之一。日语为官方语言,大部分商人会英语。国花是樱花。国鸟是绿雉。

日本有"第三经济大国"、"樱花之国"、"造船王国"、"贸易之国"、"钢铁王国"等美称,日本与中国一水之隔,两国人民友好往来的历史源远流长,日本人的许多风俗习惯都可以从中国找到根,日本人对中国的文化表现出一种特有的尊重。

"爱面子"是日本人的共性,它是一个人荣誉的记录,自信的源泉,情面会强烈地影响日本人的一切。一句有伤面子的言语,一个有碍荣誉的动作,都会使事情陷入僵局。因此,与日本人相处,应时时记住给对方面子。

① 习俗礼节

日本人勤劳、守信、遵时,生活节奏快,工作效率高,民族自尊心强,注重礼节。

见面礼仪。初次见面要行鞠躬礼。但在国际交往中,初次见面一般使用握手礼,特别是男士。日本人很重视名片,见面时首先交换名片,常说"拜托您了"、"请多关照"等话。

称谓礼仪。在日本,"先生"的称呼,只被用来称呼教师、医生、年长者、上级或有特殊贡献的人,如果对一般人称"先生",会让人感到难堪。

接访礼仪。拜访日本人,最好在上午的9~11时,下午的2~5时,若没有非常紧急的事,不要在吃饭时间和休息时间去拜访。拜访时一切听从主人安排。日本人一般不用香烟待客,如客人要吸烟,应先征得主人的同意,以示尊重。"不给别人添麻烦"是日本人的生活准则。

服饰礼仪。日本人很注意穿着打扮。一般在本民族庄重的节日或婚庆嘉喜、出席茶道等活动时穿和服;在商务活动和外事活动中都穿传统西服;一般都是黑色或深蓝色;应邀参加正式的宴会,都要梳妆打扮,西装革履;但如果是参加郊游,或其他文娱、体育活动,即使是首次见面,穿着也都很休闲、自然;在一般场合只穿背心或赤脚被认为是失礼的行为。

送礼礼仪。日本人最喜欢送礼,在商务接触中会首先给对方送礼,并希望得到回应。赠送礼品时,非常注重阶层和等级。给日本客人送一件礼物,即使是小小的纪念品,他都会铭记心中,因为这不但表现出你的诚意,而且也表明彼此之间的交往已超出了商务的界限,说明你对他的友情,重视了他的面子。

饮食礼仪。日本人喜欢吃鱼类食品。"便当"和"寿司"是受欢迎的两种传统方便食品("便当"就是盒饭,"寿司"就是人们在逢年过节时才吃的"四喜饭")。日本人多食清淡、新鲜、带甜味的食物,很爱吃瓜果食品,尤其喜欢瓜类。日本人也爱喝酒,对中国的茅台情有独钟。

② 主要禁忌

颜色忌。忌紫色和绿色。紫色是悲伤的色调,绿色是不吉利的象征。

数字忌。忌讳"4"和"9"。日语里"4"字发音和"死"相同,而"9"的发音则和"苦"相同,送礼及为日本人安排食宿、用具等要尽量回避。

送礼忌。日本人爱送小礼物,但不要送梳子、圆珠笔、T恤衫、火柴、广告帽;日本人不喜欢在礼品包装上系蝴蝶结,用红色的彩带包扎礼品象征身体健康;不要给日本人送有动物形象的礼品。

鲜花忌。日本人对樱花无比厚爱,但反感荷花。探望病人时不要送山茶花、仙客来花等。

动物忌。讨厌金色的猫,对狐狸和獾极为反感,认为它们是"晦气"、"贪婪"和"狡诈"的化身。

筷子忌。日本人在用筷子方面非常讲究,用筷子时不可舔筷、移筷、扭筷、剔筷、插筷、跨筷、掏筷。

(2) 韩国(Republic of Korea)

大韩民国位于亚洲东北部的朝鲜半岛南部,面积9.96万平方千米,人口为单一的朝鲜民族,50%左右的人口信奉佛教、基督教等宗教。

韩国首都是首尔(Seoul)。通用韩国语。国花是木槿花。国鸟是喜鹊。崇拜熊,认为熊是其民族的祖先。

① 习俗礼节

见面礼仪。韩国人在社交场合与客人见面时,习惯以鞠躬并握手为礼。握手时,或双手或用右手,女人一般不与男人握手,只是鞠躬致意。韩国人对长者特别尊敬,不论在什么地方见到长者都要鞠躬问候。一般起床后,子女须向父母问安,远行归来须向父母施跪拜礼;父母外出、回归,子女须迎、送并施礼。在韩国,女士十分尊重男士,男女相见时,总是女士先向男士鞠躬、致意问候。

举止礼仪。韩国人不轻易流露自己的感情,公共场所不大声说笑。特别是女士在笑的时候常用手帕捂住嘴巴。在公共场所或在别人的地方不能出现有碍观瞻的举动,如吐痰、抠鼻子、抓痒痒等都被视为不讲礼仪的行为。韩国人对日常礼节相当重视。当几个人在一起,要根据身份和年龄来排定座次。身份、地位、年龄都高的人排在上座,其他的人就在低一层的地方斜坐下。男女同坐的时候,一定是男士在上,女士在下。要抽烟的时候,他们总是问上座的人:"可不可以抽烟?"

做客礼仪。如果应邀去韩国人家里做客,按习惯要带一束鲜花或一些小礼物,用双手捧上递给主人,主人不当着客人的面打开礼物。进主人的屋子或饭馆要脱鞋。面对矮桌要盘腿席地而坐,双腿不能叉开或伸直,否则就失礼。若想抽烟,须征求在场的长辈同意。

## 第7章 会议仪式和民俗礼仪

饮食礼仪。韩国人口味偏清淡，不喜油腻，但特别喜欢吃辣味菜肴。他们通常吃烤、蒸、煎、炸、炒、汤类菜。辣泡菜和汤，这两种食品是每餐必不可少的。酱是韩国各种菜汤的基本佐料。韩国人很重视业务交往中的接待，宴请一般在饭馆或酒吧间举行，他们的夫人很少在场。进餐时要等全部菜肴一次上齐后，所有进餐者一起上桌开饭，席间不能边吃饭边谈话。

② 主要禁忌

数字忌。韩国人喜欢单数，忌讳双数，对"4"非常反感（因在韩语中的发音、拼音都与"死"完全相同）。许多楼房的编号严禁出现"4"字；军队、医院、餐馆等也不用"4"编号；吃东西不吃四盘四碗，在饮茶或喝酒时，主人总是以1、3、5、7的数字来敬酒、敬茶、布菜。朝鲜有李姓，但决不能说"十八子"李，因在朝鲜语中"十八子"与一个淫荡词相近，绝不能在女子面前说此话，否则会被认为有意侮辱人。

送礼忌。送礼时，不要送日本出产的物品；接受礼品时应用双手，一般不当面打开礼品盒。

交谈忌。与韩国人交往，不宜谈政治腐败、经济危机、南北分裂、韩美关系、韩日关系等话题。交谈时，发音和"死"相似的"私"、"师"、"事"等几个词最好不要使用。

(3) 新加坡（The Republic of Singapore）

新加坡全称新加坡共和国，位于东南亚马来半岛的南端，是个集国家、首都、城市、岛屿为一体的城市型岛国，是世界最著名的城市花园之国。主要宗教为佛教、道教、伊斯兰教、基督教和印度教。

新加坡首都是新加坡市。马来语为国语，泰米尔语为官方语言，英语为行政用语。国花是一种名为卓锦·万代兰的胡姬花（兰花），有卓越锦绣、万代不朽之意。新加坡人人爱花，家家养花，所以，新加坡还有"花园之国"、"花园之都"、"公园国家"的美誉。

① 习俗礼仪

见面礼仪。新加坡虽然已经西方化，但当地人仍然保留了许多民族的传统习惯。打招呼的方式各不同，最通常的是见面时握手；华人见面鞠躬、作揖、微笑或握手；马来人见面时先互相接触双手再把手收到自己的胸前；印度人见面先合十放胸前，微微闭目、欠身。商务活动一般穿白衬衫，着长裤，打领带即可；访问政府办公厅仍应着西装、穿外套。

举止礼仪。公共场合不许吐痰，不许乱丢纸屑、烟头，不准抽烟。如果有违规者，不仅要重罚，还要鞭打。在公共场合不准拥抱和亲吻。进清真寺要脱鞋。在一些人家里，进屋也要脱鞋。

做客礼仪。若登门拜访，须事先预约，不要贸然而行；若有宴请，最好晚半小时到达，如请柬上写着7时，应在7时半到达，否则被认为贪嘴好吃；新加坡人接待客人一般是请客人吃午饭或晚饭；和新加坡的印度人或马来人吃饭时，注意不要用左手；到新加坡人家里吃饭，可以带一束鲜花或一盒巧克力作为礼物。

饮食礼仪。新加坡多为华人，喜欢米饭，不喜面食。口味清淡，偏爱甜味。粤菜、闽菜、上海菜都很受欢迎。华人大都喜欢品茶。

② 主要禁忌

颜色忌。视黑色和紫色为倒霉色，也不喜欢白色、黄色，红色、绿色、蓝色很受欢迎。

数字忌。数字上忌讳"4"、"7"、"13"等，在华语中"4"发音与"死"相同，"7"则被视为一个消极的数。

交谈忌。交往中,不要谈论政治、种族、宗教、配偶等话题。

筷子忌。忌把筷子放在碗和盘子上,不用时也不能叉开摆放,而应放在托架上。

新加坡人非常讨厌男子留长发,对蓄胡子者也不喜欢。在一些公共场所,常常竖有一个标语牌:长发男子不受欢迎。

（4）泰国(Te Kingdom of Thailand)

泰国正式名称是泰王国,位于亚洲东南部。94%的居民信仰佛教,佛教为国教。

泰国首都是曼谷(Bangkok)。泰语为国语。国花为睡莲。国兽为白象。

① 习俗礼仪

见面礼仪。一般人相见施以合十礼。手举得越高,对人越尊重,依次的高度为过头顶、前额处、鼻子以下处、胸前。如晚辈向长辈行礼时,双手合十要举过前额,长辈合十回礼时双手不必高过前胸等;官员和知识界人士见面时施以握手礼;百姓见国王、见高僧等,则行跪拜礼。

饮食礼仪。泰国人以大米为主食,喜欢辛辣、鲜嫩的食物,不爱吃过咸或过甜的,也不吃红烧的菜肴。饭后有吃水果的习惯,但不爱吃香蕉。不喝热茶,喜欢在茶里加上冰块。一般情况下,不喝开水,而惯于直接喝冷水。

其他礼仪。泰国人习惯用颜色表示星期。如红色星期日、紫红色是星期六、淡蓝色为星期五、橙色是星期四、绿色为星期三、粉红色是星期二、黄色是星期一。

② 主要禁忌

动作忌。忌用手触摸头部,认为头颅是智慧所在,神圣不可侵犯;拿着东西从泰国人头顶上过,被视为一种侮辱;睡觉时忌头向西方,因为日落西方象征死亡;忌踩踏房子的门槛,认为门槛下住着善神。

举止忌。就座时,最忌讳跷腿,把鞋底对着别人,认为这是一种侮辱性的举止;妇女就座时,双腿要靠拢,否则会被认为没教养。

颜色忌。忌讳褐色,忌讳用红色的笔签字,或是用红色刻字,因为人死后是用红笔把姓氏写在棺材上的。

交谈忌。交谈时忌用手指指点点,忌戴着墨镜与人谈话。

用手忌。忌用左手与别人相握,忌用左手递物或接物。

**2. 欧洲、美洲主要国家的礼俗**

（1）英国

英国全称为大不列颠及北爱尔兰联合王国,是欧洲西部的群岛国家,居民中英格兰人占83%,主要宗教是基督教新教和罗马天主教。

英国首都为伦敦,被称为"世界雾都"。官方语言为英语。国花是玫瑰。国鸟是知更鸟。

英国是世界上工业化最早的国家,有"世界工场"之称。目前,英国是世界第4贸易大国。

① 习俗礼仪

英国人矜持含蓄,谨慎保守,彬彬有礼,崇尚"绅士风度"和"淑女风范"。商务交往中,他们重交情,不刻意追求物质,不掂斤播两,一副大家的作风。

服饰礼仪。英国人注意仪表,讲究穿着,好讲派头,往往以貌取人。只要一出家门,就得

## 第7章 会议仪式和民俗礼仪

衣冠楚楚。男士每天都要刮脸。外出参加社交活动时,着深色西服,但忌带条纹的领带;女士则穿西式套裙或连衣裙。出席宴会或晚会时,习惯穿黑色礼服,衣裤须烫得笔挺。

举止礼仪。英国人见面很少握手,只有初次见面或在特殊场合,或者是表示赞同与祝贺时,才相互握手。英国人比较尊重妇女,"女士优先"的社会风气很浓。如乘电梯让女士先进;乘车时,要让女士先上;斟酒要给女宾或女主人先斟;在街头行走,男士应走外侧,以便发生危险时,保护妇女免受伤害;丈夫通常要偕同妻子参加各种社交活动,而且习惯总是先将妻子介绍给贵宾认识。

交谈礼仪。英国人待人彬彬有礼,讲话十分客气,"谢谢"、"请"字不离口。交谈不喜欢距离过近,认为在众人面前相互耳语是失礼之举。把夸夸其谈视为缺乏教养,把自吹自擂视为低级趣味。在谈判中比较稳重,不轻易表态。

饮食礼仪。在英国,不流行邀对方早餐谈生意。一般说来,他们的午餐比较简单,对晚餐比较重视,视为正餐。因此,重大的宴请活动,大家都放在晚餐时进行。在正式的宴会上,一般不准吸烟。进餐吸烟,被视为失礼。英国人讲究饮食质量,却具有"轻食重饮"的特点,尤其喜欢红茶与威士忌。

送礼礼仪。去英国人家里做客,最好带点价值较低的礼品,因为花费不多就不会有行贿之嫌。礼品一般有高级巧克力、名酒、鲜花等,特别是具有民族特色的民间工艺美术品,他们格外欣赏。而对有客人公司标记的纪念品不感兴趣。在英国,服饰、香皂之类的物品因太涉及到个人的私生活,故一般不用来送人。英国人常常当着客人的面打开礼品,无论礼品价值如何,或是否有用,主人都会给以热情的赞扬表示谢意。苏格兰威士忌是很通行的礼品,烈性威士忌则不然。

② 主要禁忌

数字忌。忌讳的数字主要是"13"和"星期五",如果13日又是星期五的话,则认为这是双倍的不吉利。还忌讳"3"。

鲜花忌。菊花在任何欧洲国家都只用于万圣节或葬礼,一般不宜送人。白色的百合花在英国象征死亡,也不宜送人。

交谈忌。忌谈个人私事、家事、婚丧、年龄、职业、收入、宗教问题。

图案忌。忌用大象、孔雀图案,英国人认为大象是蠢笨的象征,孔雀是浮鸟、祸鸟。

举止忌。忌讳当众打喷嚏,英国人一向将流感视为一种大病。

此外,英国人从不从梯子下走过,在屋里不撑伞,从不把鞋子放在桌子上,忌用人像做装潢等。

(2) 德国

德国全称德意志联邦共和国,位于欧洲的中部。二次大战后,德国分裂为东、西两个国家,1990年10月3日,东西德宣布统一,定国名为德国。德国人口主要是德意志人,主要信奉基督教。德国首都是柏林。通用德语。国花是矢车菊。国鸟是白鹳。

德国经济实力雄厚,对外贸易发达,有"经济人"、"酒花之国"、"酒王国"、"运河之国"等美称。

① 习俗礼节

德国人勤劳、有朝气、好清洁、爱音乐,属于极端遵守法律和纪律的民族。

交往礼仪。德国人对工作一丝不苟,在社交场合也举止庄重,讲究风度。德国人的时间观念很强。迟到或过早抵达都被视为不懂礼貌。在社交场合与客人见面时,一般行握手礼。与熟人、朋友和亲人相见时,一般行拥抱礼。在与客人打交道时,总乐于对方称呼他们的头衔,对刚相识者不宜直呼其名。与德国人相处时,几乎见不到他们皱眉头等漫不经心的动作,因为他们把这些动作视为对客人的不尊重,是缺乏友情和教养的表现。应邀到德国人家中做客,通常宜带鲜花,鲜花是送女主人的最好礼物,但必须要单数,5朵或7朵可。不可带葡萄酒,此举被认为是显示主人选酒品味不够好,但威士忌酒可以作礼物。德国人对礼品的包装纸很讲究,忌用白色、黑色或咖啡色的包装纸包装礼品,不要使用丝带作外包装。

服饰礼仪。德国人在穿着打扮上的总体风格是庄重、朴素、简洁。不大接受过分鲜艳花哨的服装,且对衣冠不整、服饰不洁者难以容忍。一般情况下,男士大多爱穿西装、夹克,并喜欢戴呢帽。妇女们则大多爱穿翻袖长衫和色彩、图案淡雅的长裙。在正式场合,必须要穿戴得整整齐齐,衣着一般多为深色。在商务交往中,他们讲究男士穿三件套西装,女士穿裙式西装。

饮食礼仪。德国人喝酒世界有名,平时最喜欢喝啤酒,几乎人人都是海量。他们有个规矩,吃饭时应先喝啤酒,再喝葡萄酒,要是反过来就认为是有损健康的。世界上喝酒最多的是欧洲人,而在欧洲人中又首推德国人。德国人的口味较重,偏油,主食以肉类为主。

② 主要禁忌

颜色忌。德国人对于红色、深蓝色和茶色比较忌讳,对黑色、灰色比较喜欢。

交谈忌。与德国人交谈,不要涉及纳粹、宗教和党派之争,忌谈篮球、棒球和美式橄榄球运动。忌讳在公共场合窃窃私语,不喜欢他人过问自己私事。

数字忌。德国人对于"13"、"666"与"星期五"极度厌恶。他们对于四个人交叉握手,或在交际场合进行交叉谈话,也比较反感。这两种做法都被看作是不礼貌的。

图案忌。德国人对纳粹党党徽的图案十分忌讳。在德国,与别人打招呼,切勿身体立正,右手向上方伸直,掌心向外,这是过去纳粹行礼的方式。

(3) 美国

美国全称美利坚合众国。美国是一个移民国家,素有"民族熔炉"之称。56%的居民信奉基督教新教,28%信奉天主教。

美国首都是华盛顿。英语为国语。国花是玫瑰。国鸟是白头雕(海雕)。

① 习俗礼节

美国人随和友善、热情开朗、不拘礼节、喜欢幽默、自尊心强。

美国是个移民之国,它的祖先来自于全球各地。因为杂,人们各自的差异十分突出;因为差异十分普遍,人们就不特别注重统一性。因此,美国人的宽容性较强,美国社会里可行的习俗要比世界上其他国家宽泛得多。在美国,基本上每个人都可以任意选择不同的观念、信仰、生活方式和传统习惯。如犹太人可以庆祝他们的宗教节日,而基督教徒则能过他们的圣诞节和复活节,美国华人可以在唐人街用华语生活和工作。

美国人以不拘礼节著称于世。在写字楼里,人们常常发现"白领工人"不穿外套、不系领带地坐在自己的办公室里工作。在大学校园里,美国教授身穿牛仔裤、足蹬耐克鞋进教室上课的例子数不胜数。甚至,美国教授讲到来劲之处,会一屁股坐到讲台上,神采飞扬地滔滔不绝一番,不分年龄,不分性别。更常见的情形是美国父子之间、母女之间的随和、轻松关系。无论是在电影里,还是在实际生活中,我们经常看见美国长辈与幼辈互拍肩膀、无拘无

# 第7章 会议仪式和民俗礼仪

束的镜头。所有这一切都源于美国人不拘礼节的习性。

见面礼仪。美国社会风俗跟别国社会风俗大不相同的一点，就是名字的称呼。大家都喜欢直呼其名。介绍的时候，往往是连名带姓。美国人与别人见面时，不管是下属见到上司，还是学生见到师长，常常笑一笑，说声"嗨（Hi）"或者"哈罗（Hello）"即可，而不必加上各种头衔，也不一定握手。美国人相信自己即使直称一个人的名字，仍一样可以对他表示尊敬。在社交场合，与欧洲人一样，见面施鞠躬礼、握手礼、点头礼、举手注目礼或接吻礼。在分手时往往挥挥手，或者说声"明天见"、"再见"。

交往礼仪。与美国人相处时，要保持50至100cm之间的距离，谈话时距对方过近是失敬于人的。美国人在讲话中礼貌用语较多，如"对不起"、"请原谅"、"谢谢"、"请"等，显得很有教养。美国人性格奔放、随和、坦率，这在"侃大山"上表现得十分显著。美国人一旦与人拉开"话匣子"，便会滔滔不绝地讲个不停。他们不喜欢"干"坐着不出声，若是发现"对话者"久不出声，他们会问某人是否身体不适；有时，他会问是否有什么心事；有时，他们干脆询问是否要求帮忙。沉默对他们来说，往往意味着"话不投机"，或者"不敢恭维"，或者"不想与你谈"。

服饰礼仪。美国人穿着打扮不太讲究，崇尚自然，偏爱宽松，讲究着装体现个性，重视着装细节，注意服饰整洁。

饮食礼仪。美国人讲究质量，强调营养合理搭配。喜食"生"、"冷"、"淡"的食物。口味是咸中带甜，喜欢清淡。以食用肉类为主，爱吃牛肉、鸡肉、鱼肉，火鸡肉也受到欢迎。爱喝冰水、矿泉水、可乐和葡萄酒等，不太喜欢喝茶。

② 主要禁忌

数字忌。美国人最讨厌的数字是"13"和"3"，最不喜欢的日期是"星期五"。

动物忌。讨厌蝙蝠，认为是凶神恶煞的象征；忌讳黑色的猫，认为黑色的猫会给人带来厄运。

颜色忌。喜爱白色、蓝色和黄色。忌讳黑色，认为黑色是肃穆的象征，是丧葬用的色彩。

交往忌。十分重视隐私权，忌讳打听别人的私事；与美国黑人交谈时，要少提"黑"这个词；忌讳政党之争、投票意向和计划生育等话题。

## 知识拓展

### 国际商务礼俗

**A 直截了当的美国人**

同美国人进行商务活动，要深入了解和掌握美国有关贸易进出口的法律法规和常规做法。如哪些范围限制与外国人合作；哪些范围的商品必须得到政府有关部门特别许可；哪些商品市场有可能触及反倾销税法，以及美国的反托拉斯、反行贿等等法规，和商户谈判时要特别提及。此外，如商品的广告及代理，批发和零售，价格和包装等常规做法和特别事项也要了解透一些。要进行市场调查，慎重选择合作对象和合作领域。考察时要重点突出，如纺织品的质地、花色图案、设计样式等，在市场是否受顾客欢迎，代理商的意向是否明显等。美国商人在商务活动中总有一种富国强国的自信和自豪，处处流露出优越感，谈吐较直率大方,显得轻松和好打交道。工作讲究高效,不愿拖泥带水,谈判时要直截了当,时间安排要紧凑。同美国人做生意请懂行的律师做顾问是不可缺少的。

### B 讲究礼仪的日本人

同日本人进行商务活动,要了解商务伙伴的背景、销售产品的能力经验及资信情况。日本企业名录上登录的商务情况比较齐全,一般在国际互联网上也能查询到,如果都查不到,就要小心从事。要深入了解日本的管理法规和制度。日本的商品进出口管理法规十分繁杂,各种限制也很多很细,对产品的规格、包装要求很严,所以要了解得特别详细。日本人讲究礼仪是世界闻名的,在同对方谈判或交往时,要注意自己的穿着打扮、举止行动和谈吐方式,不要大大咧咧,不拘小节。和日本人初次见面时,最好送一些包装精美的小礼品作为纪念。同时,要注意选择宾馆和交通工具的档次。日本人对客户在日本访问时下榻宾馆和乘车的档次比较注意,往往以此衡量客人公司的水平和能力,所以在实访时要注意选择宾馆和乘车的档次高低。

### C 严肃认真的德国人

德国经济发达,商户的素质较高,所以同德国人进行商务活动时首先应注意对产品的技术标准要求要高,出口商品一定要把好质量关;其次,德国的企业融资时,一般都要通过银行进行,在资金问题上,风险意识很强,所以在谈判时要有详细的准备,解除对方的风险疑问;德国人工作严肃认真,信守合同,讲究信誉,所以在同德国人接触时要特别注意认真,不得马虎从事;德国人擅长谈判,所以要抓住对方心理进行商谈,待其有购买欲望或决定时,果敢出击。

### D 有所忌讳的英国人

同英国人进行商务活动时要了解英国人的传统习惯和生活特点。如在正式洽谈时,以穿轻便衣服为好,而在其他正式场合,则穿考究的服装,在休假(一般在七八月)和圣诞节、复活节等重大节日时间一般不进行商务活动。英国人爱好名酒和名贵鲜花,送礼一般喜欢在晚餐后进行;谈判时要用的资料和样品在谈判前要准备妥当,在介绍时重点突出,不可占用太长时间。回答问题也要有较强的针对性;进行商务活动时不要涉及其他政治问题,如北爱尔兰和香港回归等问题。

### E 注重细节的韩国人

韩国人并不十分重视时间概念,但作为客户应准时赴约。举办商务谈判时要尊重他们的生活方式,这将会得到他们的好感。韩国人用餐时不兴交谈,更不能发出"唧唧"的声音。如果不遵守餐桌礼节,极可能引起反感,甚至关系到谈判的成败。与韩国商人相处时要避免谈论政治话题。进入他们的住宅或韩国饭店时,不要将室外穿的鞋穿到屋里去,要换备用的拖鞋。如应邀做客,要送一束鲜花或小礼品给主人,并以双手捧上。

### F 按部就班的丹麦人

丹麦人心地好,朴素不急躁,沉着而亲切。计划性强,凡事都按部就班、规规矩矩。比如进行商务谈判时,就必须从头到尾按顺序逐一说明。在丹麦,宜穿保守式西装。拜会得先预约。进出办公室时以握手为礼,销售产品时要态度温和。应约到对方家做客,一定要带花去,最好先遣人送去。务必准时赴约。丹麦禁止邮寄牛奶或奶粉及其混合食品、细烟丝、打火机、有关票证等。到丹麦从事商务活动,每年9月至次年5月最宜。圣诞节与复活节前后两周应避免。7月15日至7月30日,大多数商人在度假。

## 第7章 会议仪式和民俗礼仪

### G 广泛社交的葡萄牙人

葡萄牙人擅长社交，初次见面就会表现出一股亲密感来。与他们相处应重视人际关系，商务活动应先预约，宜穿老式西装。见面或道别时以握手为礼。葡萄牙人家族意识强烈，凡事慢三拍，但乐于加班。与葡萄牙人聚餐时必须喝酒。要是不喝，会被认为是瞧不起他们。葡萄牙人自有一套传统的饮酒方式。他们饭前要饮用开胃葡萄酒，饭后要喝助消化葡萄酒，吃肉时喝红葡萄酒，吃冷菜时则饮玫瑰香葡萄酒，这已经成为该国在商务宴请、社交场合和家庭宴会时的一种礼节习惯。

### H 性情活泼的墨西哥人

墨西哥人性情活泼，能歌善舞。视仙人掌为自己民族的象征，并奉为国花。主食是一种用玉米粉做成的小薄饼。以嗜酒闻名于世，宾客上门先以酒招待。墨西哥商人十分功利、现实，精打细算。虽然许多人会说英语，但他们都更愿意说西班牙语。如果接到对方用西班牙文字写的信，就不能用其他文字回信，否则被视为相当失礼。墨西哥人认为紫色为棺材色，不可使用，因而，不能送紫色类物品或以紫色包装的礼品。穿紫色衣服会客或招摇过市，也不受欢迎。在墨西哥，黄色花表示死亡，红色花表示诅咒。墨西哥人在正式场合穿制服、打领带，着装整洁，谈吐庄重，彬彬有礼。问候方式是微笑和握手。男子绝对不能吻一位不熟悉女子的面颊和手。除7、8、12月不宜拜访外，其他时间均可，但圣诞节及复活节前后两周最好不要去。交谈时应避开政治性和历史性话题，如果谈及天气、时间和旅游，主人将会饶有兴趣地洗耳恭听。

### I 计划行事的荷兰人

同荷兰人进行商务活动时，应注意做好商务谈判前的准备。荷兰人擅长谈判，对产品质量要求较高，对产品的价格很重视，对有关资料和证明要求也较严格，所以在谈判前要准备妥当，不可马虎草率。行事要严格按双方事先预定的计划办，不能临时决定或事先未联系就登门拜访等。荷兰人以晚餐为正餐，所以邀请荷兰人以晚宴为好。

### J 不喜拖拉的瑞典人

瑞典人讲究新技术和高质量，所以和他们做生意时要特别强调两点：首先合同在签订前要经过律师的审核和同意，没有律师的点头，一般是不可能签约的；其次瑞典人讲究工作效率和信誉，谈判时抓紧时间很重要，不能拖拉。

### K 喜欢喝名酒的法国人

同法国人进行商务活动时应注意严格按事先预定的时间、地点和交谈内容进行，不要迟到，穿着要讲究。提供给对方的材料和相关的实物样品要翔实、完备和讲究质量，合同条款要细致周到，一旦签订合同，要严格按照双方预定的条款执行。法国人喜欢在晚餐时约会，用餐时间长，喜欢喝名酒。

### L 极富自尊的拉丁美洲人

同拉丁美洲人进行商务活动时应注意了解拉丁美洲市场需求和关税条例。拉美的国际自由贸易区是同外国联系的市场之一，信息较灵通，是寻找贸易合作伙伴的理想场所，是了解拉美市场的重要窗口之一。到拉美进行商贸活动，一般都要通过这里进入市场。拉美商人自尊心强烈，喜欢朋友式地相互交流洽谈，厌恶盛气凌人的作风。发展代理网络，建立代理机构和代理人，也是同拉美人进行商贸活动不可缺少的。

# 第7章 会议仪式和民俗礼仪

**M 喜欢代理的阿拉伯人**

阿拉伯地区石油工业发达,但建筑行业等较逊色,劳动力也较紧张。在这一地区进行商贸活动要注意尊重民族习惯和风俗,讲究礼仪。阿拉伯人对产品的质量要求高,只要质量信得过,价格一般都能接受。通过代理商(中间商),是同阿拉伯人进行商贸活动成功率较高的办法之一。一般情况下,没有代理商(中间商)的介入,生意进展不会顺利。阿拉伯人认为一见面就谈生意是极不好的习惯,应先招待客人以示礼貌。拜访是做生意的一个方法,通行于阿拉伯国家。谈生意时如果有陌生人闯进来使你们的会谈中断,不要惊讶,也不要流露出不高兴的表情。迅速做出决定不是阿拉伯人的习惯,耐心十分重要,要见政府官员可能要等上三五天。良好的个人关系是在阿拉伯国家做成生意的关键。要避免在穆斯林斋月拜访穆斯林教徒,阿拉伯人不食猪肉。当阿拉伯人说"是"时,其意思可能是"也许"。说"也许"时,其意思可能是"不"。阿拉伯人认为对客人说"不同意"是不礼貌的。

## 本章小结

会议是为实现一定的组织目标,由会议组织者召集一定范围的公众共同参与的一项事务性活动,它是一种特殊的群体性活动方式,也有其相应的礼仪规范。

会议礼仪,是召开会议前、会议中、会议后及参会人应注意的事项,要保证会议成功召开,顺利达到既定目标,无论是组织者还是参加者都必须遵守会议特有的礼仪规范。

会议的前期会务工作是会议能否达成预期目标的首要条件,要从确定会议主题与目标、时间和地点、参会人员、会议议程、会议主持人、准备会议有关资料等方面作好缜密而细致的准备组织工作。

参加会议应懂得遵守必要的礼仪,应将会议视为一次难得的自我展示机会。

开业典礼的基本要求是热烈、欢快、隆重。其准备要遵循"热烈、节俭、缜密"三条原则。

开业是企业的大喜事,无论是组织者还是来宾都应注意遵循相应的礼仪规范。开业典礼的礼仪要求即指在典礼仪式过程中举办方和宾客方应该遵循的礼仪规范。

剪彩仪式,通常是指商界的有关单位,为了庆贺公司的设立、企业的开工、商店的开张、银行的开业、宾馆的落成、大型建筑物的启用、道路或航线的开通、展销会或博览会的开幕等而隆重举行的一种礼仪性活动。在一般情况下,在各式各样的开业仪式上,剪彩都是一项极其重要的、不可或缺的程序。

剪彩仪式上有众多的惯例、规则必须遵守,其具体的程序也有一定的要求。剪彩的礼仪,就是对此所进行的基本规范。

签字仪式是商务活动中,合作双方或多方经过业务谈判、协商,就某项重要交易或合作项目达成协议、订立合同后,由双方代表正式在有关协议或合同上签字,并互换正式文本的一种仪式。签字仪式的时间虽然不长,但其程序必须十分规范、庄重而又热烈。

宗教礼仪是指宗教信仰者为对其崇拜对象表示崇拜与恭敬所举行的各种例行的仪式、活动,以及与宗教密切相关的禁忌与讲究。目前,世界上信徒最多、分布最广、影响最大的三大宗教是佛教、基督教和伊斯兰教。

佛教起源于古印度,创始人是释迦牟尼,目前主要流行于东亚、南亚、东南亚一带。佛教认为,人生的本质就是"苦",世间一切皆是苦,即所谓的"苦海无边",主张"因果报应"、"生死轮回",佛教的经典是《大藏经》。

## 第7章 会议仪式和民俗礼仪

基督教是目前全世界信仰人数最多的一种宗教,主要分布在欧洲、美洲和大洋洲,相传为犹太的基督耶稣创立。基督教主要分为三大派系:天主教(也称罗马公教)、东正教(也称正教)、新教(我国一般称基督教或耶稣教)。基督教以上帝为崇拜对象,认为世界上一切事物是由上帝创造的。耶稣是上帝的儿子,是救世主。基督教的经典是《圣经》。十字架是基督教的标志。

伊斯兰教创建于公元7世纪初的阿拉伯半岛,创始人为麦加人穆罕默德。主要分布于西亚、北非、中亚、南亚和东南亚等地区。在不少国家,伊斯兰教被定为国教。伊斯兰教以安拉为真主,认为世上的一切事物都是由真主安拉决定的。穆罕默德是真主安拉派下来的使者,教徒必须绝对顺从安拉和他的使者穆罕默德。所有信仰伊斯兰教者均称为穆斯林,意即安拉旨意的"顺从者"。穆斯林之间,一般互称"兄弟"。《古兰经》是伊斯兰教的神圣经典。圣城为麦加。

礼俗即礼仪和习俗,是一个国家或地区、民族长期形成的,具有相对稳定性的礼节、人情、风尚、行为习惯、心理倾向等的总和。商务礼俗是不同国家或地区在商务交往中所独有的礼仪和习俗。

### 案例分析

**案例一:**

某公司举办大型服装新品展销会。与会者是来自各大公司的老总或经理。本次活动得到了媒体的广泛关注。当地政府也对此产生了浓厚的兴趣。该公司也向当地政府发出了邀请。由副市长代表参加。市长由于有另外一个活动,不能确定。展销会即将开始时,市长却来到了。各嘉宾已经在台上就座。但发现没有市长的名牌和座位,会议主办方十分尴尬。

提示:该公司应事先考虑好领导到来的可能性。即使不来,也要做好物品的准备工作。

**案例二:**

某公司日常管理比较混乱,秘书没有将公司会议记录立卷归档,经常发生找不到会议文件资料的事情。一次,公司与合作方经过几次协商,双方达成了一个项目的合作意向,不久,双方约定再次商谈并签订正式文本。然而,当需要签署意向书时,秘书在自己所保存的文件中无论如何也找不到了。当合作方听说此事后,中止了与该公司的合作。

提示:秘书在收齐会议文件后,应及时整理会议相关文件,加工、修改与会人员的讨论稿,根据需要形成决议纪要或会议纪要。会议文件资料的立卷归档原则上是一会一卷,便于日后查找、利用。

**案例三:**

某商场正在举行开业仪式,甲、乙两位中年妇女刚好路过,就在旁边看热闹。

甲:"商场看起来挺寒酸的。"

乙:"怎么了?外表看起来规模还挺大的,说是好多著名人士都来了呢!"

甲:(不以为然,指指台上的礼仪小姐)"你看看这些礼仪小姐,怎么看起来都那么不好看啊,上次我在东边的那家商场看到,人家那礼仪小姐长的个又高,模样又周正,跟这儿简直就是一个天上、一个地下。你想想看,这礼仪小姐可是脸面啊,这都弄得不好,这商场肯定也高档不到哪去。"

乙:(又仔细看了看,点头称是)"可不是,饭店里端盘子的也比她们好看啊,看那衣服,

## 第7章 会议仪式和民俗礼仪

还不一个色,可真够马虎的。"

甲:(撇撇嘴)"这家商场肯定没什么实力,反正我以后是不会在这买东西的。"

**问题**:你认为这两位中年妇女的看法正确吗?谈谈你的想法。

**提示**:剪彩仪式,说白了就是脸面上的事,是在宣传企业,一些看来不起眼的事如果没有考虑周全,就会因小失大。

### 角色扮演

1. 某家电商场准备在5月18日举行开业典礼,届时会有区政府领导、商务局等有关部门领导、社会名流及新闻媒体等各界人士参加。活动中,公司将举办大型的参观活动、丰富的娱乐活动并请嘉宾共进晚餐。请分别扮演不同角色,按照开业典礼的要求模拟这一过程。

2. 甲公司与乙公司经过几次协商,达成了一个项目的合作意向,后天在甲公司举行签约仪式。请将全班36个同学分成4组,分别扮演甲公司与乙公司人员。请策划并模拟表演两公司的签约仪式。

3. 你正在日本进行商务访问,某日本友人热情邀请你去他家做客。请找几个同学扮演主方和客方人员,表演拜访做客场景。

# 第8章 涉外礼仪

**学习目标**

知识目标：了解涉外礼仪的特征，明确涉外礼仪的原则，掌握涉外礼仪基本知识，能根据各国的实际，正确选择不同的礼仪。

能力目标：能够应用涉外礼仪原理、方法，开展对外交往，具有维护自身形象和国家尊严的能力。

素质目标：对外交往中能够正确把握涉外礼仪规范以及各国习俗禁忌，具备一定的涉外礼仪素质。

## 导课案例

法国一家公司的经理邀请日本商人到自己家做客。在宴席上，主妇端上洗手指用的水，日本商人一时大意，竟然把碗中的水喝下去了，主人看到后，马上向同坐的孩子们示意，两个孩子也就一声不吭地跟着喝下了洗手指碗中的水，顾全了对方的面子。此后，双方不仅在生意往来上有很好的合作，私下还成为关系不错的朋友。

在国际交往中，由于各个国家的文化背景、风俗习惯、宗教信仰等不同，因此要预先了解相关的礼仪，要注意顾全各方的面子，有利于加深友谊和加强合作。

## 8.1 涉外礼仪的特征与原则

### 8.1.1 涉外礼仪的特征

涉外礼仪是涉外交际礼仪的简称。涉外礼仪是指在国际往来中用以维护自身形象和国家尊严而逐步形成的外事礼仪规范，是约定俗成的习惯做法。包括：外交礼仪、习俗礼仪、宗教礼仪等。

从总体看，涉外礼仪具有规范性、对象性、严肃性、职能性、礼宾性等特征。

**1. 规范性**

规范就是标准。涉外礼仪的规范性与其他礼仪相比是最强的，一般各国政府都有明文规定。涉外礼仪就是国际交往中要遵守的国际惯例，和我国传统礼仪还是有差异的。例如，国际礼仪强调关心有度,不得打探或者涉及个人隐私问题。而我国传统礼仪,强调亲密无间。若不注意,在国际交往中就会惹麻烦。国际交往中不宜随便探讨的问题有五,一不问收入,二不问年龄,三不问婚姻,四不问健康,五不问个人经历。

### 2. 对象性

对象性是涉外礼仪的第二个特征,对不同的人,有不同的要求。内外有别,自己人有些问题可以问,但对外人还是不问的好。例如,在国际交往中,每个人的健康被视为私人的资本,但是这个问题还是很多人比较爱问的,你若身体不好,人家跟你合作做生意会觉得缺乏可靠性。

### 3. 严肃性

严肃性是指涉外礼仪具体操作运用时,无论内容还是形式,都表现得庄重而严肃。这一特征,是涉外礼仪最重要的特征之一。涉外礼仪的严肃性主要体现在以下2个方面:一是涉外礼仪的具体内容;二是涉外礼仪的具体形式。

### 4. 职能性

职能性主要是指涉外礼仪不仅主要适用于涉外场合,而且其本身在涉外活动中也发挥着一定的作用。作为涉外活动的一种规范的形式,涉外礼仪万变不离其宗的是"尊重"二字。

### 5. 礼宾性

礼宾性是涉外礼仪的最重要的职能之一。涉外礼仪的礼宾性,一是指涉外场合必须自始至终礼待宾客;二是指涉外礼仪的具体操作运用过程中,礼宾通常属于重中之重的环节。

### 6. 限定性

涉外礼仪的限定性特征,主要集中地体现在下列3个方面:一是涉外礼仪仅适用于涉外人员;二是涉外礼仪仅适用于涉外活动;三是涉外礼仪仅适用于涉外往来。作为涉外人员从事涉外活动时必须恪守的人际交往的行为规范,涉外礼仪的基本规则与主要内容在世界各国通常是普遍通行的,但涉外礼仪普遍的通行性与广泛的适用性实际上是相对而言的。严格地讲,它只是通行、适用于涉外活动中。

### 想想议议

**我是来这儿旅游的**

英国某啤酒公司的副总裁在去南美作商务旅行时,接到总部的传真,要他在归途中顺便去牙买加和当地一家甜酒出口公司的经理谈生意。但问题是他没有去牙买加作公务旅行的签证,想临时办一个,时间又来不及。

于是,他只好以旅游者的身份来到金斯顿的诺尔曼雷机场。在检查护照的关口,移民官从他皮包的工作日志及来往信函中判明他是在作公务旅行,所以不许他入境。他反复向移民官声明,自己不过是在返回伦敦前来这儿作短暂的休整,这才勉强被允许入境。他在旅馆打电话和那位甜酒出口商联系,刚打完电话,就来了位移民局的官员,说他是怀着商务目的来到此地,而没有取得应有的签证,将受到有关方面的严密监视,一旦发现从事商务活动,便将立即驱逐出境,并处以高额罚款。

足足两天,他身边总有一位警察,像个影子似的,使他不得不像个旅游者一样打发时光。看来此行只能白费时间和金钱了。

但是在他离开之前,却在警察的眼皮底下与那位出口商谈成了生意。

旅馆设有游泳池,池旁有个酒吧供客人喝喝饮料,稍事休息。监视的警察只见他与一位身着比基尼泳装的妙龄女郎正坐在酒吧前喝酒,还有一搭没一搭地和酒吧服务员聊天。警察不知道那位服务员竟是出口商装扮的,而那位妙龄女郎则是他的女秘书。

**想想**:你从中明白了什么?

**议议**:这位啤酒公司的副总裁行为符合涉外礼仪的规范性吗?如何评价?

### 8.1.2 涉外礼仪的原则

**1. 不卑不亢的原则**

涉外交往是面对全球的跨文化双向互动交流活动。中国传统文化形成的热情好客、宾至如归以及谦逊谨慎等美德,在国际交往中必须适度。在涉外礼仪中遵循热情有度、不必过谦原则尤为必要。在参与涉外交往活动时,应时刻意识到在外国人眼里,自己是国家、民族、单位组织的代表,要做到不卑不亢。国际交往中人与人、国与国之间应是平等的关系。不卑不亢是涉外礼仪的重要原则。其最重要的是保持人格平等,因为"卑"和"亢"都是置对方或置自身于不平等位置上的交往态度。"卑"有损自身人格甚至国格;"亢"则显得虚张声势,也有伤对方的自尊。要做到"不卑不亢",应注意:不能对对方有金钱与物质利益上的希望和企图,我方无所企求而心地坦然,对对方无需戒备则轻松自如,这样的交往自然分不出尊卑。如果一味希望对方担保子女出国或获得其他物质上的好处等,就很难坚持此项原则。要有为国家和民族争气的精神,这种精神在涉外交往中尤其重要。

**2. 守约遵时的原则**

在涉外交往中,应把对交往对象的重视、恭敬、友好作为涉外礼仪的核心。一切涉外交往,都必须认真而严格地遵守自己的所有承诺,说话务必要算数,许诺一定要兑现,这是国际交往中极为重要的礼貌。与人约会不能失约,不能超时。承诺别人的事情不能遗忘,必须讲信用,按时做好。参加各种活动,应按约定时间到达。过早抵达,会使主人因准备未毕而难堪;迟迟不到,则让主人和其他客人等候过久而失礼。因故迟到,要向主人和其他客人表示歉意。万一因故不能应邀赴约,要有礼貌地尽早通知主人,并以适当方式表示歉意。

**3. 女士优先的原则**

女士优先是涉外礼仪中很重要的原则。女士优先的核心是要求成年男子在任何场合、任何情况下,都有义务主动自觉地以自己的实际行为从各个方面尊重、照顾、帮助、保护妇女。遵从女士优先的原则,可以显示男子气质与绅士风度。男女同行时,男士应走靠外的一侧;不能并行时,男士应让女士先行一步;在开门、下车、上楼或进入无人领路的场所、遇到障碍和危险时,男士应走在女士前面;乘坐计程车或其他轿车时,应让女士先上车;下车一般是男士先下,然后照顾女士下车;在门口、楼梯口、电梯口及通道走廊遇到女士,男士应侧身站立一旁,让其先行;在需要开门的场合,男士应为女士开门;在社交聚会场合,男士看到女士进门,应起身以示礼貌;当客人见到男女主人时,应先与女主人打招呼;就餐时,进入餐厅入座的顺序是,侍者引道,女士随后,男士"压阵";一旦坐下,女士就不必再起身与别人打招呼,而男士则需起身与他人打招呼;点菜时,应先把菜单递给女士;女士在接受男士的礼让时,不能过分腼腆与羞怯应面带笑容道谢。

### 4. 尊重隐私的原则

尊重隐私,要坚持以个人为交往对象的礼仪原则。例如,给一家人中的某个人帮了忙或送了一份礼物,这行为本身也仅是对某个人而言才有意义,除受惠人会表示感谢外,其他家人一般不会因此而致谢。尊重隐私,不能侵犯属于个人的空间与领域。一家人同住一栋房子里,各个房间便是每个家庭成员自己的天地,不敲门、不经允许,便不能突然闯入。拜访他人家庭、前往他人办公室洽谈,都须预先约定。尊重隐私,在交谈中凡涉及经历、收入、年龄、婚恋、健康状况、政治见解等均属个人隐私,别人不应查问,即在交往中"有所不为"。在国际交往中,尊重隐私也是重要的礼仪规范。

### 5. 入乡随俗的原则

在涉外交往中,要真正做到尊重交往对象,就必须了解和尊重对方所独有的风俗习惯。做不到这一点,对于交往对象的尊重、友好和敬意,便无从谈起。这就要求充分了解交往对象在衣食住行、言谈举止、待人接物等方面所特有的讲究与禁忌,尊重交往对象所特有的种种习俗,既不能少见多怪,妄加非议,也不能以我为尊,我行我素。入乡随俗,是国际交往中的一条很重要的礼仪原则。出国或在国内接触外宾,都要尊重对方的风俗习惯与礼节。由于不同国家的社会制度差异、文化习俗有别,思维方式与理解角度也往往差别较大。因此,每到一个国家或接待来自某一国的客人,都要事先了解该国的礼俗,即使是相当熟悉的友人,也应注意基本礼仪,在交往中相互尊重,谨慎从事,不能不拘小节或超过限度。例如,美国人有三大忌:一忌有人问他年龄;二忌问他所买东西的价钱;三忌在见面时说"你长胖了"。因为,前两忌是个人私事,不喜欢他人干涉,后一忌是美国有"瘦富胖穷"的观念。

### 6. 爱护环境的原则

爱护环境的原则要求不可毁损自然环境;不可虐待动物;不可损坏公物;不可乱堆乱挂私人物品;不可乱扔乱丢废弃物品;不可随地吐痰;不可到处随意吸烟;不可任意制造噪声。

### 想想议议

**用舌头舔光盘子**

用大吃大喝表示感谢,这是阿富汗一些地区的习俗。这里招待客人十分诚恳,如果你吃得差不多了,对主人说"够了,我不想再吃了。"主人会不理睬你,你必须继续吃下去,吃得越多,对方越高兴,那才是礼貌。如果随便吃几口就停嘴,对方会不高兴。到这些地方去做客,需事先带点助消化药。吃多吃少,随你便,这是文莱人的待客习俗。在文莱,家里来了客人,不管认识不认识,只要向自己问好,主人就会笑脸相迎,热情接待,把家中吃的东西都拿出来供客人享用。但是主人从不劝食,对方吃不吃、吃多吃少、好吃不好吃,从不过问。主人认为这样问客人是不礼貌的。

"我吃饭,你付钱。"在印度的一些地区,如果同商业谈判对象和朋友共进晚餐,他们会自自然然地说"你的资本比我的多,所以这笔餐费应该由你付。"不熟悉情况或初来乍到的客人,常常会被这种场面闹得啼笑皆非。钱多的人或是受欢迎的人应该付钱——他们认为这是对你的尊重,与抠门或挨宰不能相提并论。吃定量,多吃自费。这是瑞士的待客习惯。瑞士是世界上最富有的国家之一,但瑞士人精打细算,节约成风。在这个国家承办的世界性高层活动,一日三餐固定供应每人一份份餐,或是把餐费发给个人,让你自己找地方去吃。除此之外,每人免费供应一茶。谁要是多吃多喝,得自己另外付钱,国内外客人一视同仁,概不例外。先订"协议"后吃饭。与澳大利亚人共进午餐要特别注意记住哪一顿饭该由谁付钱,如果你付钱过于积极或忘记付钱都是不礼貌的,在一般情况下,你提议喝酒,通常由你付钱,不可各自付钱,除非事先说好。吃多少要多少,严格"三光"。德国人视浪费为"罪恶",讨厌凡事浪费的人,所以一般人都没有奢侈的习惯。与德国人相处,务必遵守这个习惯,才能跟他们打成一片。如与他们共进餐时,不能多要根本吃不了的东西,自己要的饭菜必须吃光,用舌头舔光盘子的场面也司空见惯。

**想想:** 你从中明白了什么?

**议议:** 德国出现用舌头舔光盘子的场面,你能接受吗?

## 知识拓展

### 全面了解欧洲名城特色文明标志

**自由女神铜像**

匈牙利首都布达佩斯与美国纽约的标志都是"自由女神像"。所不同的是前者双手高举橄榄巨叶,昂首仰望长空,神态端庄安详,仿佛向苍天诉说人间最美好的心愿;后者右手高举火炬,左手拿着刻着美国独立宣言的法典,象征民主和自由。

**母狼育婴雕像**

意大利首都罗马的城雕是座"母狼育婴"雕像。相传两千多年前,意大利阿尔巴城的公主西尔维亚被害。她的一对孪生子被篡权的国王丢弃后由母狼哺育成人,其中的罗马洛斯就是罗马城的创建人。因此,狼被视为恩物,罗马人还雕塑成这座铜像作为罗马的标志。

**小男孩撒尿铜像**

比利时首都布鲁塞尔的标志是一座仅半米高的小男孩撒尿铜像。这个小男孩名叫于连,只见他头发蓬松,鼻子微翘,赤身光腚,活泼顽皮,在大庭广众之下旁若无人地撒尿。传说在13世纪中叶的一次反侵略战争期间,暗藏的敌人企图炸毁市政厅及其周围的建筑,是小于连一泡尿浇灭了敌人点燃的导火索,拯救了整座城市。

**美人鱼雕像**

世界上有两尊美人鱼雕像：一座在丹麦首都哥本哈根市的街道上，它是哥本哈根的象征。雕像是根据安徒生的著名童话《海的女儿》中的人物塑造的。另一座系波兰首都华沙维斯瓦河畔拖着鱼尾的美人雕像。美人鱼右手持剑，左手执盾牌，表现出波兰人民英勇不屈的精神。

## 8.2 礼宾次序与国旗悬挂礼仪

### 8.2.1 礼宾次序

礼宾次序是指国际交往中对出席活动的国家、团体、各国人士的位次按某些规则和惯例进行排列的先后次序。礼宾次序既体现东道主对各国宾客所给予的礼遇，又表明各国主权平等的关系。礼宾次序安排不当或不符合国际惯例，会引起不必要的争执与交涉，甚至影响国家关系。

涉外工作中的礼宾次序的几种排列方法如下。

**1. 按身份与职务的高低排列**

这是礼宾次序排列的主要根据。一般官方活动，经常是按身份与职务的高低安排礼宾次序。各国提供的正式名单或正式通知是确定职务的依据。

例如，外交官礼宾次序的通常排列

1）特命全权大使、高级专员(Ambassador Extraordinary and Plenipotentiary, High Commissioner)；

2）特命全权公使(Envoy Extraordinary and Minister Plenipotentiary)；

3）代办(Charge d'Affaires)；

4）临时代办(Charge d'Affaires ad Interim)；

5）全权公使(Minister Plenipotentiary)；

6）公命名衔参赞(Minister - Counsellor)；

7）参赞(Counsellor)；

8）武官(Military Attache)；

9）一等秘书(First Secretary)；

10）二等秘书(Second Secretary)；

11）三等秘书(Third Secretary)；

12）随员(Attache)。

职衔相同者，按其到任日期先后为序。

又如，领事人员的礼宾次序排列

1）总领事(Consul - General)；

2）副总领事(Deputy Consul - General)；

3）领事(Consul)；

4）副领事（Vice-Consul）；

5）领事代理人、代理领事（Consul Agent；Proconsul）；

6）领事随员（Attache）。

对领事馆人员的称呼，只有对总领事本人可以直称某某某国驻某某某总领事，其余均应称某某某国驻某某某总领事馆副总领事（或领事、副领事等）。

职衔相同者，按其到任时间先后为序。

**2. 按字母顺序排列**

多边活动中的礼宾次序有时按参加国国名字母顺序排列，一般以英文字母排列居多，少数情况也有按其他语种的字母顺序排列。这种排列方法多见于国际会议、体育比赛等。在具体操作过程中，如果第一个字母相同，则依第二个字母，第二个字母相同，依第三个字母，以此类推。

**3. 按通知代表团组成的日期先后排列**

有些国家举行多边活动，常采用按通知代表团组成的日期先后排列礼宾次序。东道国对同等身份的外国代表团，按派遣国通知代表团组成的日期排列，或按代表团抵达活动地点的时间先后排列，或按派遣国决定应邀派遣代表团参加该活动的答复时间先后排列。

注意事项如下。

① 背景资料准备越充分越好，对对方了解越多越好，包括对方的职位、信誉情况、经济状况、人事变动、来宾个性、兴趣爱好等。

② 对方以前曾来访过，最好按以前的接待规格接待。应慎用高规格接待，特别是在多国参加的国际活动中，如仅对某国来宾高规格，可能会引起其他来宾的不满。

③ 接待人员名单定下后，最好组织进行业务培训。培训内容包括涉外礼仪、外事原则等。

### 8.2.2 国旗悬挂礼仪

国旗是一个主权国家的标志，是国家的象征，代表着一国的地位和尊严。世界上各国国旗的颜色主要有红色、白色、绿色、蓝色、黄色、黑色等，这些颜色各有一定的含义：红色象征国家为独立和解放而斗争的精神，绿色是吉祥的标志，蓝色代表海洋、河流、天空，这三种颜色在各国国旗中出现得最为频繁。

人们往往通过悬挂国旗，表示对本国的热爱或对他国的尊重。但是，在一个主权国家领土上，一般不得随意悬挂他国国旗。不少国家对悬挂外国国旗都有专门的规定。在国际交往中，还形成了悬挂国旗的一些惯例。

悬挂国旗视不同的场合有不同的规范。在室外的旗杆或建筑物上挂旗，一般是日出升旗，日落降旗，司职人员表情应庄严、肃穆。升旗的时候，护旗人要托起国旗的一角，国旗触地是极不严肃的。在重要的场合，如一国政府所在地，升旗需有专职人员严格按升旗规范行事。重要的时刻，如外宾来访、国际体育比赛、国庆庆典，升旗时需以国歌相伴奏。遇到一国元首来访时，外宾通过的主要街道应悬挂两国国旗，在其住所及交通工具上也应悬挂国旗。

在外宾所在的重要场所挂旗，升旗时应有专职仪仗兵负责，并要向其他国国旗行军礼。

# 第8章 涉外礼仪

举行国际会议、展览会、体育比赛,应悬挂所有参加国的国旗;即使没有外交关系的国家,只要它是所举办活动的组织成员东道主都应悬挂该国国旗。悬挂的次序是从左至右,以英文国名的第一个字母为序。国旗不能够倒悬,一些国旗因字母和图案原因,不能竖挂。有的国旗竖挂则另外制旗。

各国国旗的颜色长宽比例均由本国宪法明文规定,国旗图案不能在商品广告、产品宣传等非正规场合乱用。另外,撕扯、践踏、焚烧国旗的行为都是不允许的。

当某领导人逝世,为表示哀思,国旗要下半旗。下半旗时要首先把旗升至杆顶,再下降至离杆顶1/3处。

按照国际关系准则,在官方的迎宾仪式中,在举行的国际会议、博览会、体育比赛等活动时,应悬挂所有参加国的国旗。国旗悬挂的礼仪应特别注意2点。

(1) 方式

悬挂双方国旗,一般有并挂(图一)、竖挂(图二)、交叉挂(图三)三种。

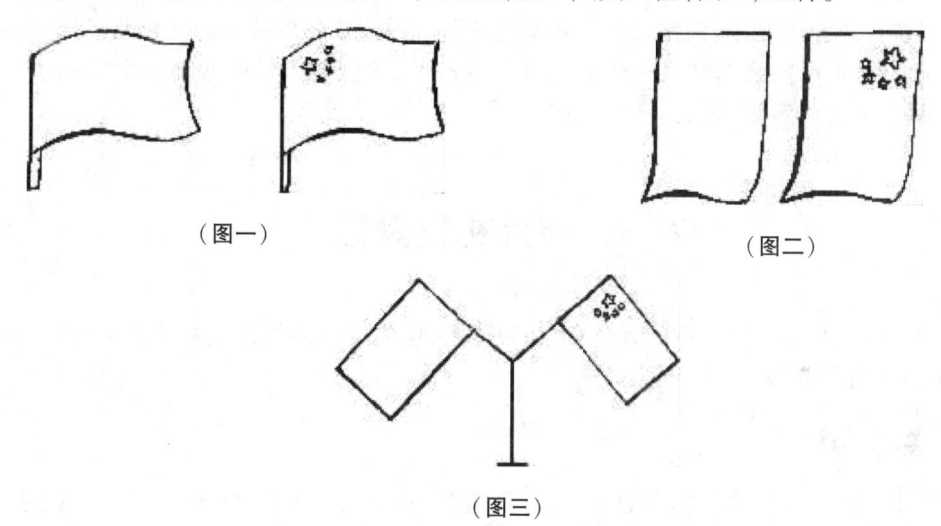

(图一)

(图二)

(图三)

如果并排悬挂两面国旗时,其规格、尺寸应大致相等。国旗挂在墙壁上时应挂其正面,而不能用反面。由于有些国家国旗上文字、图案的原因,一般不选择竖挂,在墙壁上悬挂国旗也不能竖挂或交叉挂。

(2) 位次

并排悬挂国旗应以右为上,以左为下,即客方在右,主方在左。例如,迎宾汽车上悬挂国旗,以汽车行进方向为准,驾驶员左手为主方,右手为客方。

## 相关链接

### 国旗悬挂引发诉讼

三名消费者到某涉外酒店用餐,用完餐准备离开时,突然发现该酒店门前三根旗杆上悬挂的中国国旗、香港特别行政区旗和该酒店的店旗处在同一水平线上。之后,他们发现另外两家涉外酒店也存在这样的问题。三名消费者认定这三家涉外星级酒店的做法,严重的违反了《国旗法》,是一种侵权行为。于是他们根据《国旗法》第十五条之规定和《消费者权益保护法》的有关条文,一纸诉状将这三家涉外酒店告上法庭。

原告认为,国旗作为中华人民共和国的象征理应受到尊重。被告的行为,对原告构成侮辱,使原告的感情受到莫大的伤害,损害了消费者的合法权益,被告应根据《消费者权益保护法》第十四条之规定,"消费者在购买、使用商品和接受服务时,享有其人格尊严,民族习惯得到尊重的权力"而自觉维护消费者的利益。他们请求:①判令被告向三名原告及全体市民公开道歉,纠正其违法行为。②退还三名原告精神损失费1949.15元。③承担本案诉讼费用。法院已经立案受理。

三个被告酒店的总经理在得知此事后,均表示将积极配合,做好整改工作。

**评析**:中华人民共和国《国旗法》第十五条规定:"升挂国旗应当将国旗置于显著的位置,国旗与其他旗帜同时升挂时,应当将国旗置于中心、较高或者突出的位置。在外事活动中同时升挂两个以上的国家的旗帜时,应当按照外交部的规定或者国际惯例升挂"。

三酒店的做法显然是违反了《国旗法》的规定,理应整改。其实在全国范围内,违反《国旗法》的恐怕还不止这几家,只是没有人较真儿罢了。因此三名消费者的行为就格外受人关注,他们在消费的同时,还起到了一个公民监督的作用,这说明人们的法制观念加强了。如果每个公民都有这种意识,那么违法的事情也许就会少一点儿了。

## 8.3 涉外礼仪禁忌

在涉外活动中,不仅应尊重国际公众、礼貌待人,也应了解涉外礼仪禁忌相关内容,有利于国际交往的顺利进行。

### 8.3.1 数字忌讳

① 西方人认为"13"是不吉利的,应当尽量避开,甚至每个月的13日,有些人也会感到忐忑不安。西方人还认为"星期五"也是不吉利的,尤其是逢到13日又是星期五时,尽量不举办任何活动。在日常生活中的编号,如门牌号、旅馆房号、层号、宴会桌等编号、汽车编号也尽量避开13这个数字。

② "4"字在中文和日文中的发音与"死"相近,所以在日本与朝鲜等东方国家将它视为不吉利的数字,因此这些国家的医院里没有4号病房和病床。在我国也是如此,如遇到"4",且非说不可时,忌讳的人往往说"两双"或"两个二"来代替。另外,在日语中"9"发音与"苦"相近似,因而也属忌讳之列。

### 8.3.2 花卉忌讳

① 德国人认为郁金香是没有感情的花。
② 日本人认为荷花是不吉祥之物,意味着祭奠。
③ 菊花在意大利和南美洲各国被认为是"妖花",只能用于墓地与灵前。
④ 在法国,黄色的花被认为是不忠诚的表示。
⑤ 绛紫色的花在巴西一般用于葬礼。
⑥ 国际交际场合,忌用菊花、杜鹃花、石竹花、黄色的花献给客人,这已经成为惯例。

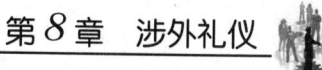

⑦ 在欧美,被邀请到朋友家去做客,献花给夫人是件愉快的事,但在阿拉伯国家,则是违反了礼仪。

### 8.3.3 颜色忌讳

① 日本人认为绿色是不吉利的象征,所以忌用绿色。
② 巴西人以棕黄色为凶丧之色。
③ 欧美许多国家以黑色为丧礼的颜色,表示对死者的悼念和尊敬。
④ 埃塞俄比亚人则是以穿淡黄色的服装表示对死者的深切哀悼。
⑤ 叙利亚人也将黄色视为死亡之色。
⑥ 巴基斯坦忌黄色是因为那是僧侣的专用服色。
⑦ 委内瑞拉却用黄色作医务标志。
⑧ 蓝色在埃及人眼里是恶魔的象征。
⑨ 比利时人也最忌蓝色,如遇有不吉利的事,都穿蓝色衣服。
⑩ 土耳其人则认为花色为凶兆,因此在布置房间、客厅时绝对禁用花色,好用素色。

### 8.3.4 食品忌讳

① 伊斯兰国家和地区的居民不吃猪肉和无鳞鱼。
② 日本人不吃羊肉。
③ 东欧一些国家的人不爱吃海味,忌吃各种动物的内脏。
④ 叙利亚、埃及、伊拉克、黎巴嫩、约旦、也门、苏丹等国的人,除忌食猪肉外,还不吃海味及各种动物内脏(肝脏除外)。
⑤ 在阿拉伯国家做客的人要能酒喝。

### 8.3.5 肢体忌讳

同一个手势、动作,在不同的国家表示不同的意义。例如,拇指和食指合成一个圈,其余三个手指向上立起,在美国表示OK,但在巴西,这是不文明的手势。在中国,对某一件事、某一个人表示赞赏,会跷起大拇指,表示"真棒!"但是在伊朗,这个手势是对人的一种侮辱。在我国摇头表示不赞同,在尼泊尔则正相反,表示很高兴、很赞同。另外注意适当地运用手势,可以增强感情的表达;但与人谈话时,手势不宜过多,动作不宜过大,应给人含蓄而彬彬有礼的感觉。

### 8.3.6 宗教忌讳

1. 基督教

进教堂要态度严肃,保持安静。在聚会和崇拜活动中禁止吸烟。基督徒一般饮食中不吃血制品。

2. 天主教

根据教会的传统,天主教的主教、神父、修女是不结婚的。所以,同天主教人士交往时,

# 第8章 涉外礼仪

见到主教、神父、修女不可问他（她）们"有几个子女""爱人在哪里工作"等问题。进入教堂应保持严肃的态度，切忌衣着不整或穿拖鞋、短裤。禁止在堂内来回乱串、大声喧哗、交头接耳、东张西望、打情骂俏、争抢座位等，更不允许在堂内吃东西、抽烟。

### 3. 伊斯兰教

接待穆斯林客人一定要安排清真席，特别注意不要出现他们禁食的食物。穆斯林禁食自死物、血液、猪肉以及非以真主之名而宰的、勒死的、捶死的、跌死的、抵死的动物。此外，还禁食生性凶猛的肉食动物，如狮、虎、豺、狼、豹等；穴居的肉食动物，如狐、獾、狸等；猛禽，如鹰、隼、鹞、鹫、猫头鹰等；污浊不洁的动物，如鼠、蜥蜴、穿山甲等；两栖动物，如蛇、蛤蟆、鳄鱼等；以及豢养而不能吃的动物，如马、驴、骡、狗、猫等。穆斯林严禁饮用一切含酒精的饮料。对他们是不能祝酒的。虔诚的穆斯林每天都要面向圣城麦加方向礼拜五次，要注意避开他们朝拜的方向。伊斯兰国家规定星期五为休息日（聚礼日），此天晌午穆斯林要到清真寺集体做礼拜，即聚礼。如果遇星期五注意安排时间让虔诚的穆斯林做礼拜。穆斯林忌讳用左手给人传递物品，特别是食物。

### 4. 佛教

在信奉佛教的国家里，如缅甸、泰国等东南亚国家，人们非常敬重僧侣。僧侣和虔诚的佛教徒一般都是素食者。他们非常注重头部，忌讳别人提着物品从头上掠过；长辈在座，晚辈不能高于他们的头部；小孩子头部也不能随便抚摸，他们认为只有佛和僧长或是父母能摸小孩的头，意为祝福，除此就是不吉利，会生病。当着僧人的面不能杀生、吃肉、喝酒等，男女也不能做过分亲昵的举动。在与僧人有直接面对的场合，女士穿着要端庄，不要穿迷你裙等过于暴露的衣着。

### 5. 印度教

信仰印度教（如印度、尼泊尔等国）的教徒奉牛为神，认为牛的奶汁哺育了幼小的生命，牛耕地种出的粮食养育了人类，牛就像人类的母亲一样。他们不吃牛肉，而且也忌讳用牛皮制成的皮鞋、皮带。

### 6. 犹太教

犹太教认为唯一可以食用的哺乳动物是反刍并有分蹄的动物，如牛肉，而不允许吃猪肉和马肉；大多数饲养禽类（如鸡、鸭、鹅等）是被允许的，但禁食鸵鸟和鸸鹋；食用的鱼类必须有鳃和鳞，禁食软体动物和甲壳类动物；犹太教认为血是"生命的液体"而严禁食用。此外，奶品和肉品必须分开食用。

### 7. 道教

道教是中国的传统宗教，包括正一派和全真派两大派别，所有道士不分男女可尊称为道长。农历初一、十五及道教节日期间，道士和虔诚的道教徒一般都要素食。道教活动场所特别是殿堂内禁止大声喧哗、打闹嬉戏、行为不端。在与道士直接面对的场合和进入道教活动场所，女士衣着要端庄，不能过于暴露。道士的服饰物品特别是法服冠帽等忌讳别人触摸。

与道士交往一般行抱拳礼。与全真派道士交往,一般不询问年龄、出家入道原因和有关家庭的问题。

### 8.3.6 其他忌讳

① 在使用筷子进食的国家,不可将筷子垂直插在米饭中。
② 在日本不能穿白色鞋子进房间,这被认为是不吉利之举。
③ 佛教国家不能随便摸小孩的头,尤其在泰国,认为人的头是神圣不可侵犯的,头部被人触摸是一种极大的侮辱。
④ 住宅门口上也忌悬挂衣物,特别是内衣裤。
⑤ 脚被认为是低下的,忌用脚示意东西给人看,或把脚伸到别人跟前,更不能把东西踢给别人,这些均是失礼的行为。
⑥ 欧洲国家,新娘在婚礼前是不试穿结婚用的礼服的,因为害怕幸福婚姻破裂。
⑦ 还有些西方人将打破镜子视作运气变坏的预兆。
⑧ 另外西方人不会随便用手折断柳枝,他们认为这是要承受失恋的痛苦的。
⑨ 在匈牙利,打破玻璃器皿,就会被认为是厄运的预兆。
⑩ 中东人不用左手递东西给别人,认为这是不礼貌的。
⑪ 英美两国人认为在大庭广众中节哀是知礼,而印度人则相反,丧礼中如不大哭,就是有悖礼仪。

## 知识拓展

### 国外旅游如何不犯忌

**莫议论婴儿的眼睛**:中国人夸婴儿总爱说:"看这对水灵灵的大眼睛"。到伊朗可千万别议论婴儿的眼睛,伊朗人对婴儿眼睛最敏感,来客若出言不慎,双亲会出钱让人挖掉婴儿的"邪眼"。

**女人上街必须戴耳环**:到西班牙去旅游,女同胞上街需要戴耳环,如果没有戴耳环,就像正常人没有穿衣服一样,会被人笑话。

**千万别碰黄牛**:在印度、尼泊尔、缅甸等国,黄牛是神明的"神牛",对"神牛",不准鞭打,不准伤害,不能役使,更不能宰杀吃肉;"神牛"走近身边,应把最好的食物送上,逢年过节,要举行教牛仪式;在公路闹市遇到"神牛",行人、车辆要回避、绕行,尼泊尔政府将黄牛定为"国兽",谁若伤害、鞭打它,是要罚款和判刑的。

**日本人用筷有八忌**:①舔筷;②迷筷,手拿筷子,拿不定吃什么,在餐桌上四处寻游;③移筷,动一个菜后又动一个菜,不吃饭光吃菜;④扭筷,扭转筷子,用舌头舔上面饭粒;⑤插筷,将筷子插在饭上;⑥掏筷,将菜从中间掏开,扒弄着吃;⑦跨筷,把筷子骑在碗、碟上面;⑧剔筷,将筷子当牙签剔牙。

**左手不洁**:去印度或中东旅游,吃饭和接拿东西,只能用右手,绝对不能用左手。因为这些国家的人一般是用左手洗澡、上厕所,左手是不洁净的。所以用左手接拿食品是对主人最大的不礼貌。

## 第8章 涉外礼仪

### 本章小结

涉外礼仪是涉外交际礼仪的简称。涉外礼仪是指在国际往来中用以维护自身形象和国家尊严而逐步形成的外事礼仪规范，是约定俗成的习惯做法。包括：外交礼仪、习俗礼仪、宗教礼仪等。

涉外礼仪具有规范性、对象性、严肃性、职能性、礼宾性、限定性等特征。

涉外礼仪必须坚持不卑不亢的原则、守约遵时的原则、女士优先的原则、尊重隐私的原则、入乡随俗的原则、爱护环境的原则。

礼宾次序是指国际交往中对出席活动的国家、团体、各国人士的位次按某些规则和惯例进行排列的先后次序。

涉外工作中的礼宾次序的几种排列方法：按身份与职务的高低排列；按字母顺序排列；按通知代表团组成的日期先后排列。

国旗悬挂的礼仪应特别注意两点：一是方式。悬挂双方国旗，一般有并挂、竖挂、交叉挂三种。二是位次。排悬挂国旗应以右为上，以左为下，即客方在右，主方在左。例如，迎宾汽车上悬挂国旗，以汽车行进方向为准，驾驶员左手为主方，右手为客方。

在涉外活动中，不仅应尊重国际公众、礼貌待人，也应了解各国的数字忌讳、颜色忌讳、肢体忌讳、花卉忌讳、食品忌讳、宗教忌讳等，有利于国际交往的顺利进行。

### 案例分析

**案例一：**

#### 左撇子

顾小姐待人热情，工作出色，因而颇受重用。一次，公司派她和几名同事一道前往东南亚某国洽谈业务。可处事稳重、举止大方的顾小姐，竟由于行为不慎，招惹了一场不大不小的麻烦。

她和同事一抵达目的地，就受到东道主的热烈欢迎。在为他们特意举行的欢迎宴会上，主人亲自为这些来自中国的嘉宾每人都准备了一份礼物，以示敬意。轮到主人向顾小姐递送礼物之时，一直是"左撇子"的顾小姐不假思索、自然而然地抬起自己的左手去接。见此情景，主人神色骤变，非常不高兴地将它重重放在桌子上，随即理都不理顾小姐，扬长而去。

**评析：** 跨国交往应该了解各国的礼仪禁忌，顾小姐就是因为不了解东南亚某国的礼仪禁忌而造成了宴会上的不快。在东南亚某些国家，是很忌讳用左手递东西和握手的。这个案例启示我们，在国际商务洽谈和境外旅游业务中需要了解世界各国各民族的基本情况、饮食起居、风俗习惯、礼貌礼节和禁忌等，以便在工作中尊重各民族的信仰、习俗和各种禁忌，这样才能融洽与业务伙伴的关系，树立我国良好的国际形象。

**案例二：**

#### 女士优先

一次，英国一访华观光旅游团下榻北京国际会议中心大厦。一天，翻译小姐陪同客人外出参观，在上电梯的时候，一位英国客人请这位翻译小姐先上，可是这位小姐谦让了半天，执意要让客人先行。事后这些客人抱怨说："他们在中国显示不出绅士风度来，原因是接待他们的女士们都坚持不让他们显示。"例如，上下汽车或进餐厅时，接待他们的女士们坚持让他们先走,弄得他们很不习惯,甚至觉得受了委屈。虽然我方人员解释,中国是"礼仪之邦",遵循"客人第一"的原则,对此解释他们也表示赞赏,但对自己不能显示绅士风度仍表示遗憾。

评析:每个民族都有自己特有的精神特征,而每一种精神特征都必然蕴藏着特定的文化内涵及其形成这种精神特征的历史根源,说到英国,首先会想到的是他们的绅士风度。绅士风度的最大特征就是:保守、礼貌以及尊重女士。绅士风度典型表现在男士对女士的尊重上。女士优先是行事的最高准则。出席一个宴会,下汽车时为女士打开车门,扶其下车;乘电梯时女士先行;就座时替女士拉出椅子等。而在"礼仪之邦"的中国,把客人放在第一的位置是中华民族交往礼仪的优良传统。在本案例中,双方都遵循了自己的礼仪规范,造成客人遗憾的原因是中西文化冲突,实际交往中这种情况可以依当时情景适当调整,以双方都感到适宜为好。

案例三:

### 宗教习俗

20世纪80年代,中国女排三连冠。一家对外画报用女排姑娘的照片作封面,照片上的女排姑娘都穿着运动短裤。阿拉伯文版也用了,结果有些阿拉伯国家不许进口。

评析:伊斯兰教认为,男子从肚脐至膝盖,妇女从头至脚都是羞体,外人禁止观看别人羞体,违者犯禁。因此,穆斯林妇女除了穿不露羞体的衣服外,还必须带盖头和面纱,这项规定至今在有些穆斯林国家(如沙特阿拉伯、伊朗等)仍然施行。

案例四:

### 国别习俗

国内某家专门接待外国游客的旅行社,有一次准备在接待来华的意大利游客时送每人一件小礼品。于是,该旅行社订购制作了一批纯丝手帕,是杭州制作的,还是名厂名产,每个手帕上绣着花草图案,十分美观大方。手帕装在特制的纸盒内,盒上又有旅行社社徽,是不错的小礼品。中国丝织品闻名于世,料想会受到客人的喜欢。旅游接待人员带着盒装的纯丝手帕,到机场迎接来自意大利的游客。欢迎词致得热情、得体。在车上他代表旅行社赠送给每位游客两盒包装甚好的手帕,作为礼品。

没想到车上一片哗然,议论纷纷,游客显出很不高兴的样子。特别是一位夫人,大声叫喊,表现极为气愤,还有些伤感。旅游接待人员心慌了,好心好意送人家礼物,不但得不到感谢,还出现这般景象。中国人总以为送礼人不怪,这些外国人为什么怪起来了?

评析:在意大利和西方一些国家有这样的习俗:亲朋好友相聚一段时间告别时才送手帕,取意为"擦掉惜别的眼泪"。在本案例中,意大利游客兴冲冲地刚刚踏上盼望已久的中国大地,准备开始愉快的旅行,你就让人家"擦掉离别的眼泪",人家当然不高兴,就要议论纷纷。那位大声叫喊而又气愤的夫人,是因为她所得到的手帕上面还绣着菊花图案。菊花在中国是高雅的花卉,但在意大利则是祭奠亡灵的。人家怎不愤怒呢?本案例告诉我们:旅游接待与交际场合,要了解并尊重外国人的风俗习惯,这样做既对他们表示尊重,也不失礼节。

案例五:

### 联合国社会发展世界首脑会议礼宾次序

1995年3月在丹麦哥本哈根召开联合国社会发展世界首脑会议,出席会议的有近百位国家元首和政府首脑。3月11日,与会的各国元首与政府首脑合影。照常规,应该按礼宾次序

## 第8章 涉外礼仪

名单安排好每位元首、政府首脑所站的位置。这个名应该怎么排,根据什么原则排?哪位元首、政府首脑排在最前?哪位元首、政府首脑排在最后?这项工作实际上很难做。丹麦和联合国的礼宾官员只好把丹麦首脑(东道国主人)、联合国秘书长、法国总统及中国、德国总理等安排在第一排,而对其他国家领导人,就任其自便了。好事者事后向联合国礼宾官员"请教",答道:"这是丹麦礼宾官员安排的。"向丹麦礼宾官员核对,回答说:"根据丹麦、联合国双方协议,该项活动由联合国礼宾官员负责。"

**评析:**国际交际中的礼宾次序非常重要,在国际礼仪活动中,如安排不当或不符合国际惯例,就会招致非议,甚至会引起争议和交涉,影响国与国之间的关系。在安排礼宾次序时,既要做到大体上平等,又要考虑到国家关系,同时也要考虑到活动的性质、内容、参加活动成员的威望、资历、年龄,甚至其宗教信仰、所从事的专业及当地风俗等。礼宾次序不是教条,不能生搬硬套,要灵活运用、见机行事。有时由于时间紧迫,无法从容安排,只能照顾到主要人员。上例就是灵活应用礼宾次序的典型案例。

### 角色扮演

公司派你去机场接一位韩国客人,请模拟整个接待过程。

# 附录一　我国主要传统节日

## 中国主要传统节日

### 1. 春节

中国农历年的岁首(正月初一)称为春节,是中国民间最古老、最隆重、最盛大的一个传统节日,是象征团结、兴旺,对未来寄托新的希望的佳节。据记载,中国人过春节已有4千多年的历史,它是由虞舜兴起的。公元前两千多年的一天,舜即天子位,带领部下,祭拜天地。从此,人们就把这一天当作岁首,算是正月初一。据说这就是农历新年的由来,后来叫春节。但在民间,传统意义上的春节是从腊月初八的腊祭或腊月二十三或二十四的祭灶,一直到正月十五,其中以除夕和正月初一为高潮。

在春节期间,我国的汉族和很多少数民族都要举行各种活动以示庆祝。这些活动均以祭祀神佛、祭奠祖先、除旧布新、迎禧接福、祈求丰年为主要内容。活动丰富多彩,带有浓郁的民族特色。临近春节,人们采办年货,除夕时,全家团聚在一起吃年夜饭,贴年画、春联,迎接新的一年来临。

中国是个多民族的国家,各民族过新年的形式各有不同。汉族、满族和朝鲜族过春节的风俗习惯差不多,全家团圆,吃年糕、水饺及各种丰盛的饭菜,同时张灯结彩、燃放鞭炮,并互相祝福。春节期间的庆祝活动丰富多样,有舞狮、耍龙的,也有踩高跷、跑旱船的。在有些地区人们沿袭过去祭祖敬神活动,祈求新的一年风调雨顺。古代的蒙古族,把春节叫做白节,正月叫白月,是吉祥如意的意思。藏族是过藏历年。回族、维吾尔族、哈萨克族等,过古尔邦节。春节也是苗族、壮族、瑶族等的盛大节日。

### 2. 元宵节

元宵节,也称为小正月、上元节或灯节,时间是每年的农历正月十五,这是春节之后的第一个重要节日。正月是农历的元月,古人称夜为"宵",所以称正月十五为"元宵节"。正月十五日是一年中第一个月圆之夜,也是一元复始,大地回春的夜晚,所以人们对此加以庆祝,庆贺新春的延续。

元宵节的内容十分丰富,人们在晚上可以"闹花灯",即张灯、观灯、打灯虎,还可以放花炮焰火。元宵燃灯的风俗起自汉朝,到了唐代,赏灯活动更加兴盛,皇宫里、街道上处处挂灯,还要建立高大的灯轮、灯楼和灯树,唐朝大诗人卢照邻(约637年—约689年,字升之,范阳人)曾在《十五夜观灯》中这样描述元宵节燃灯的盛况"接汉疑星落,依楼似月悬。"宋代更重视元宵节,赏灯活动更加热闹,赏灯活动要进行5天,灯的样式也更丰富。明代要连续赏灯10天,这是中国最长的灯节了。清代赏灯活动虽然只有3天,但是赏灯活动规模很大,盛况空前,除燃灯之外,还放烟花助兴。"猜灯谜"又叫"打灯谜",是元宵节后增的一项活动,出现在宋朝。南宋时,首都临安每逢元宵节时制迷,猜谜的人众多。开始时是好事者把谜语写在纸条上,贴在五光十色的彩灯上供人猜。因为谜语能启迪智慧又饶有兴趣,所以流传过程中深受社会各阶层的欢迎。

# 附录一 我国主要传统节日

元宵节的应节食品是元宵,元宵由糯米制成,或实心,或带馅。馅有豆沙、白糖、山楂、各类果料等,食用时煮、煎、蒸、炸皆可,香甜味美,深受大家的青睐。起初,人们把这种食物叫"浮圆子",后来又叫"汤团"或"汤圆",取团圆之意,象征全家人团团圆圆、和睦幸福,人们也以此怀念离别的亲人,寄托对未来生活的美好愿望。

随着时间的推移,元宵节的活动越来越多,不少地方节庆时增加了耍龙灯、耍狮子、踩高跷、划旱船、扭秧歌、打太平鼓等传统民俗表演。这个传承已有两千多年的传统节日,不仅盛行于海峡两岸,就是在海外华人的聚居区也年年欢庆不衰。

### 3. 清明节

清明节古时也叫三月节,公历四月五日前后为清明节,是二十四节气之一。在二十四个节气中,既是节气又是节日的只有清明。清明节是中国最重要的传统民俗节日之一,它不仅是人们祭奠祖先、缅怀先人的节日,也是中华民族认祖归宗的纽带,更是一个远足踏青、亲近自然、催护新生的春季仪式。

清明节起源于春秋战国时代,是中国汉族的节日,已有2500多年历史。2006年被列入第一批国家级非物质文化遗产名录。

清明节后雨水增多,大地呈现春和景明之象。这一时节万物"吐故纳新",无论是大自然中的植被,还是与自然共处的人体,都在此时换去冬天的污浊,迎来春天的气息,实现由阴到阳的转化。此时春暖花开,万物复苏,天清地明,正是春游踏青的好时节。踏青早在唐代就已开始,历代承袭成为习惯。踏青除了欣赏大自然的湖光山色、春光美景之外,还包括开展各种文娱活动,增添生活情趣。

清明节流行扫墓,其实扫墓乃清明节前一天寒食节的内容,寒食相传起于晋文公悼念介之推"割股充饥"一事。唐玄宗开元二十年诏令天下,"寒食上墓"。因寒食与清明相接,后来就逐渐传成清明扫墓了。明清时期,清明扫墓更为盛行。古时扫墓,孩子们还常要放风筝。有的风筝上安有竹笛,经风一吹能发出响声,犹如筝的声音,据说风筝的名字也就是这么来的。

清明节还有许多失传的风俗,如古代曾长期流传的戴柳、射柳、打秋千等。据载,辽代时期最重清明节,上至朝廷下至庶民百姓都以打秋千为乐,仕女云集,踏青之风也极盛。新中国成立后,人们都在这天祭扫烈士墓,缅怀革命先辈。

### 4. 端午节

农历五月初五,俗称端午节。端是"开端"、"初"的意思。初五可以称为端五。农历以地支纪月,正月建寅,二月为卯,顺次至五月为午,因此称五月为午月,"五"与"午"通,"五"又为阳数,故端午又名端五、重五、端阳、中天等。从史籍上看,"端午"二字最早见于晋人周处《风土记》:"仲夏端午,烹鹜角黍"。

端午节是我国汉族人民的传统节日,2006年被列入第一批国家级非物质文化遗产名录。端午节现为国家法定节假日。

关于端午节的来历,主要有以下说法。

纪念屈原。此说最早出自南朝梁代吴均《续齐谐记》和北周宗懔《荆楚岁时记》的记载。据说,屈原于五月初五自投汨罗江,死后为蛟龙所困,世人哀之,每于此日投五色丝粽子于水中,以驱蛟龙。又传,屈原投汨罗江后,当地百姓闻讯马上划船捞救,一直行至洞庭湖,终不见屈原的尸体。那时,恰逢雨天,湖面上的小舟一起汇集在岸边的亭子旁。当人们得知是打捞贤臣屈大夫时,再次冒雨出动,争相划进茫茫的洞庭湖。为了寄托哀思,人们荡舟江河之上,此后才逐渐发展成为龙舟竞赛。看来,端午节吃粽子、赛龙舟与纪念屈原相关,有唐代文秀《端午》诗为证:"节分端午自谁言,万古传闻为屈原。堪笑楚江空渺渺,不能洗得直臣冤。"

龙的节日。这种说法来自闻一多的《端午考》。他认为,五月初五是古代吴越地区"龙"的部落举行图腾祭祀的日子。其主要理由是:端午节两个最主要的活动吃粽子和竞渡,都与龙相关。粽子投入水里常被蛟龙所窃,而竞渡则用的是龙舟。古代五月初五日有用"五彩丝系臂"的民间风俗,这应当是"龙子"纹身习俗的遗迹。

恶日。在先秦时代,普遍认为五月是个毒月,五日是恶日。《吕氏春秋》中《仲夏记》一章规定人们在五月要禁欲、斋戒。《夏小正》中记:"此日蓄药,以蠲除毒气。"《大戴礼》中记,"五月五日畜兰为沐浴"以浴驱邪。认为重五是死亡之日的传说也很多。可见从先秦以后,古代以五月初五为恶日,是普遍现象。这样,在此日插菖蒲、艾叶以驱鬼,薰苍术、白芷和喝雄黄酒以避疫,就是顺理成章的事。

各种传说中,以纪念屈原说影响最为广泛。由于屈原的人格超群,人们也愿意把这一纪念日归之于他。

端午节这一天必不可少的活动为:吃粽子、赛龙舟、挂菖蒲、艾叶、薰苍术、白芷、戴香包、喝雄黄酒。据说,吃粽子和赛龙舟,是为了纪念屈原,所以解放后曾把端午节定名为"诗人节",以纪念屈原。至于挂菖蒲、艾叶、薰苍术、白芷、戴香包、喝雄黄酒,则是为了压邪。

### 5. 中秋节

每年农历八月十五日,是我国传统的中秋佳节。这时是一年秋季的中期,所以被称为中秋。这也是我国仅次于春节的第二大传统节日。

在中国的农历里,一年分为四季,每季又分为孟、仲、季三个部分,因而中秋也称仲秋。八月十五的月亮比其他几个月的满月更圆、更明亮,所以又叫做仲秋节、追月节、拜月节、女儿节或团圆节,是流行于全国众多民族中的传统文化节日。

中秋节的传说非常丰富,嫦娥奔月、吴刚伐桂、玉兔捣药之类的神话故事流传甚广。

中秋节的习俗是饮宴赏月、吃月饼。此夜,人们仰望天空如玉如盘的朗朗明月,把酒问月,庆贺美好的生活,或祝远方的亲人健康快乐,和家人"千里共婵娟"。远在他乡的游子,也借此寄托自己对故乡和亲人的思念之情。所以,中秋又称"团圆节"。据说此夜月球距地球最近,月亮最大最亮,所以从古至今都有饮宴赏月的习俗。回娘家的媳妇此日必返夫家,以寓圆满、吉庆之意。中秋节食月饼这一习俗的形成在明代。明代文学家田汝成在《西湖游览志余》中写道:"八月十五谓之中秋,民间以月饼相遗,取团圆之意"。明代史学家沈榜在《宛署杂记》中描述北京中秋月饼盛况时写道"造面饼相遗,大小不等。饼中以果为馅,巧名异状,有一饼值数百钱者。"后来随着历代的演变,月饼的品种及花样越来越丰富,制作工艺更新,风味更多。八月十五吃月饼已经成为中华民族的一种古老而又非常有意义的传统。后来人们逐渐把中秋赏月与品尝月饼结合在一起,寓意家人团圆。以月之圆兆人之团圆,以饼之圆兆人之长生,用月饼寄托思念故乡、思念亲人之情,祈盼丰收、幸福,都成为天下人们的心愿,月饼还被用来当作礼品送亲赠友,联络感情。

### 6. 重阳节

农历九月九日为传统的重阳节,因为古老的《易经》中把"六"定为阴数,把"九"定为阳数,九月九日,日月并阳,两九相重,故而叫重阳,也叫重九。九九重阳,因为与"久久"同音,九在数字中又是最大数,有长久长寿的含义,故重阳节又称为"老人节"。

古人认为重阳节是个值得庆贺的吉利日子,金秋送爽,丹桂飘香,况且秋季也是一年收获的黄金季节。重阳佳节,寓意深远,人们对此节历来有着特殊的感情,并且从很早就开始过此节日。庆祝重阳节的活动多彩浪漫,有登高远眺、观赏菊花、喝菊花酒、吃重阳糕、插茱萸等活动。

民间在重阳有登高的风俗,故重阳节又叫"登高节"。相传此风俗始于东汉。唐代文人所写的登高诗很多,大多是写重阳节的习俗。杜甫的七律《登高》,就是写重阳登高的名篇。

还有吃"重阳糕"的习俗,据史料记载,重阳糕又称花糕、菊糕、五色糕,制无定法,较为随意。九月九日天明时,以片糕搭儿女头额,口中念念有词,祝愿子女百事俱高,乃古人九月做糕的本意。讲究的重阳糕要做成九层,像座宝塔,上面还做成两只小羊,以符合重阳(羊)之义。有的还在重阳糕上插一小红纸旗,并点蜡烛灯。这大概是用"点灯"、"吃糕"代替"登高"的意思,用小红纸旗代替茱萸。当今的重阳糕,仍无固定品种,各地在重阳节吃的松软糕类都称之为重阳糕。

重阳节赏菊及饮菊花酒,起源于晋朝大诗人陶渊明。陶渊明以隐居出名,以诗出名,以酒出名,也以爱菊出名,后人效之,遂有重阳赏菊之俗。旧时文人士大夫,还将赏菊与宴饮结合,以求和陶渊明更接近。民间还把农历九月称为"菊月",在菊花傲霜怒放的重阳节里,观赏菊花成了节日的一项重要内容。

重阳节插茱萸的风俗起于唐代。古人认为在重阳节这一天插茱萸可以避难消灾,或佩带于臂,或作香袋,还有插在头上的。大多是妇女、儿童佩带,有些地方,男子也佩带。除了佩带茱萸,人们也有头戴菊花的,"解除凶秽,以招吉祥"。

今天的重阳节,被赋予了新的含义。在1989年,我国把每年的九月九日定为老人节(敬老节),传统与现代巧妙地结合,成为尊老、敬老、爱老、助老的老年人的节日。全国各机关、团体、街道,往往都在此时组织从工作岗位上退下来的老人们秋游赏景,或临水玩乐,或登山健体,让老人身心都沐浴在大自然的怀抱里。不少家庭的晚辈也会搀扶着年老的长辈到郊外活动或为老人准备一些可口的饮食。

# 附录二 西方国家主要节日

**西方国家主要节日**

## 1. 情人节

情人节,即每年的2月14日,是西方的传统节日之一。在西方,情人节不但是表达情意的最佳时刻,也是向自己心爱的人求婚的最佳时刻,特别受到青年人的喜爱和重视。情人节现也已经悄悄渗透到了我国无数年轻人的心目当中,成为中国传统节日之外的又一个重要节日。

情人节又叫"圣瓦伦丁"节,传说公元3世纪时,古罗马有一位暴君叫克劳多斯(Claudius)。离暴君的宫殿不远,有一座非常漂亮的神庙,修士瓦伦丁就住在这里。罗马人非常崇敬他,男女老幼,不论贫富贵贱,总会群集在他的周围,在祭坛的熊熊圣火前,聆听瓦伦丁的祈祷。古罗马的战事一直连绵不断,暴君克劳多斯征召了大批公民前往战场,人们怨声载道。男人们不愿意离开家庭,小伙子们不忍与情人分开。克劳多斯暴跳如雷,他传令人们不许举行婚礼,甚至连已订了婚的也要马上解除婚约。许多年轻人就这样告别爱人,悲愤地走向战场。瓦伦丁对暴君的虐行感到非常难过。当一对情侣来到神庙请求他的帮助时,瓦伦丁在神圣的祭坛前为它们悄悄地举行了婚礼。人们一传十,十传百,很多人来到这里,在瓦沦丁的帮助下结成伴侣。消息终于传进了宫殿,传到了暴君的耳里。克劳多斯又一次暴跳如雷,他命令士兵们冲进神庙,将瓦伦丁从一对正在举行婚礼的新人身旁拖走,投入地牢。人们苦苦哀求暴君赦免,但都徒劳而返。瓦伦丁终于在地牢里受尽折磨而死。悲伤的朋友们将他安葬于圣普拉教堂,那一天是2月14日。

在情人节中,男女互送巧克力、贺卡和花,用以表达爱意或友好。通常以赠送一支红玫瑰来表达情人之间的感情。将一支半开的红玫瑰衬上一片形色漂亮的绿叶,然后装在一个透明的单支花的胶袋中,在花柄的下半部用彩带系上一个漂亮的蝴蝶结,形成一个精美秀丽的小型花束,以此作为情人节的最佳礼物,表示"你是我的唯一"或"我只爱你一人"。

情人节的巧克力也是不可或缺的。巧克力自它诞生以来就于情爱有着千丝万缕的联系。相爱的人们用甜蜜的巧克力表达对爱人的浓浓情谊。

## 2. 复活节

它是基督教用以纪念耶稣基督复活的一个宗教节日,西方信基督教的国家都过这个节。复活节的日期是每年春分(3月21日或22日)月圆以后的第一个星期日。

复活节是仅次于圣诞节的基督教第二大节日,又称主日。圣诞节一过,复活节的巧克力蛋便在糖果店里摆出来了。那些最小和花样最简单的很便宜,孩子们用自己的零花钱就可以买下来。这段时期上市的彩蛋有两种,小的一种叫方旦糖,长约2.5厘米,外面是一层薄薄的巧克力,里面是又甜又软的面团,然后再用彩色的锡箔纸包装成各种形状。另外一种是空蛋,比鸭蛋稍大一点。里面什么也没有,只是包着一个巧克力外壳。只需打碎外壳,吃巧克力片。复活节临近时,糖果店的橱窗里除了有精美的彩蛋,还会有各种各样的漂亮小礼物。例如，上面装饰有毛绒绒的羊毛做的小鸡，小鸡的嘴和脚都粘在卡片上。幸运的孩子可能从亲友那儿得到好几种这样的礼物。

复活节彩蛋是为了给人们带来快乐，这些彩蛋精美漂亮且富有装饰性，它们代表着人们的美好心愿，并共同分享季节更替的喜悦。

### 3. 愚人节

每年4月1日是西方国家民间传统节日愚人节，愚人节也称万愚节，已有800多年的历史。欧美各国的人们非常喜欢这个以轻松欢乐为目的的节日，在愚人节这一天，人们不分男女老幼，可以互开玩笑、互相愚弄欺骗以换得娱乐。谁编造的谎言最离奇、最能骗取人们相信，谁就最受欢迎。

今天，愚人节已经发展成为一个国际性节日，差不多在整个欧洲和北美都流行。苏格兰称这一天的受骗者为"布谷鸟"，似乎和农业女神有些关系。法国人则叫作"四月鱼"，这大概是因为小鱼在四月刚孵出，糊里糊涂地见饵就吞，容易上钩的缘故。

随着时间的推移，愚人节作弄人的手法，也是花样翻新，新意百出。例如，新婚的妻子可能会收到告发丈夫不忠的信件，碌碌无为的公务员会接到提升的调令，儿子会接到父亲去世的电报。某年4月1日，英国《每日镜报》登出一帧照片，一个面容酷似某国总统的男人，挽着一个几乎全裸的美女。凡此种种，如果你都信以为真，就上了大当。当然，如果你真受了愚弄，也不必像得墨忒尔女神那样大光其火，最好拿出点"绅士"风度，一笑置之。

在西方国家里，每年4月1日的"愚人节"意味着一个人可以玩弄各种小把戏而不必承担后果。说一声"愚人节玩笑"，恶作剧就会被原谅。当然，愚人节的真谛不是要把自己的快乐建立在别人的痛苦之上，而是要发扬与人为善的精神和豁达乐观的生活态度，脱离了这个前提的愚弄人是不应该的。

愚人节这天，玩笑只能开到中午12点，这是约定俗成的规矩。过了钟点还开玩笑的人会立刻碰钉子，自找没趣。

### 4. 母亲节

每年5月的第二个星期天就是母亲节。母亲节和父亲节都是美国法定的节日。这两个节日意在告诫人们勿忘双亲的养育之恩，并且要用行动表达对双亲的尊敬和感谢。

1906年，美国的安娜·贾维丝小姐在她的母亲去世之后，首先提出了设立母亲节的设想。她为之四处奔走，终于在其家乡举行了世界上第一次的母亲节庆祝活动。但她并不因此而满足，还分别致信国会、政府和新闻界，呼吁在美国设立全国性的母亲节。在她的努力下，美国国会终于在1914年通过决议，将每年5月的第二个星期天确定为母亲节，以表示对所有母亲的崇敬和感谢。

母亲节创立后，得到了全世界各国人民的支持。安娜·贾维丝小姐在世时，设立母亲节的国家已达43个。时至今日，欢庆这个节日的国家就更多了。母亲节，已经成了一个名副其实的国际性节日。按惯例，"国际母亲节"被定在每年的5月11日举行。虽然，各国庆祝母亲节的时间不完全相同，然而，包括我国在内的多数国家，如，丹麦、芬兰、意大利、土耳其、澳大利亚和比利时等，都是在5月的第二个星期日庆祝母亲节的。

在母亲节这一天，人们总要想方设法使母亲愉快地度过节日，感谢和补偿她们一年的辛勤劳动。最普通的方式是向母亲赠送母亲节卡片和礼物。节日里,每个母亲都会满怀喜悦的心情,接受孩子们和丈夫赠送的玫瑰花或其他花束、糖果、书和纪念品,特别是当她们收到小孩子们自己动手制作的上面用蜡笔稚气地写着"妈妈,我爱你"的字样的卡片时,更会感到格外自豪和欣慰。但最珍贵、最优厚的礼物还是把她们从日常的家务劳动中解放出来,轻松地休息一整天。这一天,许多家庭都由丈夫和孩子们把全部家务活包下来,母亲不必做饭,不必洗盘刷碗,也不必洗衣服。不少家庭还有侍候母亲在床上吃早饭的惯例。

康乃馨被视为献给母亲的花。红色的康乃馨象征热情、正义、美好和永不放弃,祝愿母亲健康长寿;粉色的康乃馨,祈祝母亲永远年轻美丽;白色的康乃馨,象征儿女对母亲纯洁的爱和真挚的谢意;黄色的康乃馨象征感恩,感谢母亲辛勤的付出。

### 5. 父亲节

每年 6 月的第三个星期日是父亲节。相对于母亲节,父亲节是人们比较陌生的一个节日,是 1910 年在美国华盛顿州的士波肯市由多德夫人发起的。而我国的父亲节起源,要追溯到民国时代。民国三十四年的八月八日,上海女人所发起了庆祝父亲节的活动,市民立即响应,热烈举行庆祝活动。抗日战争胜利后,上海市各界名流士绅,联名请上海市政府转呈中央政府,定"爸爸"谐音的八月八日为全国性的父亲节。

在父亲节这天,人们采纳多德夫人的建议,以佩戴鲜花来表示对父亲的敬意。佩戴红玫瑰向健在的父亲们表示爱戴,佩戴白玫瑰对故去的父亲表示悼念。后来在温哥华,人们选择了佩戴白丁香,宾夕法尼亚人用蒲公英向父亲表示致意。红色或白色玫瑰是公认的父亲节的节花。

父亲节在全美国作为节日确定下来,比母亲节经过的时间要长一些。因为建立父亲节的想法很得人心,所以商人和制造商开始看到商机。他们不仅鼓励儿女们给父亲寄贺卡,而且鼓动他们买领带、袜子之类的小礼品送给父亲,以表达对父亲的敬重。另外,在父亲节的那一天早餐是由子女们做的,父母早上不必早起,可以继续睡,子女们做好早餐后拿到床前给父母亲用。

### 6. 感恩节

感恩节是北美独有的节日。每年 11 月第四个星期四是美国人的感恩节,加拿大的感恩节则定在 10 月的第二个星期。

感恩节起源于马萨诸塞普利茅斯的早期移民。这些移民在英国本土时被称为清教徒,因为他们对英国教会的宗教改革不彻底,以及英王及英国教会对他们的政治镇压和宗教迫害感到不满,所以这些清教徒脱离英国教会,远走荷兰,后来决定迁居到大西洋彼岸那片荒无人烟的土地上,希望能按照自己的意愿、信教自由地生活。1962 年 9 月,"五月花号"轮船载着 102 名清教徒及其家属离开英国驶向北美大陆,经过两个多月的艰苦航行,在马萨诸塞的普利茅斯登陆上岸,从此定居下来。第一个冬天,由于食物不足、天气寒冷、传染病肆虐和过度劳累,这批清教徒一下子死去了一半以上。第二年春天,当地印第安部落酋长马萨索德带领心地善良的印第安人,给了清教徒谷物种子,并教他们打猎、种植庄稼、捕鱼等。在印第安人的帮助下,清教徒们当年获得了大丰收。首任总督威廉·布莱德福建议为此设立一个节日,以庆祝丰收,感谢上帝的恩赐。同时,还想借此节日加强白人与印第安人的和睦关系。

1621年11月下旬的星期四,清教徒们和马萨索德带来的90名印第安人欢聚一堂,庆祝美国历史上第一个感恩节。男性清教徒外出打猎、捕捉火鸡,女人们则在家里用玉米、南瓜、红薯和果子等做成美味佳肴。就这样,白人和印第安人围着篝火,边吃边聊,还载歌载舞,整个庆祝活动持续了三天。

初时感恩节没有固定日期,由各州临时决定。直到美国独立后的1863年,林肯总统在白宫宣布11月最后一个星期四为全国的感恩节,并号召美国人民不分东西南北,共同为美国的繁荣做出贡献。从此,感恩节成为美国的传统节日之一。

每逢感恩节这一天,美国举国上下热闹非凡,人们按照习俗前往教堂做感恩祈祷,城乡市镇到处举行化装游行、戏剧表演和体育比赛等,学校和商店也都按规定放假休息。孩子们还模仿当年印第安人的模样穿上离奇古怪的服装,画上脸谱或戴上面具到街上唱歌、吹喇叭。散居在他乡外地的家人也会回家过节,一家人团团围坐在一起。感恩节的晚餐异常丰富,其中传统食品是南瓜馅饼和烤火鸡,所以感恩节又名火鸡节。

每年一度的总统放生火鸡仪式始于1947年杜鲁门总统当政时期,但实际上这个传统仪式可以追溯到美国内战林肯总统当政时期。1863年的一天,林肯的儿子泰德突然闯入内阁会议请求赦免一只名叫杰克的宠物火鸡,因为这只被送进白宫的火鸡,即将成为人们的圣诞节大餐。

### 7. 狂欢节

世界上不少国家都有狂欢节,狂欢节的节期各国不一。狂欢节是大多数欧美国家民族辞旧迎新、抒发对自由和幸福向往的重要节日。其中,巴西的狂欢节最为引人瞩目。

据说巴西狂欢节起源于15世纪的欧洲,当时的罗马教皇下令封斋期的前三天在教皇皇宫前举行庆祝活动。教徒们轻歌曼舞、手舞足蹈,整个罗马城沉浸在一片欢乐的海洋中。从此,狂欢节被正式确定并在欧洲广为流传,后由葡萄牙人传入巴西。1641年,在萨尔瓦多举行了马队和花车的游行,开创了巴西欢度狂欢节的先河。1846年,巴西首次举行狂欢节化装舞会。到了19世纪下半期,随着巴西奴隶贸易的逐步取消和奴隶制的最后废除,广大黑人兴高采烈地加入了狂欢节的游行大军,在非洲传统乐器的伴奏下,跳起带有浓郁非洲风格的舞蹈。1889年巴西推翻帝制成立共和国后,狂欢节从形式到内容都有了新的变化,桑巴舞逐渐成为节日的主角。可以说,狂欢节的主要内容就是跳桑巴舞。

从16世纪时起,起源于非洲西海岸的桑巴舞跟随着黑奴传到巴西,它吸收葡萄牙人和印第安人音乐舞蹈艺术的风格,演变成巴西的桑巴舞。跳桑巴舞时,舞蹈者的每一块肌肉都在抖动,因而不同于一般的轻歌曼舞。早在1928年,里约热内卢就出现了被称为"桑巴舞学校"的表演团体。从那时起到现在,"桑巴舞学校"一直是里约热内卢狂欢节桑巴舞大赛的主角。在狂欢节来临前的几个月内,各桑巴舞表演团体便要赶排舞蹈、创作乐曲、自制独特的服饰和彩车,进行精心排练,选出训练有素的舞蹈"国王"和"王后"。

桑巴舞化装游行时,为首的开路队员簇拥着自己所属团体的名称和标志,其后的游行队伍打头的由负责人、作曲者和彩车设计人等头面人物组成。他们身穿笔挺的礼服,微笑着频频向四周围观的人群招手致意。紧随其后的是打扮得花枝招展、色彩纷呈的女子游行队伍。她们身着艳丽的宽摆衣裙,有的头戴羽头帽,也有的面戴假面具。女子游行队伍两侧或前后是数百人的男子打击乐队,乐手们身着由无数金属片镶成的衣裤,在灿烂的阳光下金光闪烁。他们兴高采烈地吹吹打打煞是热闹。再后就是彩车和桑巴舞队了,彩车上站着的是被选为"国王"和"王后"的俊男靓女,他们春风满面地向人群频频抛飞吻。其后是让人欣喜若狂的桑巴舞队,舞者服饰各异,争芳斗艳,随着舞曲,边歌边舞,这是一种以腰、臀、腹剧烈抖动大幅度摇摆的舞蹈。舞者神采飞扬,观者如痴似呆,不论是舞者还是观者,都沉浸在这欢乐的气氛中。

8. 圣诞节

圣诞节本是基督教用以纪念耶稣基督诞辰的一个宗教节日,但是随着基督教势力的扩展和西方文化传播的影响,它已经成为一个世界性的节日。它的节期延续很长,通常为12月24日至次年1月6日。在许多国家和地区,包括我国港澳地区,圣诞节都是例行假日。

传说耶稣是夜里诞生的,因此12月24日之夜被称为圣诞夜,也叫平安夜。圣诞节庆祝活动自此夜开始,而以半夜为高潮。这一夜,基督教教堂里灯火通明,举行纪念耶稣诞生的半夜弥撒。在圣诞夜里,人们会唱起圣诞歌,以《平安夜》最为著名。然后在12月25日庆祝圣诞节。

西方人以红、绿、白三色为圣诞色,每逢圣诞节来临,家家户户都要用圣诞色来装饰。红色的有圣诞花和圣诞蜡烛,圣诞花即一品红,它被西方人用来象征圣诞节令;圣诞蜡烛不同于普通蜡烛,它五色俱全,精致小巧,过圣诞节时,家家都要点燃它;绿色的是圣诞树,它是圣诞节的主要装饰品,用砍伐的杉、柏一类呈塔形的常青树装饰而成,象征生命长存。上面悬挂着五颜六色的彩灯、礼物和纸花,还点燃着圣诞蜡烛。圣诞花环是由圣诞树演变而成的室内装饰物,它用松、杉、柏一类常青树的枝条扎成圆形,放上几颗松果,再配上红缎带就做成了。

红色与白色是圣诞老人的颜色,他是圣诞节活动中最受欢迎的人物。据说他原是小亚细亚每拉城的主教,名叫圣尼古拉,死后被尊为圣徒,是一位身穿红袍、头戴红帽的白胡子老头。每到圣诞夜,便从北方驾鹿橇而来,他身背大红包袱,脚蹬大皮靴,通过每家的烟囱进入室内,把圣诞礼物装在袜子里挂在孩子们的床头上或火炉前。因此西方儿童在圣诞夜来临之前,要在壁炉前或枕头旁放上一只袜子,等候圣诞老人在他们入睡后把礼物放在袜子内。

在西方国家,圣诞节也是一个家庭团聚和喜庆的节日,不论是否是基督徒,通常都会在家里陈设一棵圣诞树,以增加节日的欢乐气氛。圣诞之夜,人们围着圣诞树唱歌跳舞,尽情欢乐。西方人在圣诞夜全家要聚餐一次,餐桌上将出现火鸡、羊羔肉、葡萄干布丁和水果饼。其中火鸡被叫做圣诞鸡,是圣诞大餐中必备的,英美人讲究圣诞夜吃火鸡,德国人则习惯吃烤鹅。

西方人在圣诞节相见时,要互道"圣诞快乐!"英国人在这天一大早,就要通过窗户向邻居或朋友们高呼这一句话。

# 参 考 文 献

[1] 郑彦离. 礼仪与形象设计[M]. 北京:清华大学出版社,2009.
[2] 俞宏标. 企业公共关系实务[M]. 杭州:浙江大学出版社,2006.
[3] 蒙坪. 公共关系[M]. 北京:化学工业出版社,2008.
[4] 边露. 现代社交礼仪[M]. 南京:南京大学出版社,2008.
[5] 甄珍,张昳. 公共关系实务[M]. 北京:北京大学出版社,2006.
[6] 李兴国. 公共关系实用教程[M]. 北京:高等教育出版社,2005.
[7] 陈福明. 公共关系原理与实务[M]. 北京:科学出版社,2006.
[8] 沙风,顾坤华. 大学生社交礼仪[M]. 北京:中国人民大学出版社,2011.
[9] 余永跃. 公共关系学通识教程[M]. 武汉:武汉大学出版社,2007.
[10] 麦卡斯克. 公关败局[M]. 上海:远东出版社,2007.
[11] 杜占生. 零距离公关[M]. 北京:中国经济出版社,2006.
[12] 何伟祥. 公关礼仪[M]. 大连:东北财经大学出版社,2005.
[13] 张自慧. 礼文化的价值与反思[M]. 上海:学林出版社,2008.
[14] 韦克俭,宋涛. 商务公关与礼仪实用教程[M]. 北京:北京大学出版社,2006.
[15] 王金玲,王艳府. 图说礼仪——礼仪之邦的礼乐全典[M]. 重庆:重庆出版社,2008.
[16] 杨加陆. 公共关系学教程[M]. 上海:复旦大学出版社,2005.
[17] 张亚. 公共关系与实务[M]. 北京:科学出版社,2004.
[18] 朱权. 公共关系基础与实务[M]. 北京:机械工业出版社,2008.
[19] 贾云. 现代公关礼仪[M]. 成都:电子科技大学出版社,2007.
[20] 黄玉萍,王丽娟. 现代礼仪实务教程[M]. 北京:北京交通大学出版社,2008.
[21] 佚名. 现代服务礼仪案例分析[DB/OL]. 2010-12-27[2012-08-02]. http://blog.sina.com.cn/s/blog_71d16d1c0100nf0o.html.
[22] 韦宏. 公关·礼仪·谈判[M]. 北京:北京大学出版社,2011.
[23] 王颖,王慧. 商务礼仪[M]. 大连:大连理工大学出版社,2007.
[24] 许爱玉. 现代商务礼仪[M]. 杭州:浙江大学出版社,2006.
[25] 史锋. 商务礼仪[M]. 北京:高等教育出版社,2008.
[26] 杜明汉. 商务礼仪[M]. 北京:高等教育出版社,2010.

尊敬的老师：

您好！

请您认真、完整地填写以下表格的内容(务必填写每一项)，索取相关图书的教学资源。

### 教学资源索取表

| 书　名 | | | 作者名 | |
|---|---|---|---|---|
| 姓　名 | | 所在学校 | | |
| 职　称 | | 职　务 | | 讲授课程 |
| 联系方式 | 电　话： | | E－mail： | |
| 地址(含邮编) | | | | |
| 贵校已购本教材的数量(本) | | | | |
| 所需教学资源 | | | | |
| 系/院主任姓名 | | | | |

系/院主任：＿＿＿＿＿＿＿＿＿＿(签字)

(系/院办公室公章)

20＿＿＿年＿＿＿月＿＿＿日

注意：

① 本配套教学资源仅向购买了相关教材的学校老师免费提供。

② 请任课老师认真填写以上信息，并**请系/院加盖公章**，然后传真到(010)62010948或(010)80115555 转 735253 索取配套教学资源。也可将加盖公章的文件扫描后，发送到presshelp@126.com索取教学资源。

南京大学出版社

**http://www.NjupCo.com**